山本龍彦／清水唯一朗／出口雄一＝編著

憲法判例からみる日本

法×政治×歴史×文化

日本評論社

はしがき

　本書は、単に日本国憲法の条文を読んでみようというものではありません。日本国憲法に関して実際に起きた戦後の具体的事件に対する最高裁判所の判断、すなわち「憲法判例」を読んでみようというものです。憲法の条文はとても抽象的なものですから、条文だけを読んでも、その意味はよくわかりません。憲法を本当に理解するには、憲法判例の読み解きをとおして、裁判所、とりわけ最高裁判所が憲法をどう解釈しているのかを知ることがとても重要です。ですから、本書は、日本国憲法をもっとよく知りたい、という方にとって有益なものであると考えています。

　また、日本国憲法は、日本という「国のかたち」を決める最高法規です。そうすると、憲法に関して実際に起きた事件、すなわち憲法事件は、日本という国家の根幹にかかわる大事件ということになります。日米安全保障条約が憲法の平和条項に違反するかが争われた砂川事件（→本書13章）などは、そのわかりやすい例でしょう。憲法判例を「読む」という作業は、その意味で、戦後の日本の歩みを「読む」ことにもつながります。ですから、本書は、日本をもっとよく知りたい、という方にとっても有益なものであると考えています。

　それが、「憲法判例からみる日本」というタイトルに込めた想いです。

　実は、憲法判例を読む、あるいは読み解くという企画は、これまでにもいくつかみられました。そのような先行の企画と本書との違いは、本書はその「読み」を、憲法学の専門家と、歴史学や政治学など、憲法学以外の専門家と一緒にトライしてみたという点にあります。それが、サブタイトルにある「法×政治×歴史×文化」の意味です。

　このような学問横断的な「読み」には、2つの実践的な狙いがあります。
　1つは、憲法判例を、憲法専門家だけのものにするのではなく、他の学問領域にも開き、「立憲政治」あるいは「立憲民主主義」を考えるうえでの学問的

な共有財産とすることです。近年の安全保障法制をめぐる政治的な議論のなかで、政権側から示された憲法判例（砂川事件判決）の"奇怪な"読みは、憲法判例を、憲法学という1学問領域に閉じ込めてきたことの弊害とみることもできます。憲法判例を、憲法学だけでなく、立憲政治に関心をもつすべての学問領域に開くことで、憲法の意味が、広く国民に理解されることにもつながるのではないかと考えています。

　対話の相手である政治学から見ても、この試みは大きな意味を持っています。それは政治学を学ぶ学生の大半にとって、憲法判例は広範な法学教育で学んだことの"One of them"に過ぎないからです。研究者でさえ、自分の研究テーマに関係するものでなければ明確に論じることができない実態があります。アクチュアルで変幻自在な政治学がコンセプチュアルで論理的な憲法学と向き合うことは、両者に大きな学問的進歩をもたらすはずです。

　一方、歴史学から見ても、とかく縁遠く感じがちな憲法判例が歴史的・文化史的な文脈に位置づけ直されることで、法的な素材が歴史や文化を構成する一要素であることを改めて確認する機会となるはずです。また、より「近い」対話の相手である法制史にとっては、戦後を対象とした同時代史的な学問的な営為の必要性を認識するための、格好の素材となるのではないかと思います。

　もう1つは、いま憲法を一生懸命勉強している学生や市民のみなさんに、憲法判例をより深く味わってもらうということです。憲法判例のなかには、事件の起きた歴史的な背景や政治的な文脈を知らないと、その意義がよく理解できないものが少なくありません。専門用語を必死に勉強して、いざ判例のテクストを読んでも、残念ながらその判例を本当に理解したことにはなりません。他の学問領域からの丁寧な「注釈」を入れた本書を読んで、ぜひ憲法判例を、より深く「理解」してほしいと思います。また本書は、憲法学習者が判例を学びやすいように、判旨に小見出しを付けたり、側注を入れるなど、多くの工夫を凝らしています。通常の参考書や判例集などに馴染めなかった学習者にも親しみやすい内容になっていると思います。ぜひ本文をチェックしてみてください。

　本書は、2013年度から2014年度にかけて実施された「憲法判例×歴史」研究会における共同研究を元にしています（その成果の一部は『法学セミナー』誌に

先行掲載されています〔731号～734号〕)。この研究会のコンセプトに賛同し、開始当初から継続して参加してくれていた日本評論社の小野邦明氏のセンスとサポートがなければ、本書はこのように世に出ることはありませんでした。ここに記して感謝申し上げたいと思います。

　　　　　　　　　　　2016年8月　　山本龍彦・清水唯一朗・出口雄一

目　次

第 1 章　**小説はプライバシーを侵害するのか**
　　　　「宴のあと」事件　　　　　…………山田哲史・日比嘉高　1

第 2 章　**社会や家族の変化に民法は応えるべきか？**
　　　　非嫡出子相続分最高裁違憲決定
　　　　　　　　　　　　　　　…………白水　隆・宇野文重　21

第 3 章　**「投票価値の平等」を阻むものは何か**
　　　　「一票の較差」判決　　　…………徳永貴志・砂原庸介　42

第 4 章　**憲法「土着化」プロセスにみえる「公務員」秩序とは**
　　　　猿払事件　　　　　　　…………水谷瑛嗣郎・清水唯一朗　67

第 5 章　**思想・良心に反する行為を拒めるか？**
　　　　君が代起立斉唱事件　　　…………堀口悟郎・奥中康人　92

第 6 章　**「神社は宗教ではない？」が示唆すること**
　　　　津地鎮祭事件　　　　　…………石塚壮太郎・藤本頼生　114

第 7 章　**「お行儀のよいデモ行進」を目指して？**
　　　　東京都公安条例事件　　　…………岩切大地・中澤俊輔　139

第 8 章　**自分の好きなところに店を開くことができない？**
　　　　薬局開設距離制限事件（薬事法事件）
　　　　　　　　　　　　　　　…………山本真敬・小石川裕介　167

第 9 章　**「大学の危機」時代に考える学問の自由・大学の自治**
　　　　東大ポポロ事件　　　　…………中島　宏・荒井英治郎　187

第 10 章　**「最低限度の生活」を求めて**
　　　　朝日訴訟　　　　　　　…………武田芳樹・山下慎一　212

第 11 章　**私のものは「私だけのもの」か？**
　　　　森林法事件　　　　　　…………山本龍彦・出口雄一　231

第 12 章　**日本の解散権は自由すぎる⁉**
　　　　苫米地事件　　　　　　…………植松健一・小堀眞裕　252

第 13 章　**「統治行為論」とは何か？**
　　　　砂川事件　　　　…………奥村公輔・中島信吾・吉田真吾　275

第1章

小説はプライバシーを侵害するのか

「宴のあと」事件
東京地判昭和39年9月28日下民集15巻9号2317頁

> **この憲法条文に注目！**
> 第13条　すべて国民は、個人として尊重される。生命、自由及び幸福追求に対する国民の権利については、公共の福祉に反しない限り、立法その他の国政の上で、最大の尊重を必要とする。

あらすじ

　憲法上も、民法上も「プライバシー」という言葉や権利は出てこない。しかし、国家との関係でも、他の市民との関係でも、プライバシーの権利が保障されていると現在では考えられている。著名な作家三島由紀夫が一方当事者であったことから、世間の注目を集め、日本にプライバシーの概念が根付くきっかけとなったとされるのが、ここで取り扱う「宴のあと」事件である。

　三島の小説「宴のあと」のモデルとなった元外務大臣が、小説によってプライバシーが侵害されたとして訴えたこの事件において、第1審の東京地裁判決は、プライバシー侵害を認め、三島側に損害賠償を命じた。三島側は、上訴したが、事件の係属中に元外相が死去し、遺族と三島側の間で和解も成立した。

> **この判例から考えてほしいこと**
> ● プライバシーは、民法の不法行為法によって保護を受ける法益といえるか。
> ●「モデル小説」によってプライバシーは侵害されるか。

判例を読む前に

憲法学習者のみなさんへ

　「宴のあと」事件は、憲法を学習しているみなさんであれば、一度は耳にしたことのある、重要（裁）判例であろう。ただ、その一方で、そこでのプライバシー理解は、古典的なものであって、現在では、自己情報コントロール権が通説となっており、もはや過去の判決であるとの扱いを受けている[1]。さらに、この事件は、私人の間で民法709条に基づく不法行為責任の発生が争われたものであって、そもそも「憲法判例」というべきなのかも疑わしい。

　それでもなぜ、今、「宴のあと」事件判決を再読する必要があるかというと、端的に言えば、プライバシー概念が初めて本格的に、しかも衆目を集める事件において問題となった事件だからである[2]。もう少し詳しく言えば、まずは、プライバシー概念論とでもいう観点から、この事件は、当初のプライバシー概念がどのようなものであったかを示すもので、その後の学説史・判例史の

---

1) 明示的に「過去の遺物」であるというような記述を行うわけはないが、理解の変遷と自己情報コントロール権へのコミットが強調されることが多い。例えば、参照、芦部信喜（高橋和之補訂）『憲法〔第6版〕』（岩波書店、2015年）123頁。また、毛利透ほか『憲法II 人権』（有斐閣、2013年）は、宴のあと事件判決に言及しない。民法学における「宴のあと」事件判決のウェイト低下については、大村敦志『不法行為判例に学ぶ』（有斐閣、2011年）176頁を参照。
2) なお、実は、「宴のあと」事件判決に約4ヶ月先立って、警察官による、デモ行進中の被疑者の写真撮影が問題となった、大阪高判昭和39年5月30日高刑集17巻4号384頁が、肖像権をプライバシーの権利の一つとして構成することができるとしていた。同判決は、「プライバシーの権利とは私人が私生活に他から干渉されず、本質的に私的な出来事についてその承諾なしに公表されることから保護される権利である」と定義をする。なお、民法709条の保護法益に該当することには否定的ながら、対国家関係では憲法13条を根拠にその保障を認めていることも「宴のあと」事件判決との対比で興味深い。

中に一里塚として位置付けられるべき存在である。つまり、歴史的背景をも踏まえながら、本判決で示されたプライバシー概念やその侵害成立要件を正確に確認し、現在の理解との間でどこが変遷し、どこが受け継がれているのかを押さえておく必要がある。

　また、よりマクロな視点から言えば、戦後日本における「民主主義」概念や「人権」概念の受容のあり方を見る上でも重要な意義を有する判決である。というのも、ここでは、プライバシーに対立する利益として、民主主義とも密接に関連すると考えられている表現の自由が問題となっているのであるが、本判決は、プライバシーの保障は民主主義社会の根幹を培うものであるとして、表現の自由のプライバシーに対する優越を退けており、当時の裁判所・裁判官が「民主主義」や「人権」というものをどう捉えていたかを探る格好の題材を提供しているように思われるからである。

　以上のような意味で、本判決はまさに歴史との関係で再読するにふさわしいものであって、ここまでに指摘した点に注意しながら、再読してもらいたい。

憲法に関心のあるみなさんへ

　「プライバシー」と聞いて、みなさんは、どのような印象をもつだろうか。ある人は、わがままを横文字で取り繕っただけで、日本人をダメにした「戦後民主主義」の権化のようなものをそこに感じ取るかもしれない。他方で、ハイエナのようなマスコミから人々を守ってくれる、自由な民主主義社会に欠くことのできない重要な権利だと考えられる方もいるだろう。

　日本にとって、近代法システム自体が外来のものであるけれども、なかでもプライバシーというものは、それが和語・漢語に訳されず、カタカナ表記されていることにも表れているように、比較的新しく「輸入」された概念である[3]。それゆえ、一般的な受け止め方も両極端なものとなりやすいし、判例や学説においても良くも悪くもその日本への受容のあり方が問題となってきた。そういう意味では、プライバシー概念の導入がどのような時期にどのように行われたのかは、日本社会の発展（立場によっては「荒廃」ともいえよう）とも密接に関わっている。したがって、日本法におけるプライバシー概念の受容が裁判

「宴のあと」裁判で敗訴判決後に記者会見する三島由紀夫（中央）（提供：朝日新聞社）。

所によって明示されたと位置づけられる「宴のあと」事件判決は、法律論の面で重要なのに加えて、日本の戦後精神史[4]の観点からも重要な意義を持っている。このあたりを、文学史の観点からの解説も参考にして追っていただければ幸いである。

　また、先ほどは、プライバシーを重要な権利とみるか、「日本的伝統」を破壊する概念かという、センセーショナルな対立軸をあえて提示してみた。しかし、本判決でプライバシーと直接対立しているのは、作家三島由紀夫の表現の自由という、これもまた憲法上重要な価値を持つとされている権利である。ここでは、この二つの憲法的価値の調整が裁判所に求められたわけである。この

---

3) 被告である三島由紀夫（東大法学部出身）が和解成立後に、「私はまたしばしば、日本の風土や風俗習慣と、継受法的概念との、抜きがたい違和をも感じたのであった」と述べている（田中美代子「解題」『決定版 三島由紀夫全集 8』（新潮社、2001 年）672 頁に引用されている）ことも象徴的である。ただし、末延三次「英米法における秘密の保護（一）・（二・完）――いはゆる Right to Privacy について」法学協会雑誌 53 巻 11 号（1935 年）2069 頁以下・53 巻 12 号（1935 年）2326 頁以下によって、戦前からプライバシー権概念の紹介がなされていたことにも注意する必要がある。なお、三島も日本的伝統の敵としてのプライバシーのような議論は展開していないので誤解のないように願いたい。

4) 「精神史」についての簡潔な説明として、例えば、小野紀明『西洋政治思想史講義 精神史的考察』（岩波書店、2015 年）4-8 頁などを参照。

ように、ある特定の権利・利益を絶対的に保護しようとするのではなく、複数の対立する権利や利益を調整する枠組みを構築することが、実は、憲法あるいは憲法学の大きな役割なのである。そういった憲法のあり方も本判決という具体例を手掛かりに確認してもらいたい。

◆ 文学史からのポイント解説 ◆

　人が日々の生活を送るに際して、内と外、あるいは自分と他者という区分を行うことは自然なことである。個人の私生活を守ろうという意識は、プライバシーという概念が紹介される以前、すでに明治時代に現行民法が成立した当時から存在した[5]。ところが一方で、プライバシーという語は、それが広く知られるようになった1960年前後において、一般的な人々に馴染みのあるものではなかった。人気作家三島由紀夫が告訴されたという「宴のあと」事件を報じたメディアのほとんどが、「プライバシーとは何か」を解説する記事を付していた。

　私的領域をどう呼ぶかという呼び名の問題ではあるが、呼称の変化と並行して、概念や人々の感性、そして社会のあり方に変化が起こっていることが重要である。「宴のあと」裁判が今なおプライバシーをめぐる議論において参照され続けているのは、そうした私たちの社会の変化の痕跡がくっきりと残っているからなのである[6]。

　ここではその変化を捉える視点を2つ提示しておこう。1つめは週刊誌を中心とするゴシップ・ジャーナリズムの問題である。「宴のあと」の連載は1960年1〜10月（『中央公論』）であった。この直前である1959年5月、『法律時報』が「プライヴァシーの法理　官憲とマス・メディアの侵害を中心に」という特集を組んでいる。特集には座談会「マス・メデ

---

5) 長野国助「プライバシーにおける法律的救済」法律のひろば20巻12号（1967年）35頁は、本件判決も引用する民法235条の存在を指摘している。
6) 日比嘉高「プライヴァシーの誕生――三島由紀夫「宴のあと」と文学、法、ゴシップ週刊誌」思想1030号（2010年）51-66頁。

ィアとプライヴァシー――その実情と対策」が含まれており、冒頭の趣旨説明で編集部が次のように言っていた。「最近の社会生活の状況を見ていますと、従来の既成の考え方ではなかなか律し切れないいろいろの問題が生じてきております。中でも官憲によるプライヴァシー侵害、及びマス・コミュニケーション・メディアによる侵害という問題は、ようやく各方面で注目されていることはご承知のとおりです」[7]。

マス・コミュニケーション・メディアと言っているが、具体的には主に週刊誌を指していた。プライバシー概念が要請された原因の一つは、この時代急速にその部数と存在感を増していたこの新しい雑誌メディアのあり方にあった。週刊誌は、「中間文化」層をターゲットとし、会社員たちの週単位リズムに合わせた新しい雑誌形態を創出した。速報性で新聞に及ばない週刊誌が狙ったのが、「第三報主義」と呼ばれた方針、つまり「人間くさい興味」「やじ馬根性」「のぞき趣味」――「ヒューマン・インタレスト」と婉曲的にも呼ばれた――に訴えるというものだった。週刊誌のリズムと手法はしっかりと読者たちの心を捉え、1960年には週刊誌の合計部数が月刊誌のそれをついに上回ることとなる。

したがって、「宴のあと」裁判は、文学作品をめぐる裁判であったが、この裁判を機に社会的に議論されたのは、文学作品によるプライバシー侵害それ自体ではない。裁判における原告の請求は損害賠償と謝罪広告だったが、原告側は告訴の新聞発表に際して「プライバシーの権利というものがあることをひろく知ってもらいたい」「今度の提訴は、プライバシー宣言でもあり、そのテストケースなのである」と述べている[8]。この問題提起は伊藤正己、戒能通孝などといった法律家たちによる解説記事などによっても援護を受け、また新聞でも「私生活を守る」ことの重要さを説く論説が続いた。

興味深いことに各新聞の社説は、プライバシーの権利を尊重するという

---

[7] 戒能通孝ほか「マス・メディアとプライヴァシー」法律時報31巻6号（1959年）555頁。
[8] 「文学作品とプライバシーの問題」毎日新聞1961年3月16日7面。（原告側弁護人・森長英三郎の発言）。

点においては、すでに異論の余地がないという立場で共通していた。「プライバシー」という概念は耳新しかったが、しかし当時の社会は、この概念の重要さを理解するという面においては、「宴のあと」裁判の時点でほぼ準備を終えていたのである。米国のイエロー・ジャーナリズム（扇情的な新聞）対策から出発したプライバシー権が、こうした戦後の日本社会の状況に合致したのは、当然といえば当然である。

　2点目に移ろう。プライバシーは、アメリカから来た外来語だった。外来語であるがゆえに、人々の別の欲望を吸い寄せてもいた。「宴のあと」裁判を受けて書かれた、ある新聞の投書は次のように言っていた。「他人のしあわせをねたみ、他人の生活をのぞき見てウワサのタネにするような、いやしい島国根性が捨て去られないかぎり、現状から脱皮することは困難だ。民主主義が移植されて十数年、ここらでみんなが反省し、他人のしあわせをよろこび、他人の私生活を尊重し合うという寛容で建設的な風潮をつくり出さないかぎり、プライバシーの権利も、幸福追求の権利も絵にかいたモチでしかない。」[9]。

　外来語「プライバシー」は、文化、個人主義、民主主義にまつわる人々の進歩的な思考に結びついていた。引用した投書の「民主主義が移植されて十数年」という言葉が語るように、アメリカで形成されたこの新しい権利は、戦後占領軍によって主導された民主化の文脈の中に結び合わされ、受けとめられた。民主化を受け入れる立場の人々は、この言葉を自分たちのものとして取り入れ、その可能性を育てていこうとしていた。

　「宴のあと」裁判は、戦後日本の社会の変化をその議論の文脈の中に刻み込んでいる。

事　案

　戦前外務大臣も務めたXは、1959年の東京都知事選に当時の日本社会党に推されて立候補した。Xは当初優位が報じられていたものの、中傷合戦など

---

9) 柿沼勝司「プライバシーの権利と田舎」毎日新聞1961年3月25日3面。

も含む激しい選挙戦の末、自由民主党の推す候補に敗れ、落選した。

「三島由紀夫」のペンネームを持つ小説家 Y_1 は、この1959年の都知事選を題材として、Xと選挙当時の妻Aをモデルとする人物の出会いから落選、離婚に至るまでの顛末を、小説「宴のあと」として執筆し、雑誌に連載したのち、出版社 Y_2 から一冊にまとめて同一題名の小説を刊行することを許諾した。この「宴のあと」の中には、X・Aをモデルにした野口雄賢・福沢かづ夫妻の寝室でのやり取りや、かづの事前運動（立候補届出前に行なわれる選挙活動のことで、処罰対象とされている）に激昂した野口がかづに暴力を振るうシーンなども描写されていた。

Xは、「宴のあと」における自身の私生活を「のぞき見」するような描写は、プライバシーを侵害するとして、Y_1・Y_2 を被告とする、謝罪広告の掲載と損害賠償を求める訴えを提起した。

10) 判決は、「宴のあと」を報道記事や暴露小説とは区別しつつ、独特の「モデル的興味」を読者に抱かせる、「モデル小説」のジャンルに分類付けた。その上で、「モデル的興味」をテコに、「モデル小説」がプライバシーの問題を引き起こすとした。

判旨

①モデル小説とプライバシー[10]

「いわゆるモデル小説と呼ばれるものについて、そのモデルを探索し考証することが一つの文学的研究とさえなつていることは公知の事実であり、まして小説の一般の読者にとつてはモデルとされるものが読者の記憶に生々しければ生々しいほどその小説によせるモデル的興味（実話的興味と言い交えることもできよう）も大きくならざるを得ないのが実情であり、そうなればなるほどモデル小説といわれるものは小説としての文芸的価値以外のモデル的興味に対して読者の関心が向けられるという宿命にある……。」

「『野口雄賢』および『福沢かづ』がそれぞれ原告およびAをモデルとしたものであることを一般の読者にも察知させるに充分な内容のものであ

つたことが認定でき、この意味において『宴のあと』がモデル小説であることは否定できない。」
「モデル小説におけるプライバシーは小説の主人公の私生活の描写がモデルの私生活を敷き写しにした場合に問題となるものはもちろんであるが、……たとえ小説の叙述が作家のフイクションであつたとしてもそれが事実すなわちモデルの私生活を写したものではないかと多くの読者をして想像をめぐらさせるところに<u>純粋な小説としての興味以外のモデル的興味</u>というものが発生し、モデル小説のプライバシーという問題を生む……。」

②本件における利益侵害
Aへの暴行や寝室での行為や心理の描写やそれに基づく私生活の描写について、「それがたとえ小説という形式で発表され、したがつて当然に作者のフイクションないし潤色が施されていることが考え得られるものであるにしても通常人の感受性を基準にしてみたときになお、原告がその公開を望まない感情は法律上も尊重されなければならない」

③プライバシーの法益性
「近代法の根本理念の一つであり、<u>また日本国憲法のよつて立つところでもある個人の尊厳</u>という思想[11]は、相互の人格が尊重され、不当な干渉から自我が保護されることによつてはじめて確実なものとなるのであつて、そのためには、正当な理由がなく他人の私事を公開することが許されてはならないことは言うまでもないところである。こ

11) ここは、明示されていないが、日本国憲法13条を意識していると理解されている。

のことの片鱗はすでに成文法上にも明示されている[12]……。」

「ここに挙げたような成文法規の存在と前述したように私事をみだりに公開されないという保障が、今日のマスコミユニケーションの発達した社会では個人の尊厳を保ち幸福の追求を保障する[13]うえにおいて必要不可欠なものであるとみられるに至つていることとを合わせ考えるならば、その尊重はもはや単に倫理的に要請されるにとどまらず、不法な侵害に対しては法的救済が与えられるまでに高められた人格的な利益である[14]と考えるのが正当であり、それはいわゆる人格権に包摂されるものではあるけれども、なおこれを一つの権利と呼ぶことを妨げるものではない」

④ プライバシー侵害の判断基準[15]

「いわゆるプライバシー権は私生活をみだりに公開されないという法的保障ないし権利として理解され……(,) プライバシーの侵害に対し法的な救済が与えられるためには、公開された内容が(イ)私生活上の事実または私生活上の事実らしく受け取られるおそれのあることがらであること、(ロ)一般人の感受性を基準にして当該私人の立場に立つた場合公開を欲しないであろうと認められることがらであること、換言すれば一般人の感覚を基準として公開されることによつて心理的な負担、不安を覚えるであろうと認められることがらであること、(ハ)一般の人々に未だ知られていないことがらであることを必要とし、このような公開によつて当該私人が実際に不快、不安

12) 具体例として、軽犯罪法1条1項23号、民法235条1項、刑法133条をあげる。

13) 前掲註11)と同様の指摘がされている。

14) 不法行為責任を発生させるためには、権利あるいは法的に保護に値する利益（法益）が侵害される必要があるが、プライバシーが不法行為法によって保護される権利に該当することを述べている。

15) ここでは、プライバシー権を「私生活をみだりに公開されないという権利」と定義づけた上で、どのような場合に侵害されたと理解されるかが、三つの要件にまとめられており、「プライバシー三要件」などと呼ばれる。

の念を覚えたことを必要とする……。」

⑤他の権利利益との調整[16]
(1) 芸術的価値
「小説なり映画なりがいかに芸術的価値においてみるべきものがあるとしても、そのことが当然にプライバシー侵害の違法性を阻却するものとは考えられない。それはプライバシーの価値と芸術的価値（客観的な基準が得られるとして）の基準とは全く異質のものであり、法はそのいずれが優位に立つものとも決定できないからである。」

「もつとも（、）……不快、苦痛を起させない作品ではプライバシーの侵害が否定されるわけであり、また小説としてのフイクションが豊富で、モデルの起居行動といつた生の事実から解放される度合が大きければ大きいほど特定のモデルを想起させることが少くなり、それが進めばモデルの私生活を描いているという認識をもたれなくなるから、同じく侵害が否定されるがそのような例が芸術的に昇華が十分な場合に多いであらうことは首肯できるとしても、それは芸術的価値がプライバシーに優越するからではなく、プライバシーの侵害がないからにほかならない。」

(2) 表現の自由
「言論、表現等の自由の保障とプライバシーの保障とは一般的にはいずれが優先するという性質のものではなく、言論、表現等は他の法益すなわち名誉、信用などを侵害しないかぎりでその自由が保障されているものである。……ただ公共の秩

16) プライバシー権侵害に該当する場合も、他の権利や利益の正当な行使であると認められる場合には、それが正当化される可能性がある。本判決では、芸術的価値や表現の自由といったものとの調整について論じられている。なお、本判決では、一旦プライバシー権侵害を認めた上で、その違法性を阻却する事由の有無の場面において、芸術的価値や表現の自由を検討しているが、表現の自由などとの調整は、プライバシー権侵害の有無の段階で行うべきだという見解（その後の最高裁判決はむしろその立場であるとも指摘される〔曽我部真裕「プライバシー概念の承認──『宴のあと』事件」憲法判例研究会編『判例プラクティス憲法〔増補版〕』〔信山社、2014年〕144頁〕）もあり、不法行為の要件論については民法学説も多岐に分かれている。不法行為の要件論をめぐる議論状況一般については、山本敬三「基本権の保護と不法行為法の役割」民法研究5号（2008年）77頁以下などを参照。

序、利害に直接関係のある事柄の場合とか社会的に著名な存在である場合には、ことがらの公的性格から一定の合理的な限界内で私生活の側面でも報道、論評等が許されるにとどまり、たとえ報道の対象が公人、公職の候補者であつても、無差別、無制限に私生活を公開することが許されるわけではない。このことは文芸という形での表現等の場合でも同様であり、文芸の前にはプライバシーの保障は存在し得ないかのような、また存在し得るとしても言論、表現等の自由の保障が優先さるべきであるという被告等の見解はプライバシーの保障が個人の尊厳性の認識を介して、民主主義社会の根幹を培うものであることを軽視している点でとうてい賛成できないものである[17]。」

「本件のように、都知事選挙から一年前後も経過し、原告がすでに公職の候補者でなくなり、公職の候補者となる意思もなくなつているときに、公職の候補者の適格性を云々する目的ではなく、もつぱら文芸的な創作意慾によつて他人のプライバシーを公開しようとするのであれば、それが違法にわたらないとして容認される範囲はおのずから先の例よりも狭くならざるを得ない道理であり、おおむねその範囲は、世間周知の事実および過去の公的活動から当然うかがい得る範囲内のことがらまたは一般人の感受性をもつてすれば、被害意識を生じない程度のことがらと解するのが妥当である。」

17) 「民主主義社会の根幹」という語を用いてまで、表現の自由のプライバシーへの優越を否定している。

憲法上の意義

冒頭で整理した論点に対応する形で、本判決の憲法上の意義をまとめておこう。

[1] プライバシーの法益性

本判決は、プライバシー権を、私生活をみだりに公開されないという法的保障ないし権利として定義づけ、人格権の一類型として不法行為法の保護が及ぶ権利ないし法益であるとした。ここでのプライバシー権の定義は、「私生活秘匿権」としての性格を付与したものと言われ、当時のアメリカにおける一般的見解を採用したものとされる。もっとも、公開された事実が真実らしければ良いとしている点について、アメリカの見解との相違を指摘する見解もあり、真実でないものについては名誉毀損と整理すべきであるという見解[18]も有力である。また、アメリカ由来のプライバシー権をドイツ由来の概念である人格権の一つに位置付けたことには、アメリカとドイツの議論を折衷させる裁判官の工夫を見出す見解[19]も存在した。

また、定義に関しては、佐藤幸治によりアメリカの学説の参照を通じて、プライバシー権を自己の存在にかかわる情報を開示する範囲を選択できる権利（自己情報コントロール権）として把握するべきであるという主張[20]がなされ、通説の位置を占めることとなった。判例の立場は必ずしも明らかではないが、自己情報コントロール権への接近が指摘されている[21]。この意味で、本判決の意義の低下が説かれるのは、すでに述べたところである。

明文の根拠規定を持たないプライバシー権については、その権利性ないし法

---

18) 松井茂記「判批」法律時報69巻6号（1997年）107頁、五十嵐清「フィクションによるプライバシーの侵害」佐藤進ほか編『現代民事法学の理論 下巻』（信山社、2002年）264-265頁など。

19) 五十嵐清「プライバシーの権利――『宴のあと』事件」『マスコミ判例百選』（有斐閣、1971年）139頁。

20) 後掲参考文献の佐藤幸治文献を参照。

21) 批判的検討を含めて、例えば、土井真一「国家による個人の把握と憲法理論」公法75号（2013年）6頁を参照。

益性をいかに基礎づけるかという問題があったが、本判決は「日本国憲法のよって立つところでもある個人の尊厳」に根拠を求めており、憲法13条を意識した筆致となっている[22]。それゆえに、憲法学からの興味も惹くわけだが、現代的な視点から見れば、民法上の法益性を確認するにあたって憲法的価値を参照するという作業は、いわゆる憲法規定の私人間適用の場面に示唆するものがあるように思われる。

　本判決は、プライバシー侵害の判断のための三要件も提示した。この三要件については、とりわけ私事の公開をめぐる事件において後の裁判例でも多く引用されており、先例としての重要性を失っていない。もっとも、公開される内容が私生活上の事実らしければよいとすることの問題性が指摘されていることはすでに述べたところであるし、外貌などが問題となった場合[23]に、「一般人に未だ知られていない」という要件を満たしうるかについては議論もあるところである。

[2] モデル小説によるプライバシー侵害の成否

　本判決では、三島由紀夫の小説によるプライバシー侵害が問題となったのであり、芸術的価値や表現の自由という他の重要な価値との調整も問題となった。

　裁判所は、そもそも、一般的読者の「モデル的興味」というものをテコにして、「宴のあと」も含まれる「モデル小説」によるプライバシー侵害の可能性を一般的に基礎付けた。そして、プライバシーの侵害を認定した上で、芸術的価値や表現の自由との調整を試みた。そもそも、わが国では、芸術活動の自由は表現の自由の一種として憲法21条によって保障されていると理解されており、芸術的価値と表現の自由を分けて論じている点には、本判決の独自性を見出すことができる[24]。

---

22) 例えば、初宿正典『憲法2 基本権〔第3版〕』(成文堂、2010年) 138-139頁を参照。
23) これが問題となったのが、いわゆる「石に泳ぐ魚」訴訟 (最判平成14年9月24日判時1802号60頁ほか参照) である。
24) もっとも、判例・通説は芸術活動に表現の自由の保障が及ぶとしつつ、立ち入った検討をほとんど行っておらず、本判決が芸術を取り出して検討していることを改めて確認することによって、従来の判例・学説への反省を促す効果は得られるかもしれない。

プライバシーと芸術的価値の関係について、芸術的昇華によりモデルの想起がなくなる可能性について一応の留保はしつつも、両者は相互にまったく異質なものであり、法はいずれかに優位を認めることはできないとした。そこでの筆致は、本判決の7年前に出された、チャタレイ事件最高裁判決[25]を想起させるものがある。しかし、その後のわいせつ表現規制をめぐる判例が、チャタレイ判決とは距離を置き、芸術性によるわいせつ性の緩和を実質的に是認するようになった[26]のに対して、その後も裁判所は、芸術的価値を理由としたプライバシー侵害の否定には消極的である[27]。裁判所が芸術的価値について述べることが妥当かという問題はあり、芸術的価値についての判断を回避し、プライバシー侵害の否定を行わないことにも一理あるが、わいせつ表現の場合と平仄があうのかは疑わしい[28]。

プライバシーと表現の自由との関係については、多くの議論がなされているところであり、ここでは、本判決の特徴的な点にのみコメントしておきたい。この点、近時の憲法学説の趨勢とは異なり、かなりプライバシー寄りの判断をしていることを指摘できる。そして、注目すべきは、プライバシーを「民主主義社会の根幹」に関わるものとしている点である。この意味は、集団的自己決定としての民主主義を成り立たせる前提としての、個人レベルでの自律・自己決定を可能とするために、個人のプライバシーが保護されることが重要であるという趣旨に理解するのが妥当であろう。ただ、西欧的価値を一緒くたに「民主主義」で語ろうとする――市井においては現在もなお一般的な――傾向を、1960年代の半ばにおいて、裁判官も共有していたことを示唆していると見るのは穿った見方だろうか。

---

[25] 最大判昭和32年3月13日刑集11巻3号997頁。
[26] 最大判昭和44年10月15日刑集23巻10号1239頁（「悪徳の栄え」事件判決）、最判昭和55年11月28日刑集34巻6号433頁（「四畳半襖の下張」事件判決）、最判平成20年2月19日民集62巻2号445頁（メイプルソープ事件判決）などを参照。
[27] 例外的に、作家側が勝訴したものとして、「名もなき道を」プライバシー訴訟判決（東京地判平成7年5月19日判時1550号49頁）がある。
[28] ただし、わいせつの場合以上に、プライバシー侵害について明確な定義づけが困難であるという点は、指摘できよう。

この判例から見えるもの——文学史の立場から

　三島由紀夫の「宴のあと」をめぐる訴訟以降にも、数こそ多くないものの文学作品をめぐる同種の裁判は続いている。川端康成の自死の経緯を取り上げた臼井吉見の『事故のてんまつ』(1977年) についても裁判となっている (1977年和解)。またノンフィクション作品だが伊佐千尋の『逆転』(1977年) についても、登場人物の前科の記述などをめぐってプライバシー侵害が認定されている[29]。甲山事件を題材にした清水一行『捜査一課長』(1978年) も最高裁まで争い、プライバシー侵害や名誉毀損を認定されている[30]。

　ここでは、こうした文学作品をめぐるプライバシー裁判の中では異例の作家側の勝訴となった高橋治『名もなき道を』(1984年連載開始) を中心にしながら、2000年頃に広く議論の対象となった柳美里『石に泳ぐ魚』(1994年) についても目配りしてまとめておこう。

　小説の表現によるプライバシー侵害について小説家が訴えられた事件で、ただ一つだけ小説家側が勝訴した訴訟[31]が高橋治『名もなき道を』をめぐるものである。小説による表現の自由に手厚い判断をした東京地裁の判旨は、それ以外の同種の裁判の中でも特徴的なものとして注目されてきた。

　「名もなき道を」裁判における判断の分かれ目となったのが、小説の芸術性を、司法の場においていかに論ずるのか、あるいは論じないのか、という点である。判決は、たとえ実際の出来事や人物を題材にした小説であっても、「作者の内面における芸術的創造過程においてデフォルム（変容）され、それが芸術的に表現」されていた場合には、名誉毀損あるいはプライバシー侵害の問題は生じないと述べた。また、その「デフォルム」や「表現」が不足していたとしても、「小説全体が作者の芸術的想像力の生み出した創作であって虚構（フィクション）である」と「一般読者」が受け取ることができる場合には、同様

---

29) 最判平成6年2月8日民集48巻2号149頁。
30) 大阪地判平成7年12月19日判時1583号98頁、大阪高判平成9年10月8日判時1631号80頁、最判平成11年2月4日判例集未登載。
31) 東京地判平成7年5月19日判時1550号48頁。

に名誉毀損やプライバシー侵害は起こらないとした。さらに続けて、たとえ小説中に実在の人物のプライバシーに当たる事実が描かれていたとしても、「小説全体としても作者の芸術的想像力の生み出した創作であって虚構（フィクション）であると認められるとき」においては、プライバシー侵害にはならないとしている。つまり東京地裁は、たとえ描かれたことが事実であっても、芸術的に変容を受け、虚構と見なせるようになっていれば、違法ではないと判断したのである。

飯野賢一は、モデル小説をめぐる法的議論において、二種類の芸術性——虚構度の判断を行う場合の変容度と芸術的価値の高下と——が混在していると指摘している[32]。議論を整理するための重要な観点といえるだろう。虚構化の程度を判断するのは難しい。読者には〈何が事実か〉を判断できないのが普通だからである。判断できない読者に根拠をおいて、現実らしさの疑いさえあれば侵害だと認定するとすれば、プライバシーの過剰な防衛になる危険性もある。

芸術的価値の高下についても、やはり裁判所が判断することは簡単ではない。ただ、わいせつ性と芸術性の比較衡量に関しては判例の積み重ねがあることを考えれば、簡単に埒外に置くこともできまい。

芸術性の問題に関して言えば、文学に関する社会的な意識が変化していることも留意しておきたい。「石に泳ぐ魚」裁判が議論される中で、表現の自由とプライバシー保護をめぐって文学者たちの意見が割れた。「宴のあと」の時代であれば、文壇は表現の自由の側に立った。しかし2000年前後の文壇においては、プライバシー保護に理解を示す作家や批評家の存在は珍しくなくなっていた。こうした社会的な意識の変化は、小説作品の芸術性を考慮に入れる際にも影響を及ぼすだろう。

虚構性や芸術性をめぐる思考と並んで、今一層必要なのは、私たちの社会における芸術作品の公共的な機能について、より深い理解をすることではないだろうか。たとえば、これまでのプライバシー侵害をめぐる裁判においては、文学作品や作家をめぐって注目が集まり、議論が巻き起こってきた。民主主義社

---

[32] 飯野賢一「モデル小説とプライバシー」愛知学院大学論叢法学研究50巻3・4号（2009年）71頁。

会の基盤となる言論行為は報道や論評の類いであり、文芸は二次的価値しか持たないと考える論者もいるにもかかわらず、である。なぜだろうか。

理由の一つは、著名作家およびその作品は、社会がストックし、共有する言説的な資源となっているためであると考えられる。著名作家は、その作家や作品の名前を多くの人が知っており、作品そのものや関連情報にアクセスできるだけのリソースも用意されている。作品の表現をめぐって訴訟になればなおのことその注目は高まり、作品そのものの売れ行きも伸びる。そしてそのために、事件に関心を持った人々は、まさに事件の核心たる作品の表現自体に接近できることとなる。だからこそ、議論は社会的に広がりうる。つまり、著名な芸術作品や作家にまつわる言論の集積は、公共的な議論を行うための土台となっているのである。

小説の別の役割にも注目しよう。ユルゲン・ハーバーマスは、小説が市民社会において公共的な議論を成り立たせるための前提となる人間性（フマニテート）を涵養したと論じている[33]。小説は、私性を媒介し公共の空間に議論できる形で投げ出すことによって、人間性についての理解を広める重要な役割を果たしてきたというのである。この章の課題に即して言い換えれば、人間の私性とは何か、私的領域とは何かということを、人々は小説の描き出した人間像を通じて示し、学んできた面があるといえようか[34]。

文学の機能を美的価値や虚構度という意味における芸術性の観点からだけ考えることは、その一面しか見ないことになる。私たちの社会において文学は、もっと幅広い役割を果たしているのである。

読者のみなさんへ

冒頭に述べたように、「過去の（裁）判例」とも理解されることの多い、「宴

---

33) ユルゲン・ハーバーマス『公共性の構造転換――市民社会の一カテゴリーについての探求〔第2版〕』（未来社、1994年）。特に第2章を参照。
34) 小説表現によるプライバシー侵害と芸術作品の公共性をめぐる問題については、以下も参照。日比嘉高「〈芸術性〉をいかに裁くか――三島由紀夫「宴のあと」、高橋治「名もなき道を」、柳美里「石に泳ぐ魚」」名古屋大学文学部研究論集文学61（2015年）181-202頁。

のあと」事件判決であるが、歴史的な観点、文学論的な観点とのコラボレーションを通じて、そのアクチュアリティを確認することができたのではないだろうか。

　民主主義や人権といった、ある種の外来の概念がどのように戦後日本に受容されていったのかというような問題は、──もしかすると憲法学習者のみなさんには一番の関心事かもしれない──資格試験の答案作成や狭い意味での憲法解釈論に直接与える影響は、確かに大きくないだろう。しかし、日本における憲法や立憲主義といったものの意義が改めて深く問われている現在において、歴史的な受容の過程を把握し、ひいては今後の展望を考えていくことが重要である。

　また、本章では、文学・芸術とプライバシーという問題の重要性とともに、その難しさも浮き彫りになった。とりわけ、文学をとかく、芸術論に収斂させがちな法学側の発想に対して、文学論から提示された、公共的議論の喚起という文学の機能を、憲法学はしっかりと受け止めて、今後議論を展開していかなければならない。また、これは、政治的言論と非政治的言論の区別の相対性を示すものとしても受け止めることができよう。その意味で、表現の自由論の再構成にも一石を投じる可能性も秘めている。憲法学習者のみなさんも、以上のような点に注意していただけると幸いである。

　最後に、憲法に関心をお持ちの一般の読者の方には、「宴のあと」事件判決の紹介・検討を通じて、詳細な法的な論点についてはともかく、憲法論が無味乾燥な法文のパズルではなくて、広く人間の様々な営みに関わる深みのあるものであるということを感じ取っていただけたのではないだろうか。憲法が身近に感じられること、その必要があることは決して幸福なこととは言えない面があるけれども、──本章でも少し触れたところだが──「外来種」である憲法ないし立憲主義そして民主主義といったものが真に日本に根を下ろしていくには、個々の国民が、国のあり方や人々の権利といったものを意識していくことは大変重要なことである。自分たちの権利について自覚するとともに、それが社会全体にどのように影響を与えていくのかにも考えを及ぼして、その限界についても考えてみていただきたい。

より深く学びたい方へ──参考文献

なんといっても「題材」を読まないと始まらない
　三島由紀夫『宴のあと』（新潮文庫、1969年）
プライバシー（権）論の展開として
　佐藤幸治『現代国家と人権』（有斐閣、2008年）259頁以下
　ダニエル・J・ソローヴ（大谷卓史訳）『プライバシーの新理論』（みすず書房、2013年）

　　　　　　　　　　　　　　　山田哲史（岡山大学准教授、憲法学）
　　　　　　　　　　　　日比嘉高（名古屋大学准教授、近現代日本文学・文化史研究）

第 2 章

社会や家族の変化に民法は応えるべきか？

非嫡出子相続分最高裁違憲決定
最大決平成 25 年 9 月 4 日民集 67 巻 6 号 1320 頁

> **この憲法条文に注目！**
> 第 14 条 1 項　すべて国民は、法の下に平等であつて、人種、信条、性別、社会的身分又は門地により、政治的、経済的又は社会的関係において、差別されない。

あらすじ

　旧民法 900 条 4 号ただし書は、非嫡出子[1]の相続分を嫡出子の 1/2 としていた。本件では、嫡出子らが、非嫡出子である相手方に対して遺産分割を申し立てたところ、非嫡出子側が、本件規定は法の下の平等（以下、平等権）を定めた憲法 14 条 1 項に反すると主張した。
　最高裁は、非嫡出子側の主張を認め、本件規定が、嫡出子と非嫡出子との間で生じる法定相続分の区別が合理的理由のない差別であるとして、本件規定を違憲無効とした。

> **この判例から考えてほしいこと**
> ●非嫡出子の法定相続分を嫡出子のそれの 1/2 としていた本件規定は憲法 14

条に違反するか。
●最高裁が本件規定を違憲と判断した理由の一つに掲げた、"事柄の変遷"とは、具体的にどのような意味内容であるのか。

判例を読む前に

憲法学習者のみなさんへ

　本件では、憲法上の平等権侵害が問題となっているが、平等権を考える際にまず考えなければならないことは、誰と誰との比較で、かつ、両者を隔てる事由（区別事由という）とは何であるのかということである。本件では、嫡出子と非嫡出子との比較が問題となっており、区別事由は嫡出子たる身分（嫡出性）である。
　この点に関する従来の最高裁判例は、区別事由が何であろうと、そこに何らかの区別が生じていれば、一律に合理性の基準によって緩やかに当該区別の憲

---

1) 「非嫡出子」の用語については、例えば、本決定において最高裁が「嫡出でない子」としたり、近時の論文等では「婚外子」が用いられたりするなど、「非嫡出子」以外の用語が使用されてきている。こうした用法の変化には、「非嫡出子」という語に付随する差別的・否定的な意味合いを覆すべきであるとの認識を読み取ることができる。
　本稿の趣旨は、憲法学と法史学の双方から最高裁判例を読むということであるので、こうした用法について、子に対する差別という点のほか、歴史的な経緯も確認しておく必要がある。
　「非嫡出子」すなわち「嫡出ニ非サル子」という概念が民法に登場するのは、1942（昭和17）年の民法一部改正によってであり、それ以前の民法の規定には存在しない。この改正には、当時の民法上の「私生子」「庶子」という用語の差別的なニュアンスを是正する意図があった。こうした経緯を踏まえると、父母が婚姻関係にない状態で出生した子を一律に「非嫡出子」と表記すれば、「嫡出ニ非サル子」という語が登場した経緯／歴史性が薄れてしまう恐れもある。他方、「婚外子」と一般的に表記したとしても、現在の「婚外子」の概念と明治民法下の「婚外子」に対する社会的評価や位置づけが異なることもあり、ニュアンスにややずれが生じることも否めない。
　こうした法制史学上の沿革については、本文を参照されたいが、本稿では便宜上、現時点で一般読者の間で定着しているであろう「非嫡出子」を基本的な用語として採用し、文脈により「父母が婚姻関係にない状態で出生した子」を用いることとしたい。

法適合性を審査してきた[2]。これに対し学説は、区別事由の性質に応じて審査基準を設定する旨を説き、特に14条1項に列挙されている事由（後段列挙事由）に該当する場合は、審査密度を上げて審査するという見解が有力となっている[3]。最近の国籍法違憲判決[4]では、このような学説の影響を受けてか、区別事由の性質に応じて審査密度を高めるべきとの見解も示された。

　それでは嫡出性に基づく審査基準はいかなる基準であるべきなのか。この点について参考となるのが、本件が下されるまでの先例であった平成7年決定[5]である。平成7年決定では、多数意見は合理性の基準を適用し、これまでの平等権に関連する判例を踏襲しているかのように見える[6]。本件ではいかなる審査基準が採られたのだろうか。

　本件規定を違憲無効と判断する上でキーポイントとなるのが、「事柄の変遷」である。社会変化の法理とも説明される[7]この事柄の変遷とは、本件を例に挙げるのであれば、最高裁が、わが国における婚姻や家族の実態の変化、国民意識の変化、諸外国の立法の趨勢、条約や国連の関連組織である委員会からの勧告など、これらの事柄が変化したことを総合的に考慮し違憲判断を下す手法であり、近時の最高裁判決や下級審判決でもしばしば見られる。

　同法理を裁判所が近年用いる傾向にあることの当・不当については議論のあるものの[8]、裁判所が法規範を定立するのでもなく、また、立法事実論に終始

---

2) 最大判昭和39年5月27日民集18巻4号676頁。
3) 野中俊彦・中村睦男・高橋和之・高見勝利著『憲法Ⅰ〔第5版〕』（有斐閣、2012年）286-287頁〔野中執筆〕。
4) 最大判平成20年6月4日民集62巻6号1367頁。（この事件では、婚姻関係にない日本国籍を有する男性とフィリピン国籍を有する女性との間に生まれた子どもが、その後父親から認知を受けたことから日本国籍を取得するために届出を提出したが、認められなかったことが争われた。当時の国籍法3条1項の下では、父母が婚姻関係にあることが、日本国籍取得の条件の一つとなっていた。）
5) 最大決平成7年7月5日民集49巻7号1789頁。
6) この点、厳格な合理性の基準を採用した反対意見と比べると、広範な立法裁量を認め審査基準を低く設定したとの指摘も見られる。（佐藤幸治・土井真一編『判例講義　憲法Ⅰ　基本的人権』〔悠々社、2010年〕45頁〔高井裕之執筆〕）。
7) 大林啓吾「判批」平成25年度重要判例解説（ジュリスト臨増1466号）20頁（2014年）。本稿では、事柄の変遷と社会変化の法理を互換的に用いる。

するのでもなく、同法理を用いて事案を解決することをどのように捉えるべきなのか。特に本件では、非嫡出子をめぐる様々な事情の変化が焦点となっていることから、最高裁の分析に加え、法制史の観点からの分析も重要となってくる。この点は、下記、「歴史学からのポイント解説」と併せて参照されたい。

憲法に関心のあるみなさんへ

本件は非嫡出子への差別が主たる論点であるが[9]、果たして、非嫡出子はこれまでどのような差別を受けてきたのだろうか。これについて、平成7年決定における追加反対意見の中で、尾崎裁判官は次のように述べる。

「非嫡出子は、古くから劣位者として扱われてきたが、法律婚が制度として採用されると、非嫡出子は一層日陰者とみなされ白眼視されるに至った。現実に就学、就職や結婚などで許し難い差別的取扱いを受けている例がしばしば報じられている。本件規定の本来の立法目的が、かかる不当な結果に向けられたものでないことはもちろんであるけれども、依然我が国においては、非嫡出子を劣位者であるとみなす感情が強い。本件規定は、この風潮に追随しているとも、またその理由付けとして利用されているともみられるのである。」

ところが、本件に至るまでの判例は、当該区別を合憲と判断してきた。そこにおける主たる理由は、①相続制度に関しては広い立法裁量*が認められること、②法律婚**の尊重、そして、③非嫡出子の相続分を嫡出子のそれの1/2とすることはむしろ非嫡出子の保護の調整を図ったものである、というものであった。①に関しては、確かにそういった側面は否定できないものの、憲法が最高法規である以上、憲法（本件では平等権条項）に反する制度は違憲であるとも考えられるだろうし、②については、非嫡出子の相続分に差異を設けること

---

8) 例えば、櫻井智章「事情の変更による違憲判断について」甲南法学51巻4号145頁以下参照。
9) なお、本件では平成13年7月から本決定までの間になされた他の相続については、本件規定を前提とした遺産分割の審判等により確定的なものとなった法律関係に影響を及ぼすものではないとした。この遡及効の問題も本件における重要な論点の一つとして挙げられるが、本稿では取り上げる余裕はないため、この点についても関心がある者は、末尾の参考文献『自由と正義』（65巻3号）を参照されたい。

と法律婚の尊重または促進と関連性があるとは言いづらい点、そして、③については、それが1/2であろうが9/10であろうが嫡出子の相続分と同等でない以上、そこには非嫡出子に対して不利益が課されているわけであり、まさに「劣位者」の烙印が押されていると言えるのではないだろうか。詰まるところ、なぜ、嫡出子と非嫡出子とを区別する必要があったのか、この「そもそも論」が本件における本当の論点であったのだ。

　　＊　立法裁量とは、ある政策の判断や事案の処理について、国会が立法を通じて自由に決めることができる幅の広さのこと。
　　＊＊　法律婚とは、民法の規定に基づき、両当事者の婚姻意思と共に届出をすることにより成立する。他方、事実婚は、両当事者に婚姻意思があるものの、届出をしない婚姻形態である。

　諸外国では、嫡出子と非嫡出子の区別は現在見られない[10]。特に北欧では、非嫡出子の割合が50％を超える国も見られ、ほとんどの国では、非嫡出子の割合が増加している。このような背景には事実婚夫婦や同性カップルの存在が指摘でき、彼ら／彼女らを法的に保障する制度が構築されている点が大きい。この点、わが国では諸外国に比べ保障が十分でないため、非嫡出子の割合が低いとも考えられる[11]。加えて、事実婚や同性婚に対する社会の受け止め方も問題となろう。これはまさに本件において最高裁が国民の意識の変化に言及した点とも関連するが、果たして日本社会は、多様な家族形態について寛容になっているのだろうか。

　なお、近時の最高裁は、家族法の分野において積極的な姿勢を見せており[12]、今後もこの分野における問題が増加していくだろうとの見方[13]に従うな

---

[10] 諸外国の状況について、日本弁護士連合会編『今こそ変えよう！　家族法～婚外子差別・選択的夫婦別姓を考える～』（日本加除出版、2011年）10頁以下［二宮周平執筆］参照。

[11] 本件で引用された統計では、平成23年における非嫡出子は23000人余りで、全出生数に占める割合は約2.2％にすぎない。

[12] 例えば、性同一性障害者と生殖補助医療に関する最高裁の平成25年12月10日決定（判例時報2210号27頁）などが挙げられよう。同決定に関する評釈として、白水隆「判批」新・判例解説Watch（法学セミナー増刊）15号（2014年）15頁以下。

[13] 鬼丸かおる（川村百合　インタビューアー）「特集　鬼丸かおる最高裁判事に聴く」日本女性法律家協会会報52巻（2014年）60頁以下、68頁。

らば、少なくとも司法は家族における差別の解消と平等の実現に向けて動き出しているとも言えるだろう。

事案の背景

　本件の争点となった民法900条4号は、1898（明治31）年に制定された明治民法1004条の規定に由来する。同規定は、戦後の家族法改正にあたってもほぼそのまま継承されたが、相続権の前提となる「実子」の概念と相続制度については、明治民法と現行法とは異なっている。こうした明治民法以来の沿革を知ることは、本件を理解するためにも有用であるので、少し詳しく紹介したい。
　現行法上の「実子」の概念は、「嫡出子」と「非嫡出子」であるが、「嫡出ニ非サル子」の概念が民法に登場したのは、太平洋戦争さなかの1942（昭和17）年の民法一部改正によってである。それ以前の明治民法の規定では、「実子」概念は「嫡出子」、「庶子」、「私生子」の三つに分けられていた。「庶子」と「私生子」とはいずれも父母が婚姻関係にない状態で出生した子であるが、以下のように規定された。
　第八二七条
　　①私生子ハ其父又ハ母ニ於テ之ヲ認知スルコトヲ得
　　②父カ認知シタル私生子ハ之ヲ庶子トスル
　つまり、父母が婚姻関係にない状態で出生した子は第一義的に「私生子」となり、そのうち、父が認知した子は「庶子」の身分を獲得する。庶子は、父の「家」すなわち父の「戸籍」に入る。父自身は戸主でなく、父の父母（子の祖父母）など[14]が「戸主」である場合には＊＊＊、父本人の意思に加えて、戸主が庶子の入家に同意することが要された。

---

[14] 戸主として母が挙げられていることに違和感を覚えるかもしれないが、明治民法は女戸主を認めていた。明治民法は男子優先・男尊女卑の要素を色濃く有しているが、「血統」や「家」の論理がジェンダー秩序に優越することも珍しくなく、明治民法のジェンダー要素は「嫁ジェンダー」（白石玲子）とも評されるように、男／女の差異としてよりも夫／妻との支配従属関係として顕現することが多い。

***　戸主については、後述の「歴史学からのポイント解説」参照。

　こうした詳細な区別と手続が設けられたのは、当時、「私生子」と「庶子」とでは社会的評価が異なっていたためである。本条を起草した富井政章は、当初「実子」の概念を「嫡出子」と「私生子」とする案を挙げた。「庶子」とは「妾」の子であり、これを明文規定すれば、一夫一婦制を採用したことと矛盾するとして、法律上は庶子という概念を廃そうとしたのである[15]。しかし、法典調査会では退けられた。すなわち、妾や庶子の存在は「家」の継承者確保に不可欠なものと認識されており、私生子は差別的に「父無し子」と呼ばれる子のことを指し、「庶子」とは"れっきとした"「妾（側室）」が生み父親によって「内に入れた」子であって、法令上も社会的な意識の上でも明確に区別されているという反対意見が支持されたのである[16]。

　ただし、当時から、父母が婚姻関係にないという「父母ノ罪」によって「罪ナキ子ヲ罰スル」ような差別的規定は不当であると認識されていた[17]。他方で、当時西欧法では、私生子をさらに「乱倫子」「姦生子」に区分してより差別的に扱っているのに対し、明治民法はそうした処遇をせずに、婚姻の尊重という「文明国」の思想に則って、非嫡出子である庶子・私生子を比較的優遇したとの自負もあった[18]。

　とはいえ、相続において嫡出子と庶子・私生子との間には明確な差異が存在した。明治民法の相続制度は、「家督相続」と「遺産相続」の二本立てである。明治民法の「家」制度の核となった家督相続は、戸主という法律上の地位

---

15)　厳密にいえば、すでにこの段階で父の配偶者と庶子との間に親子法上の権利義務関係を発生させる「嫡母庶子関係」の規定が盛り込まれることは決定しており、間接的に一夫多妻を容認していた。

16)　尾崎三郎は「今日ノ法律モ私生子ノ他ニ庶子ト云フモノヲ認メテア（ル：引用者注）更ニ罷メテ仕舞ツテ私生子ト云フ卑シイ名前ニシナケレハナラヌト云フコトハナカラウ」（『法典調査会議事速記録154回』38丁、厳松堂版、下線引用者）と、私生子と庶子の社会的評価の差異を再三指摘している。ただし尾崎はここでは華族層の庶子を念頭に置いている。

17)　梅謙次郎『民法要義　巻之四　親族編』（明法堂、1899年）253頁、岡村司『民法と社会主義』（弘文堂、1922年）等。

18)　梅・前掲注17）254頁。

ないし権利義務を承継する「単独」の相続である。すなわち、「被相続人ノ家族タル直系卑属」を第一の法定推定家督相続人とし、親等の同じ直系卑属の間では、男子、年長者、嫡出子を優先することを原則としたため、典型的には嫡長男子が第一位の家督相続人となった (§970)。

つまり、嫡長男子が問題なく家督相続できれば、他の嫡出子に相続権はないのであって、家督相続制度は嫡出子相互においても不平等相続であった。庶子・私生子も相続順位に含まれるが、嫡出子より劣位にあることは当然とされ、最も相続順位が低いのは私生の女子であった。ただし、嫡出女子と庶出男子がある場合には、庶出男子の方が上位であった。

遺産相続とは、戸主以外の者——戸主の妻子、隠居した直系尊属、傍系親など——の私有財産相続のルールである。当時、すでに戸籍の記載と住居や生計の実態とが一致しないことは珍しいことではなく、例えば戸主の弟などに固有の財産がある場合、戸主ではないため家督相続は発生せず、財産の相続は第一に被相続人の直系卑属によってなされ、親等が同じ直系卑属は「均分」に相続権を持ち (1004条)、被相続人の庶子・私生子は嫡出子の二分の一の相続権を有するとされた (同条但書)。これが、本決定が違憲と判断した900条4号のルーツである。

この二つの相続制度には、二つの家族像が想定されている。家督相続には戸主を頂点として戸主権によって統率される大家族が、遺産相続には夫婦・親子を中心とする小家族的な家族像がある。これら二つの家族像は、穂積陳重、富井政章、梅謙次郎の三人の起草委員が、家督相続や戸主制度は早晩消滅し、「親権、夫権若クハ夫婦ヲ以テ組立テ居ル新ナル家ノ観念」が主流となるとの見通しを立て[19]、そうした過渡的な時代の趨勢に合致する二つの家族像を民法に組み込んだ結果である。起草委員の予想よりも遅れはしたが、戦後の改正で家督相続制度は削除され、遺産相続は現行法に継承された。

---

19) 梅謙次郎「家族制ノ将来ヲ論ス」法学志林33号 (1902年)。民法編纂過程と明治民法における相続については、利谷信義「明治民法の『家』と相続」社会科学研究23巻1号 (1971年)、村上一博「穂積陳重博士の相続制度論」同志社法学34巻4号 (1982年)、梅と富井の「家」理解については宇野文重「明治民法起草委員の『家』と戸主権理解」法政研究74巻3号 (2007年) 等参照。

判　旨

①憲法14条1項適合性の判断基準について

「相続制度は、被相続人の財産を誰に、どのように承継させるかを定めるものであるが、相続制度を定めるに当たっては、それぞれの国の伝統、社会事情、国民感情なども考慮されなければならない。さらに、現在の相続制度は、家族というものをどのように考えるかということと密接に関係しているのであって、その国における婚姻ないし親子関係に対する規律、国民の意識等を離れてこれを定めることはできない。これらを総合的に考慮した上で、相続制度をどのように定めるかは、立法府の合理的な裁量判断に委ねられているものというべきである。この事件で問われているのは、このようにして定められた相続制度全体のうち、本件規定により嫡出子と嫡出でない子との間で生ずる法定相続分に関する区別が、合理的理由のない差別的取扱いに当たるか否かということであり、立法府に与えられた上記のような裁量権を考慮しても、そのような区別をすることに合理的な根拠が認められない場合には、当該区別は、憲法14条1項に違反するものと解するのが相当である。」（下線部：筆者。以下、同様。）

②本件規定の憲法14条1項適合性について

「法律婚主義の下においても、嫡出子と嫡出でない子の法定相続分をどのように定めるかということについては、（平成7年決定）で説示した事柄を総合的に考慮して決せられるべきものであり、

また、これらの事柄は時代と共に変遷するものでもあるから、その定めの合理性については、個人の尊厳と法の下の平等を定める憲法に照らして不断に検討され、吟味されなければならない。」（括弧内筆者加筆。）

「（平成7年決定）で説示した事柄のうち重要と思われる事実について、昭和22年民法改正以降の変遷等の概要をみると、次のとおりである。」（括弧内筆者加筆。以下、ア〜ク、筆者による概要。）
ア：わが国における婚姻や家族の実態の変化、国民意識の変化。
イ：諸外国の立法の趨勢。
ウ：条約や国連の委員会勧告。
エ：戸籍における戸籍事項の扱い。
オ：法定相続分を平等にするための法律案の存在。
カ：出生割合の大小は法律問題ではないこと。
キ：同種の事案における反対意見や補足意見の存在。
ク：本件規定が補充的な規定であることは、合理性の判断において重要ではないこと。

「本件規定の合理性に関連する以上のような種々の事柄の変遷等は、その中のいずれか一つを捉えて、本件規定による法定相続分の区別を不合理とすべき決定的な理由とし得るものではない。しかし、昭和22年民法改正時から現在に至るまでの間の社会の動向、我が国における家族形態の多様化やこれに伴う国民の意識の変化、諸外国の立法のすう勢及び我が国が批准した条約の内容とこれ

に基づき設置された委員会からの指摘、嫡出子と嫡出でない子の区別に関わる法制等の変化、更にはこれまでの当審判例における度重なる問題の指摘等を総合的に考察すれば、<u>家族という共同体の中における個人の尊重</u>がより明確に認識されてきたことは明らかであるといえる。そして、法律婚という制度自体は我が国に定着しているとしても、上記のような認識の変化に伴い、上記制度の下で父母が婚姻関係になかったという、<u>子にとっては自ら選択ないし修正する余地のない事柄</u>[20]を理由としてその子に不利益を及ぼすことは許されず、子を個人として尊重し、その権利を保障すべきであるという考えが確立されてきているものということができる。以上を総合すれば、遅くともAの相続が開始した平成13年7月当時においては、立法府の裁量権を考慮しても、嫡出子と嫡出でない子の法定相続分を区別する合理的な根拠は失われていたというべきである。

したがって、本件規定は、遅くとも平成13年7月当時において、憲法14条1項に違反していたものというべきである。」

[20] このような考え方は、嫡出性が、憲法14条1項の後段列挙事由に掲げられている人種や性別と類似する事由であるが故に、そういった事由を用いて区別を行うことには慎重になるべきであるとの最高裁の見解が見て取れる。

憲法上の意義

判旨で示したとおり、最高裁は本件で違憲判断を導く上で、様々な事柄の変遷を理由に挙げた。このような手法は「いまや違憲判断の定石的手法」[21]であり、「多くの判例にみられるところであり、特に目新しいものではない」[22]もの

---

[21] 宍戸常寿『憲法 解釈論の応用と展開〔第2版〕』(日本評論社、2014年) 64頁。
[22] 伊藤正晴「時の判例」ジュリスト1460号 (2013年) 88頁以下、90頁。

として定着してきており、事実、議員定数不均衡事件、在外国民投票事件、国籍法違憲判決など、最高裁による違憲判決のほぼ半分が社会変化の法理をベースに下されている。特に、これまでは法律の合憲性を支える事実が変化すれば、法律がその後違憲とされることはある意味当然であったところ、近年は、国籍法判決に見られるように、社会的事実に加え、社会通念や社会的状況の変化も考慮要素として加わるようになってきた。この点は、家族制度という国民に身近な法制度については、社会（国民）意識を重視するという最高裁の姿勢が窺える。

さて、本件における事柄の変遷について、調査官解説では、「立法事実の変化はある時点で停止するものではなく、現在に至るまでの一連の経過であり、その一連の経過の中で、当該事案の相続開始時点における本件規定の憲法適合性を回顧的に判断するのが相当であるという考え方がとられたものであろう」とし、本件では本件規定の立法当初からの事柄の変遷等を検討しており、「その後の状況の変化により、その意味合いを異にすることがあることをも踏まえたものと推測される」と記されている[23]。

もっとも、このような事柄の変遷をことさら強調する立場に批判も見られる。たとえば、水野紀子は、諸外国の立法状況を理由とすることに対し、「日本家族法が『世界的にも限られた状況』になっている点は、他にも多く存在する。（中略）要するに、日本家族法は婚姻保護つまり妻子の保護がきわめて薄い」[24]として、まずは、法律婚の当事者のケアに目を向けるべき旨を説く[25]。

それ以外にも、わが国における家族観、家族像などは果たして変化しているのか、していないのか。そして、その一つの判断基準となる統計上の証拠をどのように取り扱っていくべきなのか。これらについては、今後同種の事案において繰り返し問いただされる問題であろう。そして、そもそも、「どの程度の変化がおこれば違憲となるのか、いつから合憲から違憲へと変わったのか、と

---

23) 伊藤・前掲注22) 91頁。
24) 水野紀子「婚外子相続分差別違憲決定」法律時報85巻12号（2013年）1頁以下、2頁。
25) 同様の指摘として、西希代子「婚外子法定相続分違憲決定」法学教室403号（2014年）52頁以下、57-58頁。

いった疑問が直ちに出てくることは当然である」[26]との指摘がなされるように、その明確な線引きが難しいのが、社会変化の法理の特徴でもある。

　ところで、本件より10年前の平成15年の非嫡出子の相続分についての最高裁判決[27]では、既に国民意識の変化が生じていることが補足意見や反対意見で示されているが、このような事柄の変遷への言及は、裁判所による国会へのメッセージとも受け取れる。しかし、平成15年判決を含めた本件に至るまでの国会の対応は法制審議会や個別の裁判官の意見にも拘わらず遅々としたものであり、政治部門と司法部門との対話が失敗に終わったとの指摘も見られる[28]。この点について、宍戸常寿が興味深い検討を加えている。まず、宍戸は、最高裁が事柄の変遷に対して、それを用いることで裁判所は判例変更を回避できると同時に違憲判断の及ぶ範囲を限定できるメリットを説く[29]。その上で、本件では、「国民意識、国会、裁判所の3者のトライアングルの中で、この決定が出されている、という問題設定が背後にある」ことを指摘し、「国民意識というワンクッションをかませることによって、家族法における他の憲法上の論点に直接波及しないようにしている」と述べる[30]。この見解に従うと、裁判所は社会変化の法理の使用により、国会を通り越して国民と直接に国民意識の変化という物差しで対話をし、それを根拠に、本来国民意識を反映させるべく国会が何ら対応を採らなかったことを違憲判断という形である意味非難し、けれども、そこには立法府への一定の敬譲も示されているという点においては、非常に"大人の"手法として捉えることもできよう（加えて、判例変更を行わないことからも、過去の判例への敬譲も示すことができる）。従って、社会変化の法理を素直に事柄の変遷のみを主題として捉えるのではなく、裁判所の新たな憲法適合性の判断手法として検討する必要性はあろう。もっとも、その根本となる変遷自体は細かな分析がなされなければならず、本件においては、非嫡出子をめぐ

---

26) 櫻井・前掲注8) 161頁。
27) 最判平成15年3月31日民集209号397頁。
28) 佐々木雅寿『対話的違憲審査の理論』（三省堂、2013年）175-184頁。
29) 高橋和之ほか「非嫡出子相続分違憲最高裁大法廷決定の多角的検討」法の支配175号5頁以下、10頁［宍戸常寿発言］（2014年）。
30) 高橋和之ほか・前掲注29) 11頁。

る国民意識の変遷というものがどのようになされたのかという検討は避けて通れない。この点に関しては、法制史学による検討を参照されたい[31]。

　最後に、審査基準について付言しておく。本件では、裁判所がいかなる審査基準を採用したか明らかではなく、この点に対する問題点の指摘もなされている[32]。本件の読み方によっては、合理性の基準とも中間審査基準とも読めなくもない部分も見られる。また、家族生活における個人の尊重や尊厳といった言葉を使用することで、審査基準という話を超えて（あえて明確にせずに）、違憲判断を導き出しているとも読めよう。従って、最近の最高裁の平等権における審査基準論が、国籍法違憲判決によりやや学説に接近してきたと思われていたところ、本件によりまた議論が振り出しに戻ることも予想される。他方で、本件が全員一致であったことから窺えるように、本件が事柄の変遷を適用する事案として最適であったことから、あえて平等権論を打ち出さなくとも違憲との決定が導き出せたという政治的な側面も垣間見えることもまた否定できない。そういった観点からすれば、本件は、一連の平等権判例の——重要判決ではあるものの、理論的には——例外であるとも評されるかもしれない。

◆ **歴史学からのポイント解説** ◆

　法制史学の眼で本決定を見ると、「事柄の変遷」として、「家族という共同体の中における個人の尊重がより明確に認識されてきた」と述べられた点に注目できる。今では多くの人が「当たり前」のことと考える「個人の尊重」や「幸福追求」が、戦前においては、〈家〉の論理のもとで抑圧されてきた。たとえば、夏目漱石の『こころ』で帝大生の主人公が敬愛する「先生」が、郷里の〈家〉の相続のために、いとこにあたる叔父の娘との婚姻を強引に迫られたというエピソードや、民俗学者の柳田國男が養子に

---

31) もっとも、この社会変化の法理に対しては、その理論的根拠や判断基準が不明確である点や、仮にそれらが明確であったとしても、事件当時権利侵害がなされているにも拘わらずそれを（もっぱら多数者の）国民の意識等を基に判断を下すことへの批判は当然向けられるであろう。
32) 蟻川恒正「婚外子法定相続分最高裁違憲決定を読む」法学教室397号（2013年）102頁以下。

入った〈家〉のために、詩人の途をあきらめ官僚となったいきさつなどはよく知られている。個々人の幸福や意志よりも、家業、家産、家名などの〈家〉の永続的継承こそが価値あるものとして優先されていたのである。本決定はこうした〈家〉の優越から、「個人の尊厳」を核にする家族像に「変遷」したとの認識を示しているともいえ、法制史学上も重要である。

　明治民法上の「家」制度とは、こうした〈家〉意識をベースにした（ただし全く同じものではない）、戸主権と家督相続を核とする家族制度である。じつは、明治民法には「家」の定義規定はないのだが、民法上の「家」とは端的に「戸籍」上の「戸」を指している。

　戸籍の筆頭に掲げられるのは戸主である。戸主と同じ戸籍に記載された親族、具体的には戸主の配偶者、直系尊属、直系卑属、傍系親に加え、直系卑属や傍系親の配偶者などが、同じ「家」の「家族」となる。現在の戸籍は一組の夫婦とその間の未成年子が記載されるのが典型であるが、戦前は一つの戸籍に数世代にわたる複数の夫婦が含まれ、大家族が想定されていた点に特徴がある。

　ところが、戸籍は居住や生計の実態を伴うことを求めていなかったため、家族生活の実態と戸籍記載が乖離することになる。大正期になると「一片の紙片」（末弘厳太郎）にすぎないとして、その観念化・形骸化が批判された。

　戦後の民法改正により戸主権と家督相続の規定が削除され、「家」制度は根本から変革を受けた。しかし、民法上の「家」そのものであった戸籍は、規模は縮小されたものの、戦後70年に至る現在まで残されている。昨今、社会問題として注目されている「無戸籍の子」や生殖補助医療の進展による「親子」概念をめぐる問題など、子の利益保護を図るべき喫緊の課題が山積しているが、1871（明治4）年に制定された戸籍法と民法との関係も問い直される時期に来ているのかもしれない。

この判例から見えるもの──法制史の立場から

　婚姻関係にない父母のもとに生まれた子は、古くから洋の東西を問わず、社

会的にも、法制度上も差別的に扱われてきた。たとえば、フランス人権宣言（『人および市民の権利宣言』）における「人／男性 homme」「市民 citoyen」の語を、「女性 femme」、「女性市民 citoyenne」に置き換えて『女性および女性市民の権利宣言』(1791) を著したオランプ・ド・グージュは[33]、未婚の女性が、自らが出生した子の父親に対して認知を求める権利を「最も貴重な権利」であると主張した。キリスト教の規範意識が作用していた 18 世紀末のフランスにおいては、婚姻外性関係に対する倫理的・道徳的批判も厳しく、その子に対する差別も苛酷であった。わが国では、宗教規範に基づいた差別意識は薄いが、社会的な差別は根深く、明治期に入ると法令上明確に「実子」の"分類"がなされ、1898 年制定の明治民法の「家」制度にも継承された[34]。

　さて、本決定においては、非嫡出子に対する相続分規定を違憲とする根拠が、国民意識や家族生活の実態などの「変遷」に求められた。「意識」や「実態」の「変遷」を正確に描き出すには多角的で慎重な検討を必要とするが、戦前の法ないし法学において、「婚姻」や「家族」の「実態」がいかに認識されていたのか、その一端を紹介することにしたい。

　明治民法の時代においても、父母が婚姻関係にない状態で出生した子である庶子・私生子に対する差別的処遇は、法学上も論点となっていた。しかしより深刻な問題として認識されていたのは、父母が婚姻関係にない状態に至る理由、つまり婚姻届を提出しない事実上の夫婦・親子が数多く存在するという事実とその要因であった。主に以下の三点が指摘されている。

　第一に、民法の「家」制度的規定が壁となる場合である。明治民法では、男子 30 歳、女子 25 歳まで親権者の同意が成立要件とされ、年齢に拘らず戸主の同意も必要とされたこと、当事者がともに戸主または法定推定家督相続人であれば、一方がその地位を退かない限り婚姻届を提出できないことなどが制約となって、事実上の夫婦に留まる場合があった。

　第二に、「足入婚」（試婚）という慣習による場合である。「家風に合うか分

33）　グージュについては、辻村みよ子『女性の権利の歴史』（岩波書店、1992 年）等参照。
34）　明治前期および明治民法施行期の私生子法制と裁判史については村上一博『日本近代婚姻法史論』（法律文化社、2003 年）参照。

かるまで」、「跡継ぎができるまで」といった事情が婚姻の届出を阻むのである。この場合は、民法の「家」制度というより、慣習的・伝統的な〈家〉意識、すなわち家産・家業・家名を永続的に継承する団体としての〈家〉の意識が届出の阻害要因となる。遠い過去の話のように思えるが、平成7年最高裁合憲決定の事案は、被相続人が婿養子選定のために4回もの試婚を強いられ、2回目の試婚の相手方との間に出生した子は非嫡出子となり、4回目の相手方との間の子は嫡出子となったことが争いの発端となったのである。

　第三に、届出自体が定着していないことである。これには、①慣習的な婚姻儀礼を挙行し共同体の承認を得たことで、当事者としては「正式」に婚姻したとの認識があるために届出が実行されない場合、②鉱山・炭鉱労働者など定住の傾向が比較的薄い労働者層や都市化が進む中で地方から移住してきた都市生活者において、婚姻規範が希薄であることに起因する場合とがある[35]。この第三の要因による「内縁」が最も多かったと当時の法学者は分析しており[36]、したがって非嫡出子の問題は、身分法学上はまず、社会的には「正式」な夫婦にほかならない事実上の夫婦をめぐる問題として浮上した[37]。

　事実上の夫婦・親子・家族生活と民法との乖離が問題とされたことは、1925(大正14)、27(昭和2)年に公表された「民法改正ノ要綱」からも窺える[38]。第一次世界大戦後の社会・経済構造の変化によって国家の求心力が低下しつつあ

---

35) 冤罪事件の一つとして著名な「徳島ラジオ商殺し事件」の再審(徳島地判1985年7月9日)では、事件当時の1958年において、「内縁の夫婦関係が社会生活上必ずしも稀な事例でないことは多言を要せず、その中では特に法律上の婚姻を回避するというほどの意図もなく、ただずるずると届出を怠っている程度の原因しかない例が、かなりの部分を占めていると思われるのであって、A(被害者、被告人の内縁の夫)とX(被告人)の場合も、婚姻届をしないことに格別の理由はない…」、「…Xは過去に二回の結婚生活に破れながら、男に頼らず、独力でカフェを経営し、Aの伴侶となってからも同人の有能な協力者として事業も守り立て、成功に導いたのであって」、「夫のみに依存して生きる型の女ではなく、法律上の妻として入籍されないことは、Xにとって必ずしも大きな思いではなかった」(下線および文中カッコ内引用者)と認めて、入籍をしない内縁の夫への恨みや嫉妬を動機とした検察側の主張を根拠のないものと判示した。

36) 一例として、小石壽夫「内縁」穂積重遠ほか編『家族制度全集法律篇Ⅰ婚姻』(河出書房、1937年)。

37) たとえば、大審院連合部判決昭和15年1月23日民集19号54頁以下。

ることを憂慮した政府は、わが国古来の「醇風美俗」に反する民法の規定を改正して国民統合を強化しようとした。その結果、通説によれば、この要綱は復古的な「家」制度を強化した一方で、都市部に出現していた単婚小家族的な家族の権利を保障する「進歩的」要素を組み込んだものと理解されているが[39]、最も本質的には、明治民法の規定が国民生活の実態と乖離し、法律上の「家」すなわち「戸籍」が形骸化していることへの対応が課題とされたといえる[40]。

　要綱は、法律婚の成立を届出ではなく「儀式婚の挙行」とすべきとしたが、これも国民の意識や生活実態と法規範との乖離を埋めるためであった。重要なのは、同時に「婚姻の尊重」が図られていることである。例えば、家督相続順位について、庶出男子より嫡出女子の相続順位を上位とし、男子優先の原則よりも嫡出子の権利を保障した。また、夫が認知した子を庶子として「家」＝戸籍に入れる際に、庶子の「嫡母」として法律上の母となる妻に対し入籍同意権を与えた。このほか、妻の無能力規定の廃止、夫婦間の離婚原因の不平等是正、配偶者の遺産相続権の新設など、妻ないし配偶者の法的地位の改善を通して、婚姻の保護・尊重を図ろうとした。しかもこの「婚姻」とは、上述のように慣習的な儀式によって成立するものとして構想されていたのである。

　つまり、婚姻儀礼を経た事実上の夫婦を法律上の「婚姻夫婦」として法規範に吸収すれば、その間に生まれた子は「嫡出子」となる。そうした事実上の家族関係・共同生活の実態（＝「世帯」）を、法律上の「家」と位置付けることで、形骸化しつつあった民法の「家」制度を実質化しようとしたのである。その意味で、この要綱における「婚姻の尊重」と「家」制度には親和性が見出される。

---

38)　「民法改正ノ要綱」については、堀内節『家事審判制度の研究』（中央大学出版部、1970年）等参照。

39)　利谷信義・本間重紀「天皇制国家機構・法体制の再編」（『大系日本国家史5』所収、東京大学出版会、1976年）。最近の論稿として蓑輪明子「1920年代の「家」制度改正論」『一橋社会科学』5号（2008年）、宇野文重「明治民法「家」制度の構造と大正改正要綱の「世帯」概念」林研三・加藤彰彦・戸石七生編『家と共同性』（日本経済評論社、2016年）参照。

40)　この改正要綱の大部分は法制化されなかったが、戦後の家族法改正に影響を与えた。戦後の改正過程については我妻栄編『戦後における民法改正の経過』（日本評論社、1956年）参照。

他方で、婚姻関係にない男女から生まれる子があることは社会的事実であり、その差別的な扱いも問題とされていた。上述の要綱でも私生子の名称廃止が提案され、1942年の民法一部改正により、庶子および私生子の名称を廃して「嫡出ニ非サル子」に統一された。名称の廃止が差別の解消になるわけではないが、一つの画期として評価された。ただしこの改正が実現した最大の理由は、戦時において婚姻の届出前に出征した男性の子が、認知を受けることができずに「私生子」となることを回避する点にあった。

　父母が婚姻関係にない状態で生まれた子、とくに重婚的内縁関係にある男女から出生した子の存在は、婚姻家族の「幸福」を脅かすことになり、両者の利益が競合すればその深刻さは増すだろう。その意味で、婚姻家族の保護か婚外子の保護かという二者択一的な命題が設定されざるを得ないし、婚姻家族の保護の薄さ、とくに離婚後のひとり親家庭などに対する保障の薄さは看過しがたいほどの現状であるのも事実である。

　他方、これを法制史学的見地からみれば、そもそも「実子」の概念を嫡出子・庶子・私生子に区別した最大の要因が「家」制度にあることが、本質的に重要である。すなわち、個人の価値よりも「家」という存在に価値を与え、「家」の存続を至上命題とするイデオロギーが前提となって、つまり家督相続制度の維持に不可欠な序列を設けるために、「子」の"ランク付け"を生み出したのである。

　もっとも、女性が自活することがきわめて厳しかった当時において、私生子とされる子が庶子となって父の「家」＝戸籍に入り経済力の優る父の扶養を受けることができるのは、一種の"セイフティー・ネット"として機能していた側面もあろう。しかし、現代において、親族や「家」による扶養や介護を前提とする発想は、社会保障制度の理念や「個人の尊重」の思想を阻害する一因ともなるだろう。

　「家」制度は、「家」を国家・社会の最小単位ととらえるため、「個人」の存在を「家」に埋没させ、個人を抑圧する装置として機能する。ポイント解説でも紹介したように、個人と「家」との葛藤が繰り返されながら、結局、終戦によって日本国憲法が制定され民法が改正されるまで、「家」制度は法制度上に生き続けたのである[41]。

こうした意味で、個人を抑圧する「家」制度を前提とした非嫡出子の差別規定は、「個人の尊重」に背くものである。本決定では戦前の「家」制度について直接的に言及はしなかったが、最高裁は「家族という共同体の中における個人の尊重」が国民意識として根付いているとの認識を示しており[42]、"昔の家族"をノスタルジックに美化することは許されず、「家」制度をすでに時代的な「変遷」を経た「事柄」として把握し、「個人の尊重」を核とする家族像を提示したと評価できるのではないだろうか。

読者のみなさんへ

　非嫡出子をめぐる事柄の変遷に関して、例えば、嫡出子、庶子、私生子をめぐる議論は、「家」を保護することが主眼におかれていた。このような「家」を中心に据える考え方は、昨年の夫婦同氏合憲判決にみられた、「家族」の理解とも相まって、今後議論が展開されることが予想される。このように、国民の意識一つを取ってみても、そこに「家」の観点を重視する見解や、実際の差別や不利益を問題視する見解など、各々の立場によって事案の捉え方が違ってくる。読者のみなさんはどのようにお考えだろうか。家族に関わる事件は、しばしば特定のイデオロギーの対立が見られる。憲法のみの視点、法制史のみの視点では一方に偏り得るテーマについては、両者（またはさらに他の分野）の視点を意識することで、より議論に深みが出てくるのではないだろうか。

---

41) ただし、現行家族法の規定中にも「家」制度的規定が残されているし、人々の意識の面で〈家〉的な発想や価値観が消えたわけではない。たとえば夫婦同氏の原則の下でほとんどの人が夫の姓を名乗ることなどにも現れている。こうした論点は、最新の最高裁判決として大きく注目された、民法§750夫婦同氏の原則を合憲とした最判平成27年12月16日、民法§733女性に対する再婚禁止規定の100日超過部分のみを違憲とした最判平成27年12月16日の主文のほか、個別意見でも取り上げられている。

42) 「家族という共同体」における「個人の尊厳」という論点は、当然に憲法§24および§13にも関わる。

より深く学びたい方へ──参考文献

「特集1　婚外子相続差別違憲決定の影響と課題」『自由と正義』2014年3月号（65巻3号）では、5人の論者が、様々な観点から検討を加えている。

有地亨『近代日本の家族観　明治篇』（弘文堂、1982年）は、当時の新聞記事などに見える〈家〉意識から民法制定過程の議論まで、幅広く論じる名著である。

谷崎潤一郎『細雪』（新潮文庫ほか）は、1930年代の没落する旧家の四姉妹の物語。人々を包む〈家〉意識や「家長」の存在などが読み取れる。冒頭には、ピアニストのレオ・シロタ（G.H.Qのスタッフとして憲法§24の原案を作成したベアテ・シロタ・ゴードンの父）も登場。

白水　隆（帝京大学講師、憲法学）
宇野文重（尚絅大学准教授、日本法制史）

第3章

「投票価値の平等」を阻むものは何か

「一票の較差」判決
最大判昭和 51 年 4 月 14 日民集 30 巻 3 号 223 頁
最大判平成 23 年 3 月 23 日民集 65 巻 2 号 755 頁

> **この憲法条文に注目！**
> 第 14 条 1 項　すべて国民は、法の下に平等であつて、人種、信条、性別、社会的身分又は門地により、政治的、経済的又は社会的関係において、差別されない。

あらすじ

　中選挙区制のもとで実施された昭和 47（1972）年の衆議院総選挙において、選挙区の議員 1 人あたりの人口数分布の最大較差が 5 倍近くにまでに及んでいたことについて、これは合理的根拠に基づかない、住所による不平等な取り扱いであって、投票価値の平等を要求する憲法 14 条に反するとして、複数の選挙人が提訴した。

　これに対して最高裁は、本件の議員定数配分規定が選挙権の平等の要求に反し違憲であると認める一方で、諸般の事情を考慮して選挙自体は無効としない、という判決を下した。

　その後、平成 6（1994）年に衆議院の選挙制度が小選挙区比例代表並立制に改正されると、この新たな選挙制度に基づく議員定数の不均衡が問題となっ

た。とりわけ、各都道府県にあらかじめ1議席を配分し、残りの議席を人口比例で改めて各都道府県に配分する「1人別枠方式」と呼ばれる区割基準が、投票価値の不平等をもたらしているとして提訴が続き、平成21（2009）年に実施された衆議院総選挙について争われた訴訟において、最高裁は1人別枠方式が投票価値の平等に反していると判断した。ただし、憲法上要求される合理的期間内の是正がなされなかったわけではないとして、違憲とはしなかった。

> **この判例から考えてほしいこと**
> ●どのような「一票の較差」なら許されるのか。
> ●「投票価値の平等」は、誰がどのように実現させるのか。

判例を読む前に

憲法学習者のみなさんへ

　投票価値の平等の扱い方について、憲法学の通説と最高裁判例との間には大きなギャップがある[1]。通説は、ある特定の選挙制度の仕組みによって投票価値に較差が生じていれば、裁判所は制度の内容にまで立ち入って厳格にその合理性を審査すべきであると主張する。選挙権と投票価値の平等は、表現の自由と並んで民主政の過程を支える重要な権利であり、そのような権利が不当に制約されれば民主政自身による修復が困難となるため、裁判所の積極的な介入が求められると考えるからである。そして、少なくとも衆議院選挙については、特別の合理的な根拠もなく一票の重みが選挙区間で2倍以上の較差を持てば違憲となるとする[2]。他方、判例においては、「国民の利害や意見が効果的に国政の運営に反映されること」が第一目標であり、投票価値の平等は他の様々な要素との調和の中で実現されるものにすぎないとされる。そのため、選挙制度

---

1) 安西文雄・巻美矢紀・宍戸常寿『憲法学読本〔第2版〕』（有斐閣、2014年）209頁［宍戸執筆］。
2) 芦部信喜（高橋和之補訂）『憲法〔第5版〕』（岩波書店、2011年）139頁。

を設計する国会の広い裁量権が承認され、違憲となるラインとしての客観的な計数基準は示されない。

　通説と判例とのこのような隔たりを埋めるために、近時の学説においては、判例と同様に制度形成における国会の広い裁量権を前提としつつ、しかしそれを厳格に統制する審査手法の模索に関心が集まっている[3]。

憲法に関心のあるみなさんへ

　国政選挙において個々人の投票の影響力はあまりに小さい。そのため、投票価値の平等を実現するために、最高裁判所が違憲判決によって選挙区割りや選挙区ごとの議員定数の是正を国会に強く要求することにどれほどの意味があるのかよくわからない[4]、という人は少なくないのではないだろうか。たしかに、他の不平等の問題と比較しても、当事者が直接嫌な思いをする事柄と違って、一票の較差による被害を実感することは難しい。恐らくそれは、選挙権が持つ特別な性質とも関連しているように思われる。そう考えると一票の較差の問題はむしろ、民主政を成り立たせる制度の公正性・公平性といった観点から眺めた方が理解しやすいかもしれない。その意味でも、抽象的な言葉で記述される判例を政治学から示される統計データと照らし合わせながら読むことの意義は大きい。

---

[3] 代表的なものとして、小山剛『「憲法上の権利」の作法』（尚学社、2009年）。また、それらの議論を詳しく紹介するものとして、新井誠「立法裁量と法の下の平等」法律時報83巻5号（2011年）41頁以下を参照。

[4] 本稿は直接この問いに答えるものではない。このような問題に関心のある読者は、長谷部恭男『憲法学の円環』（岩波書店、2013年）157-161頁を参照されたい。ただし、一見すると「小さな」問題が実は政治過程の「大きな」問題と結びついていることは、政治学による本稿の分析が明らかにしている。この点につき、本稿と関心の対象は異なるが、個々人の「小さな」表現の政治過程全体に及ぼす影響の「大きさ」を説くものとして、毛利透「法曹実務にとっての近代立憲主義【第1回】——表現の自由①初回は大きな話から」判例時報2275号（2016年）4-11頁を参照されたい。

事　案

　日本国憲法の施行と時期を同じくして、戦前の一時期行われていた中選挙区制が衆議院議員の選挙制度として昭和22（1947）年に復活した[5]。この選挙制度は、各選挙区の定数を3～5人とし有権者には1人1票与えるものであるが、世界的には大変珍しい制度と言われている。制度の実施時点で、議員1人あたりの人口の最大値と最小値の較差はさほど大きくなかった（1対1.51）こともあって、投票価値の平等が憲法上いかなる意義を有するものであるのか議論されることはほとんどなかった。ただ、昭和25（1950）年に公職選挙法（以下、公選法）が制定された際に、区割りを定める同法別表第1の末尾には、「本表は、この法施行の日から5年ごとに、直近に行われた国勢調査の結果によって、更正するのを例とする」との規定が置かれ、選挙区ごとの議員定数配分においてできる限り人口数に比例した定期的な調整がなされることが期待された。

　その後、戦地からの復員や経済成長に伴う大都市への人口集中によって、全国的に急激で大規模な人口変動が生じたため、メディアでも選挙区間の一票の較差拡大が問題視されるようになる。またそれを受けて国会において議員定数の是正が議論されるなか、裁判所に対しても、議員定数の不均衡が憲法14条の平等原則に反するとして、選挙無効の訴えが提起された。しかし、昭和39（1964）年2月5日に下された最高裁判決は、「議員数を選挙人の人口数に比例して、各選挙区に配分することは、法の下の平等の憲法の原則からいって望ましい」が、立法府には人口比例原則以外の要素も考慮することが許されているので、「各選挙区に如何なる割合で議員数を配分するかは、立法府である国会の権限に属する立法政策の問題であって、議員数の配分が選挙人の人口に比例していないという事だけで、憲法14条1項に反し無効であると断ずることはできない」と判示した。もっとも、この判決は、昭和37（1962）年7月に行われた参議院通常選挙に関するものであったため、衆議院総選挙について最高裁の立場が初めて示された昭和51（1976）年判決は注目を集めることになった。本件訴訟における原告の主張としては、昭和47（1972）年12月に行われた衆

　5）　ただし、1946年4月に実施された戦後初の衆議院総選挙は大選挙区制限連記制であった。

議院総選挙の時点で、議員1人あたりの人口数が最小の兵庫5区と原告の居住する千葉1区との間に4.81倍もの較差（最小区と最大区との較差は1対4.99）が生じており、これは住所に基づく不平等な取扱いであって、投票価値の平等を要求する憲法14条に反する、というものであった。

その後、平成6（1994）年に衆議院議員の選挙制度が中選挙区制から小選挙区比例代表並立制に変更されたことで、選挙区選挙については議員1人のみを選出する仕組みになった。そこで問題とされたのが、あらかじめ各都道府県に定数1を割り当てたうえで残った議席を人口に比例して各都道府県に配分するという「1人別枠方式」と呼ばれる分配方法である。衆議院議員選挙区画定審議会設置法（以下、区画審設置法）3条1項は、選挙区間の人口の最大較差が2倍以上とならないよう区割りを行うことを基本とする旨を定めているにもかかわらず、同法3条2項が「1人別枠方式」を同時に採用しているために、最大較差を2倍未満に収めることができなくなったのである。その結果、新たな選挙制度のもとでも、投票価値の較差をめぐって再び訴訟の提起が続くこととなった。本件訴訟は、平成21（2009）年8月に行われた衆議院総選挙[6]について、東京都の8つの選挙区に係る選挙無効請求に基づくものであるが、本件選挙時における選挙区間の選挙人数の最大較差は2.304倍となっていた。

◆ 政治学からのポイント解説 ◆

　議会における議員の数を、選挙区ごとの人口を用いて比例配分すると、選挙区間で完全に平等に配分を行うことはほぼ不可能であり、必ず歪みが生じる。なぜなら、選挙区における議員定数は必ず「整数」をとることになり、小数点以下に現れる細かい人口比を正確に表現できないからである。単純な例だが、たとえば9000人の有権者に対して議席が10あったとして、これをそれぞれ5000人・4000人で構成される選挙区AとBに分けるとしよう。議員定数を10×5000/9000＝5.555…と10×4000/9000＝4.444…に分けることはできないので、なるべく比例的に

---

6) 民主党（現民進党）政権への政権交代がなされた選挙でもある。

配分しようとすれば、6人と4人に分けるか5人ずつに分けるかのどちらかとなる。前者だと選挙区Aが有利になるし、後者だと選挙区Bの代表が過大になる。このような歪みが、投票価値の不平等として認識されることになるわけだ。

　比例配分の方法は、大きく2つに分けられる。1つは「最大剰余法」と呼ばれるものであり、総有権者数を議員の総定員で割ることで求められる「基数」を算出したうえで、各選挙区の有権者数を「基数」で割り、まずその商を定数として確定したうえで、商の合計で足りない議席を、剰余の大きい選挙区から割り当てていくというものである。上の例だと9000÷10＝900が基数となり、5000÷900＝5余り500、4000÷900＝4余り400となるから、まずそれぞれ5議席・4議席が割り当てられ、次に残りの1議席は剰余の大きい選挙区Aに割り当てられる。かくして6人と4人という議席が決まるのである。

　もう1つは「最大平均法」と呼ばれるものであり、各選挙区の有権者数を「除数」と呼ばれる数列（基本的に等差数列）で割り、その商が大きい順番に、議員の総定員の数だけ議席を割り当てるものである。日本はよく用いられる「ドント式」は、この除数に1，2，3……という数列を当てるもので、有権者数の多い選挙区に多くの定数が割り当てられる傾向にあるとされる。上の例の場合、詳細は各自で計算していただきたいが、ドント式の場合、最後は選挙区Aの6人目と選挙区Bの5人目の比較になる。5000÷6＝833.333…と4000÷5＝800を比べると、選挙区Aの6人目の商の方が大きいので、やはり6人と4人という議席配分になる。

　議席の数や選挙区の数が増えていくと、最大剰余法における「基数」や、最大平均法における「除数」の設定の仕方によって、定数の配分にも違いが生まれてくる。歪みをなるべく小さくするために、さまざまな方法が考案されているが、決定的に望ましい方法があるわけではないのだ。2011年判決で最高裁は、まず各都道府県に1議席を割り振って、その後残り議席を最大剰余法で配分する「1人別枠方式」を、議員1人当たり人口が最大の選挙区と最小の選挙区の「一票の較差」の原因としたが、はじめに1議席割り振ることが決定的というわけではない。現在、

衆議院議長のもとに置かれている選挙制度調査会によって有力とされている案は、アダムズ式と呼ばれる、同様に都道府県に1議席を割り振った後に残りをドント式で配分する方法である。現在のところ、この方法で割り振ることが、他の方法と比べて「一票の較差」を最も小さなものにするとされているのである。完全な比例配分ができない以上、様々なシミュレーションを踏まえたうえで[7]、最終的に細かい有利・不利が残っても、政治的に決定せざるを得ないのである。

判 旨

昭和51（1976）年最高裁大法廷判決
①「選挙権の平等」と「投票価値の平等」

「憲法一四条一項に定める法の下の平等は、選挙権に関しては、国民はすべて政治的価値において平等であるべきであるとする徹底した平等化を志向するものであ」り、各選挙人の投票価値の平等を要求している。つまり、選挙権の平等は、「単に選挙人資格に対する制限の撤廃による選挙権の拡大」（普通選挙）にとどまらず、「<u>各選挙人の投票の価値、すなわち各投票が選挙の結果に及ぼす影響力</u>」の平等をも意味している[8]。「このような選挙権の平等の性質からすれば、例えば、特定の範ちゅうの選挙人に複数の投票権を与えたり[9]、選挙人の間に納税額等による種別を設けその種別ごとに選挙人数と不均衡な割合の数の議員を選出させたりする[10]ような、殊更に投票の実質的価値を不平等にする選挙制度がこれに違反する

8) 「選挙権の平等」から、「投票価値の平等」＝「各投票が選挙の結果に及ぼす影響力の平等」が導き出されている。

9) 複数投票制と呼ばれる。

10) 等級選挙制と呼ばれる。

---

7) そのようなシミュレーションとして、たとえば政治学者の菅原琢がシノドスに寄稿しているものは参考になる。http://synodos.jp/politics/3339

ことは明らかであるが、そのような顕著な場合ばかりでなく、具体的な選挙制度において各選挙人の投票価値に実質的な差異が生ずる場合には」、「選挙権の平等の原則との関係で問題を生ずる[11]のである」。

②選挙制度の決定における国会の広範な裁量権

　選挙制度の仕組みは、「選挙された代表者を通じて、国民の利害や意見が公正かつ効果的に国政の運営に反映されることを目標とし、他方、政治における安定の要請をも考慮しながら、それぞれの国において、その国の事情に即して具体的に決定されるべきものであり、そこに論理的に要請される一定不変の形態が存在するわけのものではない」ので、その具体的決定は、「原則として国会の裁量にゆだね」られている。それゆえ、投票価値の平等は、「選挙制度の決定について国会が考慮すべき唯一絶対の基準」ではなく、「<u>公正かつ効果的な代表</u>という目標を実現するために」「<u>国会が正当に考慮することのできる他の政策的目的ないしは理由との関連において調和的に実現されるべきものと解さなければならない</u>[12]」。

③国会において考慮される要素

　「人口数[13]と配分議員定数との比率の平等が最も重要かつ基本的な基準とされるべき」であるが、それ以外にも、「都道府県は、それが従来わが国の政治及び行政の実際において果たしてきた役割や、国民生活及び国民感情の上におけるその

11) 選挙権という主観的権利ではなく、平等原則という客観法の問題として扱われている。

12) 投票価値の平等が憲法上の要請であることを認めつつも、「公正かつ効果的な代表」の観点から、他の要素も考慮に入れた政策判断のなかでそれは相対化されうるものであるとしている。

13) 厳密には選挙人数を基準とすべきであるが、選挙人数と人口数はほぼ比例するため、もっぱら人口数を基準に論じるとの注意書きが判決文のなかに置かれている。しかし、投票価値の平等と国民代表原理との関係を考察するうえでは両者の違いは重要である。この点につき、赤坂幸一「人口比例と有権者数比例の間」論究ジュリスト5号（2013年）42頁以下を参照。

比重にかんがみ、選挙区割の基礎をなすものとして無視することのできない要素であり、また、これらの都道府県を更に細分するにあたつては、従来の選挙の実績や、選挙区としてのまとまり具合、市町村その他の行政区画、面積の大小、人口密度、住民構成、交通事情、地理的状況等諸般の要素を考慮し、……具体的な決定がされるものと考えられるのである」。

④国会による選挙制度形成における投票価値の平等の位置付け

投票価値の平等は、「単に国会の裁量権の行使の際における考慮事項の一つ」にとどまるものではない。「国会がその裁量によつて決定した具体的な選挙制度において現実に投票価値に不平等の結果が生じている場合には、それは、国会が正当に考慮することのできる重要な政策的目的ないしは理由に基づく結果として合理的に是認することができるものでなければならない」。

⑤中選挙区制

中選挙区単記投票制は、「選挙人の多数の意思の反映を確保しながら、少数者の意思を代表する議員の選出の可能性をも残そうとする趣旨に出たもの」であり、その選択は「憲法上国会の裁量権の範囲に属する」。

⑥国会の立法裁量の限界

裁判所が審査できるのは、「国会の具体的に決定したところがその裁量権の合理的な行使として

是認されるかどうか」である。つまり、「具体的に決定された選挙区割と議員定数の配分の下における選挙人の投票価値の不平等が、国会において通常考慮しうる諸般の要素をしんしゃくしてもなお、一般的に合理性を有するものとはとうてい考えられない程度に達しているときは、もはや国会の合理的裁量の限界を超えているものと推定されるべきものであり、このような不平等を正当化すべき特段の理由が示されない限り」、裁判所は憲法違反と判断することになる。

⑦一票の較差が許容される程度

　昭和39（1964）年法律第123号による公選法の改正は、議員定数不均衡を是正し、「選挙区別議員一人あたりの人口数の開きをほぼ二倍以下にとどめることを目的としたものであ」ったが、それにもかかわらず、昭和47（1972）年の衆議院総選挙時点において「各選挙区の議員一人あたりの選挙人数と全国平均のそれとの偏差」は、下限47.3％、上限162.87％となり、その開きは約5対1に達していた。このような投票価値の不平等は、「一般的に合理性を有するものとはとうてい考えられない程度に達してい」る[14]と評価しなければならない。

14）この段階は「違憲状態」と呼ばれるようになる。

⑧違憲に至るまでの合理的期間

　「一般に、制定当時憲法に適合していた法律が、その後における事情の変化により、その合憲性の要件を欠くに至つたときは、原則として憲法違反の瑕疵を帯びることになる」が、その合憲性

の「要件の欠如が漸次的な事情の変化によるものである場合には、いかなる時点において当該法律が憲法に違反するに至つたものと断ずべきかについて慎重な考慮」が必要である。本件においては、「人口の変動の状態をも考慮して合理的期間内における是正が憲法上要求されていると考えられるのにそれが行われない場合に始めて憲法違反と断ぜられるべき」である[15]。

⑨合理的期間の算定

公選法自身が、その別表第1において5年ごとに直近の国勢調査の結果に基づいて更正する旨を規定しているにもかかわらず、昭和39年の同法改正後、昭和47年の本件選挙の時まで約8年にわたってこの点についての改正がなされていないことを考慮すると、「憲法上要求される合理的期間内における是正がされなかつたものと認めざるをえない」。

⑩選挙区割りの不可分性

選挙区割りと議員定数の配分は、「複雑、微妙な考慮の下で決定されるので」、「一定の議員総数の各選挙区への配分として、相互に有機的に関連し、一の部分における変動は他の部分にも波動的に影響を及ぼすべき性質を有するものと認められ、その意味において不可分の一体をなすと考えられるから」、「単に憲法に違反する不平等を招来している部分のみでなく、全体として違憲の瑕疵を帯びるものと解すべきである[16]」。

---

15) 「合理的期間論」と呼ばれ、たとえ「違憲状態」に至っていたとしても「違憲」とはしない論法として用いられる。

16) これに対して、岡原裁判官他5人の裁判官の反対意見は、選挙区割り全体ではなく、千葉1区のみを切り離して審査し、当該選挙区に限り違憲無効とすべきとした。

⑪選挙の効力

本件選挙を無効としても「直ちに違憲状態が是正されるわけではなく、かえつて憲法の所期するところに必ずしも適合しない結果を生ずる」ので、判決としては、「本件選挙は憲法に違反する議員定数配分規定に基づいて行われた点において違法である旨を判示するにとどめ、選挙自体はこれを無効としない[17]」。

平成23（2011）年最高裁大法廷判決
①国会の裁量権の承認

「投票価値の平等は、選挙制度の仕組みを決定する絶対の基準ではなく、国会が正当に考慮することのできる他の政策的目的ないし理由との関連において調和的に実現されるべきものであり、国会が具体的に定めたところがその裁量権の行使として合理性を有するものである限り、それによって投票価値の平等が一定の限度で譲歩を求められることになっても、やむを得ないものと解される[18]」。

②国会が考慮すべき要素

「都道府県を定数配分の第一次的な基盤とし[19]、具体的な選挙区は、これを細分化した市町村、その他の行政区画などが想定され、地域の面積、人口密度、住民構成、交通事情、地理的状況などの諸要素が考慮されるものと考えられ、国会において、人口の変動する中で、これらの諸要素を考慮しつつ、国政遂行のための民意の的確な反映を実現するとともに、投票価値の平等を確保す

---

17) 違法な処分であっても公共の福祉の観点からそれを取り消さず、違法の宣言にとどめる判決を「事情判決」という（行政事件訴訟法31条）。本件では、この事情判決の法理が「一般的な法の基本原則に基づくもの」として援用された。

18) 多少文言の変化は見られるものの、昭和51年判決以来最高裁は、選挙制度の決定における国会の広範な裁量権を認めている。

19) 立法府が都道府県という行政区画を基盤として選挙区割りを決定することについても、最高裁は昭和51年判決以来一貫してその合理性を承認している。

るという要請との調和を図ることが求められている」。

③ 地域への配慮のために１人別枠方式を採用することの不合理性

「この選挙制度によって選出される議員は、いずれの地域の選挙区から選出されたかを問わず、全国民を代表して国政に関与することが要請されているのであり、相対的に人口の少ない地域に対する配慮[20]はそのような活動の中で全国的な視野から法律の制定等に当たって考慮されるべき事柄であって、地域性に係る問題のために、殊更にある地域（都道府県）の選挙人と他の地域（都道府県）の選挙人との間に投票価値の不平等を生じさせるだけの合理性があるとはいい難い」。そして、１人別枠方式が「選挙区間の投票価値の較差を生じさせる主要な要因となっていたことは明らかである」。

④ １人別枠方式の期限付き合理性[21]

「新しい選挙制度を導入するに当たり、直ちに人口比例のみに基づいて各都道府県への定数の配分を行った場合には、人口の少ない県における定数が急激かつ大幅に削減されることになるため、国政における安定性、連続性の確保を図る必要があると考えられた[22]」。そして、「何よりもこの点への配慮なくしては選挙制度の改革の実現自体が困難であったと認められる状況の下で採られた方策」が１人別枠方式であった。したがって、その合理性には「時間的な限界」がある。「本件選挙

20) それまでの最高裁判決では、１人別枠方式を「過疎地域に対する配慮」として位置づける立法府の判断の合理性が承認されていたが、これに対しては最高裁内部からも当初より批判があった。

21) 平成８（1996）年に小選挙区比例代表並立制が実施されて以降、最高裁は、平成11（1999）年から平成19（2007）年までの３つの判決において、最大較差が２倍を上回る衆議院総選挙について合憲判決を下してきたことから、新たな判決を出すにあたりそれらの判決との整合性が問われていた。

22) １人別枠方式を「激変緩和措置」として位置づけることによって、従来の合憲判決との整合性を図る論理を見出している。また同時に、立法府の政策判断との正面衝突を回避する意味も込められていると考えられる。

制度導入後の最初の総選挙が平成8年に実施されてから既に10年以上を経過」していたこと等を考慮すると、「本件選挙制度は定着し、安定した運用がされるようになっていたと評価することができるので」、「もはや1人別枠方式の上記のような合理性は失われていたものというべきである」。

⑤ 1人別枠方式の違憲性

選挙当時、選挙区間の投票価値の較差は、「最大で2.304倍に達し、較差2倍以上の選挙区の数も増加してきており、1人別枠方式がこのような選挙区間の投票価値の較差を生じさせる主要な要因となっていたのであ」るから、「本件区割基準のうち1人別枠方式に係る部分は、遅くとも本件選挙時においては」、「憲法の投票価値の平等の要求に反する状態に至っていたものといわなければならない」。

⑥ 合理的期間論

平成17年の総選挙時における1人別枠方式を含む区割基準と選挙区割りについて、平成19年の最高裁判決は合憲判断を行っていることから、「憲法上要求される合理的期間内に是正がされなかった」とまではいえない。したがって、「本件区割基準規定及び本件区割規定が憲法14条1項等の憲法の規定に違反するものということはできない」。

憲法上の意義

　憲法学の視点で「一票の較差」ないし「投票価値の平等」の問題を検討する場合、選挙権の法的性格から説き起こさなければならない。まず、憲法 15 条 1 項に規定されている選挙権が、国政への参加を国民に保障する「権利」であることについて、学説上の争いは現在ほとんど見られない。しかし、選挙権には、選挙人としての地位に基づいて公務員を選定するという公的機能もあることから、選挙権は「公務」としての性格を併せ持つものであると説かれ（二元説・通説）、権利一元説との間でこれまで議論が続けられてきた。この論争は、日本国憲法が採用する主権理論、デモクラシー観念の相違にまで遡らなければ決着のつかない問題であるため、ここでは深く立ち入らない[23]。ただ、選挙権の公務性を認めたとしても、ただちにその権利性が希釈され、「選挙権の平等」の要請が自動的に相対化するわけではないことは、多くの論者が指摘するところである[24]。投票価値の平等の考察にあたってむしろ重要なのは、選挙権はその実現のために法律による具体化ないし制度構築に依存せざるをえない権利だということである[25]。つまり、選挙権は、憲法で保障された実体的権利ではあるけれども、具体的な制度を前提とせずとも観念できる表現の自由や信教の自由などの自由権とは異なる性格をもった権利であることを踏まえておく必要がある。

　また、憲法 47 条が、「選挙区、投票の方法その他両議院の議員の選挙に関する事項は、法律でこれを定める」と規定していることからもわかるように、選挙権行使の具体的な内容を決定する第一次的責任を負うのは立法府である。しかし他方で、選挙権の内容が立法府の定める選挙制度に全面的に依存するものであるならば、憲法 15 条が国民固有の権利として選挙権を規定している意味が失われてしまうことから、裁判所の審査においては、制度に還元されない部分を明らかにすることが求められることになる。これは、財産権や生存権のよう

---

[23]　選挙権論争（とりわけ権利一元説）の背後にある国家論、主権論の問題について検討した最近の論稿として、小島慎司「選挙権権利説の意義」論究ジュリスト 5 号（2013 年）49 頁以下を参照。

[24]　例えば、野中俊彦・中村睦男・高橋和之・高見勝利『憲法Ⅰ〔第 5 版〕』（有斐閣、2012 年）539 頁以下を参照。

[25]　渡辺康行「立法者による制度形成とその限界」法政研究 76 巻 3 号（2009）250 頁以下。

に一定の制度依存性が認められる諸権利と同様である。

　そこで、選挙権のもつ権利としての性格から立法府の制度形成をいわば「外側から」枠付ける必要性が主張されてきた[26]。そして、最高裁判決の中にも、在外日本国民選挙権事件判決（最大判平成17年9月14日民集59巻7号2087頁）のように、「やむを得ないと認められる事由」がない限り選挙権の制限は認められないとする厳格な審査を行い、立法府による制度形成を権利によって限界づけるものが登場している。近時の憲法学説は、こうした裁判所の違憲審査手法を、「権利の論理」に従った審査[27]、あるいは「権利からのアプローチ[28]」と呼んでいる。

　しかし、投票価値の平等の問題に関する限り、最高裁（多数意見）は、「権利の論理」あるいは「平等原則」に依拠した厳格な審査ではなく、立法府が有する広範な裁量権を前提とした緩やかな審査を行ってきた。その理由は、選挙制度の設計にあたっては、投票価値の平等以外にも、行政区画等考慮しなければならない非人口的要素が複数存在するだけでなく、「政治学からのポイント解説」にもあるように、選挙区制を採用する限り、いかなる選挙制度を採用したとしても、一票の較差をゼロにすることはほぼ不可能であって、投票価値にどの程度の較差を許容するかについて立法府に政治的判断と裁量の余地が残ることは避けられないと考えるからである。その結果、最高裁は、立法府自身が依拠した論理に従って、その裁量の限界線を見出すことに関心を向けることになったと考えられている。そのような審査手法の萌芽となったのが昭和51年最高裁判決であった。この判決は、選挙制度の形成にかかわる広範な立法裁量を承認し、そこで選択された制度をいったん受け入れたうえで、その制度を成り立たせている論理内部に矛盾がないかどうかを審査することによって、立法府の裁量権をいわば「内側から」統制する手法を採用したものとして注目されるのである[29]。

---

26)　代表的なものとして、辻村みよ子『「権利」としての選挙権』（勁草書房、1989年）、高橋和之『立憲主義と日本国憲法〔第3版〕』（有斐閣、2013年）284頁以下を参照。
27)　小山剛・前掲注3) 161頁以下。
28)　駒村圭吾『憲法訴訟の現代的転回』（日本評論社、2013年）199頁以下。

具体的に見ると、昭和51年判決は、立法府には、「国民の利害や意見が公正かつ効果的に国政の運営に反映されることを目標とし」て、選挙区割りに際して人口以外の要素も含めて総合的に判断し決定することが許されているが、投票価値の不平等が「一般的に合理性を有するものとはとうてい考えられない程度に達しているときは」、その判断は違憲となるとしている。そして、その「程度」は、立法府が自ら示した「ほぼ2倍以下」という基準に依拠して判断されると判決は述べている[30]。また、違憲に至るまでの合理的期間が徒過しているとの判断についても、公選法自身が「5年ごとに直近の国勢調査の結果に基づいて更正する」と規定しているにもかかわらず、約8年にわたって改正されていないことを根拠にする。つまり、制度形成において立法府が裁量権の行使として自ら設定したラインを遵守していないことを判決は問題にしているのである。このように立法府の判断内部に整合性を求める審査方法は、平成23年最高裁判決でも用いられており、1人別枠方式の不合理性の論証の際に、区画審設置法3条1項自身が最大較差2倍未満を基本として区割りを行うことを規定しているにもかかわらず、1人別枠方式が原因でそれを超えていることが根拠とされている[31]。換言すれば、立法府による判断のプロセスと内容について、それとは独立の客観的な基準に基づいて最高裁が評価を下しているわけではないのである。

---

29) このように立法府の制度選択における裁量を前提としつつ、それに憲法的な統制を加えようとする発想は、「制度準拠的思考」と呼ばれている。高橋和之・佐藤幸治・棟居快行・蟻川恒正「〔座談会〕憲法60年——現状と展望」ジュリスト1334号（2007年）24-31頁〔蟻川発言〕参照。
30) ただし、最大較差2倍を違憲のラインとしたわけではない。その後の最高裁判決が2.99倍の較差を合憲とし、3.18倍を違憲と判断したことから、中選挙区制のもとでは恐らく3倍を目安としていたのではないかと学説では考えられている。
31) 渡辺康行「衆議院小選挙区選挙における区割基準、区割りおよび選挙運動上の差異の合憲性」判例時報2136号（2012年）161頁。このような立法裁量統制審査の手法は、「立法者の自己拘束」の論理（渡辺康行・前掲注25）、あるいは「裁量準拠型統制」（駒村圭吾・前掲注28）などと呼ばれている。ただし、平成23年判決は、1人別枠方式の非合理性を論証したうえで、実際に行われた区割りの違憲性を指摘する際に、昭和51年判決のように「一般的に合理性を有するものとはとうてい考えられない程度に達している」か否かの審査を介さず、投票価値の平等を直接に判定基準として利用している点で、非人口的要素の位置づけについて変化が見られる（只野雅人「選挙権と選挙制度」法学教室 No.393（2013年）24頁）。

最高裁によるこのような違憲審査のあり方に関しては、「合理的期間論」や「事情判決」の法理も含めて、立法府の領分を尊重すると同時に政治の責任で制度改革を実現するよう促すやり方として一定の評価はできるものの[32]、立法府へ送るメッセージとしては弱すぎるのではないか[33]、あるいは、そもそも裁判所が違憲審査を行うにあたってなぜ立法府が設定したラインに従わなければならないのか、そのラインの合理性をなぜ審査しなくてよいのかといった疑問が学説から提示さている。

これらの判例から見えるもの──政治学の立場から

　戦後日本、とりわけ高度経済成長期は、農村地域から都市地域への急激かつ継続的な移動が続いていた。選挙区レベルで見ると、その移動は、農村地域の選挙区の人口を減らして一票の価値を向上させ、都市地域の選挙区の人口を増やして一票の価値を減少させるものだった。結果として、「一票の較差」という言葉に象徴されるような、投票価値の不平等が非常に大きな問題として出現することになる。

　投票価値の不平等を是正するための最も単純な方法は、選挙のたびごとに、改めて区割りを変更したり各選挙区への議員定数を配し直したりすることである。しかし、この方法だと区割り変更の影響を受けたり、定数が削減されたりする議員からの反発が激しく、政治的には簡単ではない。そこで、議員からの反発がなるべく小さいかたちでの、実行可能な再配分が目指されることになるのである。

　「一票の較差」に注目する方法は、特に中選挙区制時代において、このような議員からの反発を最小限に抑えるものだったといえる。なぜなら、議員1人に対して最も人口が多い選挙区と、最も人口が少ない選挙区という二つの極端

---

32) 憲法的価値を実現するための方法として、様々な国家機関相互間とりわけ議会と裁判所の対話に関心を向けるべきとする、佐々木雅寿『対話的違憲審査の理論』(三省堂、2013年) を参照。
33) 実際、平成23年判決の後、国会は最高裁からのメッセージを受けて速やかに対応したわけではなく、「違憲状態」を解消しないまま放置し、1年8ヶ月が経過した平成24年11月に衆議院の解散が行われてしまった。

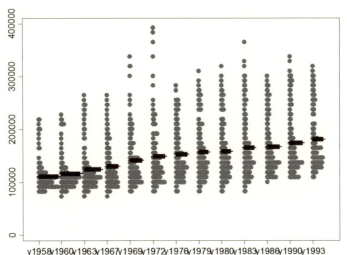

図1　各総選挙における議員一人当たり有権者数ごとの選挙区数（中選挙区）
注：強調している黒線は全国平均を示す。

を比較して、その較差を縮めるというものだったからである。この点は、選挙区ごとの議員1人当たり有権者数を図で表してみるとわかりやすい[34]。図1において、議員1人当たり有権者数が縦軸に表され、横軸では同じくらいの議員1人当たり有権者数を持つ選挙区の数が示されている。「一票の較差」として注目されるのは、この一番上の外れ値と、一番下に表される最低値の「較差」である。

　1958年の段階で、すでにその「一票の較差」は大きいように見えるが、他方で、多くの選挙区がほぼ同じ水準の議員1人当たり有権者数（10万人前後）に収まっている。それが、年を経るごとに特に上方への散らばりが大きくなっているのである。「一票の較差」の是正は、要するにこの上方への散らばりを緩和するかたちで行われていた。たとえば、一度目の定数是正（19議席増）を行った1963年から67年にかけての変化を見ると、最も議員1人当たり有権者数が多いような選挙区が少し減って、議員1人当たり有権者数が20万人前後のところが厚くなっていることがわかる。76年の違憲判決を受けて行われた

34）　データの制約から、人口ではなく有権者数を使っていることに注意されたい。

定数是正（20議席増）による76年総選挙も同様に、最も議員1人当たり有権者数が多い選挙区での議員定数が増えて（議員1人当たり有権者人口が減って）、25万人前後のところが厚くなっている。その後の定数是正は、86年（8増7減）と92年（9増10減）に行われており、議員1人当たり有権者数が少ない選挙区を統合して、下方への散らばりにも対処したことがわかる。しかし、上下の外れ値は是正されても、全体として議員1人当たり有権者数が多い（おおよそ20万人以上）選挙区が増えていることは、是正されていないのである。

　最高裁がこのような問題を意識しなかったわけではない。1976年判決では、「本件衆議院議員選挙当時においては、各選挙区の議員1人あたりの選挙人数と全国平均のそれとの偏差は、下限において47.30パーセント、上限において162.87パーセントとなり、その開きは、約5対1の割合に達していた」という表現を用いて、「全国平均との偏差」に注目しているし、個別意見では「偏差がその平均値人口数から上下各33と3分の1パーセントを超えないもの」としているドイツの選挙法の規定への言及があった。しかし、その次の1983年判決からは、もっぱら選挙区間における議員1人当たりの人口の較差が最大でどの程度か、ということに注目されるようになる。しかし、図に示されるように、全体としての人口の増加と、都市部での急激な人口増によって、選挙区における議員1人当たり有権者数の平均は増加していったため、年を経るにつれて議員1人当たり有権者数が少ない選挙区のほうでも平均からの乖離が激しくなっていった。その結果、極端な選挙区の定数のみが是正される中で、多くの人々が都市へと流出した地域——つまり農村地域——に、平均よりも議員1人当たり有権者数が少ない選挙区が集中するという事態が起こったのである。これは、農村地域で強い地盤を持つ自民党にとって有利な条件になったと考えられる[35]。

　選挙制度改革が実現し、1996年から実施された小選挙区制が実施されたことは、単に選挙制度を変えたというだけではなく、このように歪な配分をやり直した、ということに重要な意味がある。つまり、農村地域に議員1人当たり

---

[35] 議席という観点からの具体的な効果については、菅原［2009］を参照。地方自治体への補助金の配分のような公共政策に与える影響を論じたものとして、堀内・斉藤［2003］がある。

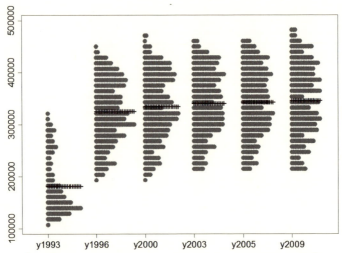

図2 各選挙区における議員一人当たり有権者数ごとの選挙区数（小選挙区）
注：1993年のみは中選挙区制による。強調している黒線は全国平均を示す。

有権者数が少ない（一票が重い）選挙区が集中するという状況を緩和し、平均を中心に分布が均等に近い状態になったのである（図2）。その結果、中選挙区時代のように農村で強い政党が有利になるという状況は緩和されることになったと考えられる。

　しかし、小選挙区制に変えたことは、「一票の較差」の解決を困難にするところがある。中選挙区制のもとでは、（やる気さえあれば）議員1人当たり人口の少ない選挙区では定数を減らし、多い選挙区では定数を増やすことで、選挙区を変えずに「一票の較差」を縮小させることができるが、小選挙区の場合には1と決まっている定数を増減することができないので、「一票の較差」是正には、必然的に選挙区割りの変更が伴うのである。

　しかも、日本では、このような選挙区割りを考えるときに厳しい制約がある。その制約とは、まず都道府県という広域自治体の境界を前提としたうえで、可能な限り市町村の境界を尊重して選挙区割りを行うことが求められるのである。従来の中選挙区制では、基本的に固定的な選挙区のもとで[36]、全国民の代表であるはずの国会議員が、選挙区の自治体を代表するような意識を持つところが少なくなかったと考えられるが、そのような意識が強いと小選挙区で

区割り変更が行われることには抵抗が強くなる。特に「地盤」としている市町村が分割されて異なる選挙区になって、その自治体を代表するとは言い難くなり、市町村長や地方議員への影響力が薄れてしまうことに対する恐れは強い。他方、人口が100万を超える政令指定都市のほか、たとえば世田谷区や船橋市のように一般の市区でも二つ以上の選挙区に分割されている自治体もすでに存在するわけで、国会議員と自治体の関係を明確に考えておく必要は増していると考えられる。国会議員が（自治体ではなく）国民全体の代表であるならば、極端に言えば他国のように緯度・経度などを用いて選挙区を設定することも考えられるはずだ。

　都道府県と市町村という境界に対して最大限配慮することで、「一票の較差」を縮小させる可能性は、きわめて限定的なものとなってしまう（根本・堀田 2005、2010）。区割りの変更に対する議員の抵抗が激しい中で、2014年に行われた「0増5減」は、中選挙区時代と同様に極端な値に注目した定数是正でしかなく、最高裁が「1人別枠方式」の廃止とともに要求した再配分とは全く異なる。なぜなら、この是正は「1人別枠方式」による以前の配分を前提とした微修正であり、現在の人口を基準に配り直したものではないからである。そのため、大阪府よりも人口の多い神奈川県が、議員数では少なくなるといったような逆転現象も残っている。

　確かに、定数是正についての現職議員の抵抗は大きいが、投票価値の平等をめざす以上、人口の変化に応じた議員定数の再配分は避けて通れない。最高裁の判断のたびに議員の抵抗を乗り越えて小規模な是正を行うというのではなく、何年かに一度、人口に応じた機械的な見直しを粛々と行うような制度が必要だろう。すでに述べたような、自治体と国会議員の関係をどのように捉えるか、という論点は、そのような制度を確立するための前提として議論される必要があると考えられる。

---

36) もちろん、中選挙区制のときに区割り変更がなかったわけではないが、変更が行われたのは1964年と75年の都市部における議席増に伴う分区と、1992年に行われた奄美群島区の鹿児島1区への編入に限られる。

読者のみなさんへ

　衆議院総選挙における一票の較差をめぐる代表的な2つの最高裁判決について、本稿では政治学（とりわけ計量政治学）の視点から主に2つの指摘がなされた。1つは、投票価値の不平等については、選挙区間の最大較差もさることながら、平均値からの偏差に着目しなければならないということである。なぜなら、選挙の結果とその後の政治過程に与える影響は、一部の「較差」よりも全体の「歪み」の方が深刻だからである。確かに、昭和51年最高裁判決（多数意見）は、最大較差と同時に全国平均との偏差にも言及しており、岡原裁判官他による反対意見も平均値からの偏りを指標にするべきであると述べていたが、後者の議論は偏差の大きい選挙区のみを全体から切り離して違憲無効とすることを目的としたものであって、特定地域（農村地域）に一票の価値の重い票が集中するという「歪み」を問題にするものではなかった。また、学説のなかにも平均値からの偏差に注目するものがあるが、それは定数不均衡を平等論の問題ではなく選挙権そのものの侵害として捉えるべきであるとする解釈論上の関心から主張されているものである[37]。とはいえ、投票価値の平等を重視し、立法府は可能な限り較差をゼロに近づけるべきであると考える憲法学説も少なくなく、こうした立場からすれば、合理的根拠もなく最大較差を2倍まで許容することはもとより批判的に捉えられてきたので、一票の重みの地域的偏在の問題性を統計データに基づいて指摘する政治学の分析は、そうした憲法学説の根拠を補強してくれるものになるだろう。

　政治学から示されたもう1つの視点は、都道府県という境界線を不動の基盤としつつ可能な限り市町村という既存の行政区画を尊重して選挙区割りを行うことが、投票価値の平等を阻む最大の要因になっているということである。もちろん、既存の行政区画を利用することには、特定の政治勢力や様々な利害関係者の政治的意図・思惑の介在を排除し、恣意的な選挙区割り（ゲリマンダリング）を回避することを可能にするという利点もあるが、少なくとも衆議院選挙に関する限り、憲法の求める投票価値の平等を最優先すべきであると考える

37）　高橋和之「定数不均衡違憲判決に関する若干の考察」法学志林74巻4号（1977年）83頁。

多くの憲法学説の立場からすれば、既存の行政区画の境界線への執着から解放されるべきであるとする指摘に異論はなかろう。

では、裁判所による司法審査の場面でこれらの知見を活かすことは可能だろうか。それが可能だとしても、これまで立法府の裁量的判断に敬譲を払ってきた最高裁の審査手法に組み入れる余地はあるだろうか[38]。もし、裁判所が選挙制度に関わる立法府の制度形成に過度に踏み込めば、今度は逆に司法審査の民主的・専門技術的正統性が問われる事態になりかねないため、司法による投票価値平等の実現にも困難が付きまとう[39]。

しかしながら、日本では、高度な中立性が求められるはずの選挙制度の設計を、政治から独立した機関ではなく利害関係当事者である現職国会議員が行っており、彼らが公職選挙法によって自らの選挙区割りを決定してきたために、他の立憲民主主義諸国と比較しても大きな投票価値の較差が生み出されてきたということも考慮に入れなければならない[40]。立法府に対して制度改革のため

---

38) 近時注目されている「判断過程統制」の手法が可能性として考えられる。判断過程統制とは、裁判所による立法裁量審査の1つで、平成16（2004）年に参議院定数不均衡事件判決に付された亀山裁判官他の補足意見2で示されたものである。具体的には、「様々な要素を考慮に入れて時宜に適した判断をしなければならないのに、いたずらに旧弊に従った判断を機械的に繰り返しているといったことはないか、当然考慮にいれるべき事項を考慮に入れず、又は考慮すべきでない事項を考慮し、又はさほど重要視すべきではない事項に過大の比重を置いた判断がなされてはいないか、といった問題は、立法府が憲法によって課された裁量権行使の義務を適切に果たしているか否かを問うものとして、法的問題の領域に属し、司法判断になじむ」とする。そして、「投票価値の平等のように、憲法上直接保障されていると考えられる事項」と「例えば、地域代表的要素あるいは都道府県単位の選挙区制」のように「立法政策上考慮される」にすぎない事項とでは、当然前者を重視しなければならないと述べている。ただし、これに対しては、立法府の「判断過程に踏み込むことは、……その行為の結果が違憲であると裁判所が判断することよりも……はるかに国会の権威とプライドを傷つけることになるのではないか」との批判がある（工藤達朗「参議院議員選挙と投票価値の平等」論究ジュリスト4号〔2013年〕96頁）。詳しくは、渡辺康行・宍戸常寿・松本和彦・工藤達朗『憲法Ｉ　基本権』（日本評論社、2016年）89-90頁を参照。

39) 投票価値の平等の問題について、民主主義と司法審査との緊張関係を意識した分析を行うものとして、安西文雄ほか『憲法学の現代的論点〔第2版〕』（有斐閣、2009年）439頁以下〔淺野博宣執筆〕を参照。

40) 宍戸常寿「最高裁判決で拓かれた『一票の較差』の新局面」世界818号（2011年）21頁。

の明確な指針を与え、民主政治の過程を適切に運用させるための条件や環境を整えることも司法審査の重要な役割りであると考えるならば[41]、明確な根拠が示されることなく政治家たちの主観的、観念的やりとりで決定されがちな選挙区割りや定数配分についてこそ、裁判所独自の客観的基準にもとづく積極的な審査が求められるといえるのではなかろうか。かような基準を見出すためにも政治学と憲法学との対話は不可欠である。

より深く学びたい方へ——参考文献

宍戸常寿「一票の較差をめぐる『違憲審査のゲーム』」論究ジュリスト1号（2012年）41-49頁。

菅原琢「自民党政治自壊の構造と過程」御厨貴編『変貌する日本政治——90年代以後「変革の時代」を読みとく』（勁草書房、2009年）。

砂原庸介『民主主義の条件』（東洋経済新報社、2015年）。

辻村みよ子『選挙権と国民主権』（日本評論社、2015年）。

戸松秀典・野坂泰司編『憲法訴訟の現状分析』（有斐閣、2012年）。

根本俊男・堀田敬介「衆議院小選挙区制における一票の重みの較差の限界とその考察」『選挙研究』20号（2005年）136-147頁。

根本俊男・堀田敬介「平成大合併を経た衆議院小選挙区制区割環境の変化と一票の重みの較差」『日本オペレーションズ・リサーチ学会和文論文誌』53号（2010年）90-113頁。

堀内勇作・斉藤淳「選挙制度改革に伴う議員定数配分較差の是正と補助金配分較差の是正」『レヴァイアサン』32号（2003年）29-49頁。

徳永貴志（和光大学准教授、憲法学）
砂原庸介（神戸大学准教授、政治学）

---

41) 長谷部恭男・前掲注4）183頁。

第 4 章

憲法「土着化」プロセスにみえる「公務員」秩序とは

猿払事件
最大判昭和 49 年 11 月 6 日刑集 28 巻 9 号 393 頁

> **この憲法条文に注目！**
> 第 15 条 2 項　すべて公務員は、全体の奉仕者であつて、一部の奉仕者ではない。
> 第 21 条 1 項　集会、結社及び言論、出版その他一切の表現の自由は、これを保障する。

あらすじ

　北海道の宗谷地方にある猿払村。そこで郵便局の事務員として働いていた X は、昭和 42 年の衆議院議員選挙に際して、勤務の時間外に、日本社会党を支持する選挙用ポスターを公営掲示板に掲示し、さらに同じポスターの配布を知り合いに依頼した。この行為が、国家公務員法（以下、国公法）102 条 1 項に基づいて公務員の政治的行為を禁止する人事院規則の規定に抵触するとして、X は起訴されてしまう。X は、上記国公法と人事院規則が憲法 21 条で保障されている表現の自由に反すると主張し、一審、原審ともに X は無罪となった。ところが、最高裁は、国公法が「公務員」のみを対象としていることに留意して、猿払基準とよばれる非常に緩やかな審査基準を用いて国公法を審査

し、合憲としたため X は有罪となってしまった。これに対し、学説は「〈公務員は 24 時間 365 日公務員である〉という君主制下での公務員制度観と密接な関係を有し」た判決と批判する[1]。しかし最高裁は本当に「君主制下」の公務員制度観を引きずっていたのか？　そもそも最高裁は、自らの公務員に対する見立てをどのようにして作り上げたのだろうか？　現代のみなさんの感覚に照らし合わせて問い直してみてほしい。

この判例から考えてほしいこと
●憲法 21 条を制約する根拠となっている「公務員制度」とは何か。
●「公務員制度」が人権を制約する根拠となったとしても、それは一律に禁止されるべきなのか。

判例を読む前に

憲法学習者のみなさんへ

　本判決は一口に言えば憲法学者の間で非常に「評判が悪い」。それは「学説にとって全否定の対象であ」り[2]、後述する「猿払基準」にいたっては「裁判所の司法審査を予測可能なものとするはずの、本来の審査基準とは似て非なるもの」とされるほどである[3]。

　最高裁は判決の中で人権を制約する根拠として、国公法が、国民一般を対象としておらず、「公務員」のみを対象としているという点に着目する。そして、最高裁は一般国民との別異取扱いを行うことを、憲法 15 条 2 項の「全体の奉仕者」から「行政の中立的運営が確保され、これに対する国民の信頼が維持される」という憲法レベルの利益を導出している。その一方で、学界の有力

---

1) 青井美帆「判批」長谷部泰男・石川健治・宍戸常寿編『憲法判例百選Ⅰ〔第 6 版〕』（有斐閣、2013 年）31 頁。
2) 宍戸常寿「『猿払基準』の再検討」法律時報 85 巻 5 号（2011 年）20-21 頁。
3) 棟居快行「人権制約法理としての公共の福祉論の現在——最高裁判決における近時の展開を踏まえて」レファレンス（2014 年 5 月）11 頁。

説もまた、公務員の人権制限の根拠を憲法15条2項（及び73条4号）にあるかどうかを問うている。この点で学説は最高裁と類似した立場にあるにもかかわらず、同説の提唱者は、この判決を「公務員は『常時勤務状態』にあるという君主制憲法下の公務員制度観をそのまま受け継いだ」と批判する。どうやら、最高裁と学説がそれぞれ憲法15条2項の意味内容として考えている「公務員」秩序に対する認識は、大きく異なるようである。

学習者の方には、最高裁と有力説（の提唱者）が、それぞれ憲法の意味内容として読み込んだ「公務員」秩序と、そうした見立てが、基準や結論にどのような影響を及ぼしたかについて考えてみてもらいたい。

憲法に関心のあるみなさんへ

一般読者の方々の中で少し憲法に詳しい方はこう思うのではないか？
「表現の自由は憲法の中で強い保護を受けるはずで、それにもかかわらず最高裁は、安易に表現活動の規制を認めてしまっている」と。
しかしその一方で、本件で被告となったＸが「公務員」である点に着目する人はこう思うのではないだろうか？
「公務員は我々『国民』に奉仕するべき存在だ。憲法にだって『全体の奉仕者』って書いてあるじゃないか。だから、ある特定の党派の利益に与するような活動が許されるわけはない」と。
これに対し、前者の人はこう反論するだろう。
「でも『それ以前』に、彼は表現の自由を保障される『我々と変わらぬ国民の一人』のはずだ。彼は、単なる郵便局の一事務員にすぎないし、勤務の時間外に、公務と関係なく表現活動をしただけだ。その間は我々と同じように扱われるべきじゃないか」と。
後者はさらに反論する。
「いや、そんなこと関係なく、彼の政治活動を目撃した『私たち』は、公務員がある特定の党派に与していると感じるだろう。そして彼の活動を黙認する行政機関に『国民』は不信感を抱くだろう」と。
この両者の対立は、それぞれが憲法に読み込んでいる「公務員」制度のイメ

ージの違いから生じている。これが本稿を読むうえで重要なポイントである。

　一般読者のみなさんには、この点を頭の中においたうえで、まず最高裁と学説それぞれが、憲法（15条2項）に読み込んでいる公務員秩序の違いに着目してもらいたい。その違いは、憲法の条文が意味する内容を考えるうえでのスタンスの違いから生じているのである。そして、最高裁が憲法の意味する内容として承認した公務員秩序の見立てを、現代のみなさんの感覚に照らし合わせて問い直してみてほしい。

◆ 政治学からのポイント解説 ◆

　公務員の政治的「中立性」は目下きわめて重要な問題となっている。いや、そう言ってもピンと来ない方が多いかもしれない。官僚は政治家が財界と「鉄のトライアングル」を形成して確固たる地位を築き、強い権力を握っているというイメージはいまだに広く持たれているようだ。

　しかし近年、そうした「強い官僚」像は大きな変化を迫られている。薬害エイズ事件、バブル崩壊後の金融破綻などによって官僚の無謬神話が崩壊し、その能力に疑問が呈されるようになった。2008年には公務員制度改革基本法が制定され、セクショナリズムの打破という看板のもとで、政治的な人事を可能とする制度整備が進められている。

　このことは、2009年と2012年に起こった政権交代と無縁ではない。新政権は前政権で重用された官僚を警戒、忌避するのが常である。たとえ本人にその意思がなかったとしても、政権交代は高級官僚に「前政権寄り」という党派色を付ける。一方で、能率が重視されるなか、政治的「中立性」と衝突する政治的応答性が重視されてきている。なにより、「中立性」をどう規定するかという問題自体が恣意性を孕んでいる。

　こうした政治状況のなかにある今、猿払事件判決の検討を通じて公務員の政治的「中立性」を考えることは大きな意義がある。官僚とはなにか、公務員とはなにか。これは日本政治のあり方を考えるうえで、極めて重要な論点でもあるからだ。

事　案

　この事件は、郵便局に勤務する郵便事務官で猿払地区労働組合協議会事務局長をつとめていた被告人Ｘが、昭和42年1月8日告示の第31回衆議院議員選挙に際し、同協議会の決定にしたがい、日本社会党を支持する目的をもって、同日同党公認候補者の選挙用ポスター6枚を自ら公営掲示場に掲示したほか、その後4回にわたり、同じポスター合計約184枚の掲示方を他に依頼して配布したことに端を発するものである。

　この事件で合憲性を問われた国公法102条1項は、一般職の国家公務員に関し、「政党又は政治的目的のために、寄附金その他の利益を求め、若しくは受領し、又は何らの方法を以てするを問わず、これらの行為に関与し、あるいは選挙権の行使を除く外、人事院規則で定める政治的行為をしてはならない」と規定している。この条文からの委任を受けて人事院規則14-7（政治的行為）が、禁止される「政治的行為」の具体的内容を定めている。同時に、国公法110条1項19号は、その禁止に違反した者に対して3年以下の懲役又は10万円以下の罰金を科する旨を定めていた。本件では、Ｘがおこなったビラ張り行為とその依頼行為が、人事院規則14-7の5項3号および6項13号でいう、特定の政党を支持することを目的とする文書すなわち政治的目的を有する文書の掲示又は配布という政治的行為に該当するとされ、それによってＸは起訴されたのである。

　なお、本件第一審（札幌地判昭和43年3月25日下刑集10巻3号293頁）は、国公法110条1項19号が、Ｘの行為に対する制裁として合理的にして必要最小限の域を超えるものであり、憲法21条、31条に違反するとして、Ｘに無罪判決を言い渡していた。続く原審（札幌高判昭和44年6月24日判時560号30頁①事件）も一審の判断を結論において相当であるとした。これに対し、検察官は憲法解釈の誤りを主張して、最高裁に上告した。

◆　政治学からのポイント解説　◆

　戦後公務員制度を規定する最も基本的な概念は、公務員を「全体の奉仕

者」と捉えた憲法15条の規定である。国家公務員法はこの概念を受け、憲法73条第4号の要請を受けて成立したものである。

この法律は戦前の官僚制度に対する強い批判を背景に生まれたものであった。戦前の官僚は「天皇の官吏」と称される高い地位を与えられ、厳格な身分保障のもとで存分にその能力を発揮した。しかし昭和戦前期に政党政治が実現すると、政権交代に伴う「官僚の党派化」「官僚の政党化」によって利益誘導に協力し、その後、軍部が権力を握るとこれに呼応した。その結果、官僚は戦前の日本政治が抱えた問題を象徴する勢力という、負のレッテルを背負うこととなった。

それにもかかわらず、戦後、軍人や政治家が戦争責任を負って公職を追放される一方で、官僚機構は温存され多くの官僚がその地位を保った。占領軍による統治を維持するためにその存在は不可欠であったためだ。

しかし、「失敗」の主犯格であると見なされた彼らへの不信感は大きかった。それを払拭するためには能率的であることはもちろん、政治的な「中立性」を標榜することが必要であった。戦前の特権的な階層を意識させる「官吏」という言葉は捨てられ、「全体の奉仕者」たる「公務員」として、戦後の官僚制度は再出発したのである。

それだけに政治的行為に関する規定は国家公務員法の核心であり、同法の委任を受けた人事院規則において厳格に制限された。これは同法が当初、1947年法では労働争議権を留保したこと（翌年の2.1ゼネストにより、ストを禁止とする改正が行われた）と対照をなしている。労働基本権は与えたとしても表現の自由は制限するまで、彼らの政治的行為の制約を明記する必要があったのである。戦後公務員制度にとって、政治的中立を確保することがいかに重要であったかを知ることができるだろう。

判　旨

①**表現の自由について**

「憲法21条の保障する表現の自由は、民主主義国家の政治的基盤をなし、国民の基本的人権のうち

でもとりわけ重要なものであり、……国公法102条1項及び規則によって公務員に禁止されている政治的行為も多かれ少なかれ政治的意見の表明を内包する行為であるから、<u>もしそのような行為が国民一般に対して禁止されるのであれば、憲法違反の問題が生ずることはいうまでもない</u>[4]。」

②国公法による政治的行為の禁止と公務員制度の特殊性

「国公法102条1項及び規則による政治的行為の禁止は、<u>もとより国民一般に対して向けられているものではなく、公務員のみに対して向けられているものである</u>。ところで、<u>国民の信託による国政が国民全体への奉仕を旨として行われなければ</u>ならないことは当然の理であるが、<u>『すべて公務員は、全体の奉仕者であつて、一部の奉仕者ではない。』とする憲法15条2項の規定</u>からもまた、公務が国民の一部に対する奉仕としてではなく、その<u>全体に対する奉仕として運営されるべきものであること</u>を理解することができる。<u>公務のうちでも行政の分野におけるそれは</u>、憲法の定める統治組織の構造に照らし、議会制民主主義に基づく政治過程を経て決定された政策の忠実な遂行を期し、もっぱら国民全体に対する奉仕を旨とし、政治的偏向を排して運営されなければならないものと解されるのであって、そのためには、個々の公務員が、政治的に、一党一派に偏することなく、厳に中立の立場を堅持して、その職務の遂行にあたることが必要となるのである。すなわち、<u>行政の中立的運営が確保され、これに対する国民の信

[4] ここでは、表現の自由が特に重要なものであることと、それゆえに国公法による規制が国民一般を対象としたものであったならば憲法違反となる可能性について述べている。

頼が維持されることは、憲法の要請にかなうもの[5]であ」る。

③審査基準について
「国公法102条1項及び規則による公務員に対する政治的行為の禁止が右の合理的で必要やむをえない限度にとどまるものか否かを判断するにあたつては、禁止の目的、この目的と禁止される政治的行為との関連性、政治的行為を禁止することにより得られる利益と禁止することにより失われる利益との均衡の三点から検討することが必要である[6]。」

④基準へのあてはめ
(1)「公務員の右のような党派的偏向は、……<u>本来政治的中立を保ちつつ一体となつて国民全体に奉仕すべき責務を負う行政組織の内部に深刻な政治的対立を醸成し、そのため行政の能率的で安定した運営は阻害され、ひいては議会制民主主義の政治過程を経て決定された国の政策の忠実な遂行にも重大な支障をきたすおそれがあり、……政治的行為を禁止することは、まさしく憲法の要請に応え、公務員を含む国民全体の共同利益を擁護するための措置にほかならないのであつて、その目的は正当なものというべきである。</u>」
(2)「<u>また、右のような弊害の発生を防止するため、公務員の政治的中立性を損うおそれがあると認められる政治的行為を禁止することは、禁止目的との間に合理的な関連性があるものと認められる</u>のであつて、たとえその禁止が、公務員の職

---

5) ここでは、国民一般には許されないはずの規制も、「公務員」の場合には規制根拠に憲法上の「重み」があるために許される可能性があることを指摘している。

6) この部分がいわゆる「猿払基準」である。

種・職務権限、勤務時間の内外、国の施設の利用の有無等を区別することなく、あるいは行政の中立的運営を直接、具体的に損う行為のみに限定されていないとしても、右の合理的な関連性が失われるものではない。」

(3)「単に行動の禁止に伴う限度での間接的、付随的な制約に過ぎず、かつ、国公法102条1項及び規則の定める行動類型以外の行為により意見を表明する自由までをも制約するものではなく、他面、<u>禁止により得られる利益は、公務員の政治的中立性を維持し、行政の中立的運営とこれに対する国民の信頼を確保するという国民全体の共同利益なのであるから</u>、得られる利益は、失われる利益に比してさらに重要なものというべきであり、その禁止は利益の均衡を失するものではない。」

⑤現業／非現業公務員、勤務時間内外の違いについて

「本件行為のような政治的行為が公務員によってされる場合には、<u>当該公務員の管理職・非管理職の別、現業・非現業の別、裁量権の範囲の広狭などは、公務員の政治的中立性を維持することにより行政の中立的運営とこれに対する国民の信頼を確保しようとする法の目的を阻害する点に、差異をもたらすものではない</u>[7]。右各判決が、個々の公務員の担当する職務を問題とし、本件被告人の職務内容が裁量の余地のない機械的業務であることを理由として、禁止違反による弊害が小さいものであるとしている点も、<u>有機的統一体として機能している行政組織における公務の全体の中立性</u>

[7] ここでは、公務員の職務の違いによって規制に差を設けていないことは、行政組織の「有機的統一体」としての特徴から、とくに問題とならないことを指摘している。

が問題とされるべきものである以上、失当である。」

⑥規制手段の合理性について
「刑罰規定は、……諸々の要因を考慮しつつ、国民の法意識の反映として、国民の代表機関である国会により、歴史的、現実的な社会的基盤に立つて具体的に決定されるものであり、その法定刑は、違反行為が帯びる違法性の大小を考慮して定められるべきものである。」
「原判決は、……罰則までも法定することは合理的にして必要最小限度を超え、違憲となる旨を判示し、第一審判決もまた、外国の立法例をあげたうえ、被告人の本件行為のような公務員の政治的行為の禁止の違反に対して罰則を法定することは違憲である旨を判示する。

しかしながら、各国の憲法の規定に共通するところがあるとしても、それぞれの国の歴史的経験と伝統はまちまちであり、国民の権利意識や自由感覚にもまた差異があるのであつて、基本的人権に対して加えられる規制の合理性についての判断基準は、およそ、その国の社会的基盤を離れて成り立つものではないのである[8]。これを公務員の政治的行為についてみるに、その規制を公務員自身の節度と自制に委ねるか、特定の政治的行為に限つて禁止するか、特定の公務員のみに対して禁止するか、禁止違反に対する制裁をどのようなものとするかは、いずれも、それぞれの国の歴史的所産である社会的諸条件にかかわるところが大であるといわなければならない。」

8) ここでは、「公務員」制度が憲法上どのようにあるべきかは、その国が持つ歴史的・社会的基盤によって決まることが示唆されている。

⑦結　論
「以上のとおり、被告人の本件行為に対し適用されるべき国公法110条1項19号の罰則は、憲法21条、31条に違反するものではなく、また、第一審判決及び原判決の判示する事実関係のもとにおいて、右罰則を被告人の右行為に適用することも、憲法の右各法条に違反するものではない。」

（反対意見は省略）

〈参考：猿払事件第1審〉
①公務員制度について
「現行国家公務員法は、昭和22年10月22日制定され、昭和23年7月1日施行されたものであり、その後しばしば改正を経たものであるが、現行同法102条1項および110条1項19号は、昭和23年法律222号の改正による条文であり、当時官公庁労働組合の反政府的政治活動が活発になったのを憂慮した占領軍総司令部の強い示唆により、国会による独自の審議の許されない状況下に作られた条文[9]であ」る。

「現行国家公務員法（以下国公法と略称）102条1項は、米連邦のいわゆるハッチ法9条を母法としたものであり、人事院規則14-7、6項は、……連邦人事委員会が禁止していた諸行為をも参酌して作られたものと推認される」

②現業／非現業公務員、勤務時間内外の違いについて
「すべての公務員につき懲戒処分の定めに加え

9) 猿払事件1審判決は、国公法の制定過程について、占領軍司令部の強い影響力のもとで成立した点を指摘する。

「非管理者である現業公務員でその職務内容が機械的労務の提供に止まるものが勤務時間に国の施設を利用することなく、かつ職務を利用し、若しくはその公正を害する意図なしで人事院規則14-7、6項13号の行為を行う場合、その弊害は著しく小さいものと考えられるのであり、……刑事罰を加えることができる旨を法定することは、行為に対する制裁としては相当性を欠き、合理的にして必要最小限の域を超えているものといわなければならない[10]。」。

て、右のように決して軽くない刑事罰を科される旨定めることが、法目的を達成する上に合理的であると一概に云うことはできない。」

10) 猿払事件1審判決は、芦部の言うLRAの基準をもって、公務員の職務の違いを考慮して判断を下している。

憲法上の意義

[1] 公務員の人権制限根拠

　この判決は一見すると「表現の自由」に関係する問題のようにみえる。最高裁も、表現の自由（政治的行為の自由）は、憲法が保障する人権の中でもとくに重要なものでみだりに制約されてはならず、「もしそのような行為が国民一般に対して禁止されるのであれば、憲法違反の問題が生ずることはいうまでもない」と判示している（判旨①）。一般的に憲法の教科書で表現の自由は、人権体系の中でも特に重要な位置を占めるとの説明がなされる[11]。この部分を強調するならば、本件は違憲性についての強い推定が働き、審査にあたっては厳格な審査基準が導かれなければならなかったはずである。ところが、最高裁は、学界の理解ではかなり緩やかな、いわゆる「猿払基準」をうちだしている（判旨③）。

---

11) 市川正人「第21条」芹沢斉ほか編『新基本法コンメンタール　憲法』（日本評論社、2011年）177頁。

そもそも最高裁は、この事件を表現の自由の「典型例」とはとらえていない節がある。まず、最高裁は問題となった国公法102条1項及び人事院規則による政治的行為の禁止の対象が、国民一般ではなくもっぱら公務員にのみとされている点に着目している。さらに最高裁は、憲法15条2項の「全体の奉仕者」に「国民の信託による国政が国民全体への奉仕を旨として行われなければならない」という意味を読み込み、そこから特に行政を担当する公務員を対象とする国家公務員法（102条1項）の二つの目的、すなわち「行政の中立的運営（実体的中立性）」の確保とこれに対する「国民の信頼（国民が受ける印象）」を導出して、これらを憲法の要請にかなうものと位置づけている（判旨②）。ここから、一般国民を対象とする場合には憲法上の表現の自由の「重み」によって許されないような規制も、「公務員」を対象とする場合には、規制根拠側にも憲法レベルの「重み」が加えられるため、厳格な審査にはならず、緩やかな「猿払基準」が採用されることになった[12]。

他方、憲法学界においても、公務員の人権制限の根拠に関して、「憲法秩序構成要素説（以下、構成要素説）」が提唱されている[13]。この有力説は、「公務員の自律性を確保し、行政の中立性を維持する」という観点から、公務員の別異取扱いを憲法（15条2項や73条4号）が積極的に認めていると説明する[14]。つまりこの説もまた、公務員を対象とする人権制限の根拠が憲法にあるかどうかを問うことで、憲法を頂点とする憲法秩序の中から「無法地帯（憲法が及ばない領域）」をなくすことを目的にしている[15]。

このように公務員の政治活動制限の根拠（なぜ制限が可能か）を「憲法」に沿って説明しようとする点では、両者には「近い」部分があるとも評価できるだろう[16]。そこでは憲法上特に重要とされる表現の自由の論理が後景に退き、公

---

12) 高橋和之「判批」高橋和之・長谷部恭男・石川健治編『憲法判例百選Ⅰ〔第5版〕』33頁。
13) 憲法秩序構成要素説の初出は、芦部・池田・杉原編『演習憲法』（青林書院新社、2012年）157頁以下。
14) 芦部信喜『現代人権論』（有斐閣、1974年）259頁。
15) そもそもこの有力説は、憲法秩序の中に「無法地帯」をつくりだすことになる戦前の特別権力関係論の克服の為に提示された。特別権力関係論については、松本和彦「特別権力関係と人権」大石眞・石川健治編『憲法の争点』（有斐閣、2008年）72頁以下。

務員「制度」の論理が前衛に出現している。ようするに、通常の違憲審査では、憲法上の利益（権利）は「原則」として制限してはならず、例外的に規制が許されるための厳密な正当化論証が必要とされるが、この事件では規制根拠にも憲法レベルの「重み」を与えられたことで、その原則・例外関係がいくぶん相対化されたのである（つまりそれほど厳密な正当化論証が必要とされない）。

[2] 制限の限界

にもかかわらず、この両者は制限の限度（どこまで制限可能か）においてその袂を決定的に分かつ。例えば、構成要素説の提唱者は、いわゆる職務性質説の立場から、「より制限的でない他の選びうる手段」がないかという厳格な基準（LRAの基準）に照らして、公務員の地位、職務の内容・性質等の相違その他諸般の事情を考慮したうえで判断すべきとする[17]。この点、猿払事件一審はほぼ同様の立場に立ち、被告のXが現業公務員であったことなどを考慮して国公法を違憲と判断した（猿払一審判旨②）[18]。

他方で最高裁は、個々の公務員の職務の違いは「公務員の政治的中立性」を維持するためには差異をもたらさないとして、こうした理解を「失当」とする（判旨⑤）。そして、「禁止の目的、この目的と禁止される政治的行為との関連性、政治的行為を禁止することにより得られる利益と禁止することにより失われる利益との均衡の三点」について、かなり緩やかにあてはめをして一律広範な規制を合憲とした（判旨④）。特に目的と手段の関連性については、その「因果関係も、行政組織の統一性や累積効果等といった観念的な立論を積み重ねたものでしかなく、……立法事実によって具体的・実質的に裏付けたものではない」との批判[19]もあるように、安易に合理性を認めている。この違いはどこか

---

16) 渋谷秀樹『憲法〔第2版〕』（有斐閣、2013年）150-151頁。なお判例の15条2項「全体の奉仕者」論と憲法秩序構成要素説との実質的な異同は、必ずしも明らかではない（小山剛「憲法上の権利各論」法学セミナー714号〔2014年〕74頁）。

17) 芦部・前掲注14）265頁。

18) 一審の基準は、芦部によるとLRAの基準の考え方に立つものと評価される。芦部・前掲注14）263頁。

19) 宍戸・前掲注2）。

ら生じているのだろうか？

[3]「公務員」秩序——最高裁と有力説の距離

ここで筆者が着目するのは、最高裁が憲法に読み込んだ「公務員」秩序である。

最高裁は、憲法レベルの二つの利益のうち、「国民の信頼（国民の印象）」を強調する。例えば、一審判決に対する反論の中で、行政組織と個々の公務員の関係を「有機的統一体（一体として）」と捉え、現業公務員による些細な政治的行為でも、累積的に全体へと波及して、「国民の信頼」を阻害するものと考えている（累積的効果・行政一体論）。この公務員制度の見立てからすれば、少なくとも、職務性質説は取りようがない。かたや有力説の提唱者は、こうした公務員制度観を「特に重要な点」として取り上げ、「公務員は『常時勤務状態』にあるという君主制憲法下の公務員観をそのまま受け継いだ」（強調点執筆者）との批判を展開する[20]。ここには、「国民の信頼」を過度に重視する最高裁の公務員制度の見立ては、戦後に打破したはずの身分制的官吏制度（天皇の使用人という「君主と家臣とのそれのような全人格的な服従と保護の関係」に近い考え方）を引きずったものであるという批判的意味合いが込められている[21]。

しかし、最高裁が憲法に読み込んだ「公務員」の姿は、本当に「天皇の官吏」を引きずったものなのだろうか。

一目見てわかるように、憲法は公務員の政治活動のあり方や、政治活動を規律される「公務員」の範囲についてほとんど語っていない[22]。せいぜい憲法秩序の中に、「国民の信託」に基づいて国政運営を行う「公務員」の秩序が存在することを認めている程度である（15条、73条4号）。問題はこの開かれた部分

---

20) 芦部信喜『憲法訴訟の現代的展開』（有斐閣、1981年）197頁。
21) 芦部信喜『憲法学Ⅱ 人権総論』（有斐閣、1994年）257頁。また、池田・阿部・芦部・上野他「憲法と公務員の人権」ジュリスト569号（1974年）46-47頁［上野発言に対する芦部の応答］も参照。
22) そもそも憲法「15条2項の公務員は一般職の行政公務員だけを指すものではなく、「全体の奉仕者」の具体的な在り方は、公務の種別に応じて多様でありうる」（小山・前掲注16）75頁）。

をどのように埋めるかである。

　この点、極めて重要なことに、最高裁は国公法の刑罰規定の存在を含めいかなる規制範囲・手段が採用されるかは、「国民の法意識」を反映する国会の「歴史的、現実的な社会的基盤に立つて具体的に決定されるもの」であり、「それぞれの国の歴史的所産である社会的諸条件にかかわるところが大である」(強調点執筆者) と判示している (判旨⑤)[23]。

　では、そこでいう「社会的基盤・諸条件」とは何だったのだろうか？　これを考えるうえで、本稿で政治学が示したいくつかの点は見逃せない。当時、戦前日本の「失敗」の主犯格にもかかわらず、占領統治のために「温存」された公務員に対しては、国民からの強い不信の目が注がれていたことが窺える[24]。こうした「国民の警戒的な視線」は、例えば当時の郵便局員が「選挙のたびごとに全国的な組織を利用して」特定党派のための選挙活動を展開していた現状があり、それを放任した場合、国民からの公正な運営についての「不安・不信・疑惑」に行政官庁「全体」がさらされるといった検察側の主張に反映されている[25]。

　公務員側もまた、それに無策であったわけではない。早くは戦前から、地方官として令名をはせた大森鍾一が、「党派の弊と戒むべき」との訓戒を残している。これは、戦前の議会政治における頻繁な政権交代に伴って噴出した苛烈な党派対立の弊害を受けて、戦前から当の公務員たち自身の中に問題意識が存

---

23)　なお猿払事件第一審判決が引用するハッチ法の合憲性を争った United Public Workers of America v. Mitchell 事件最高裁判決 (330 U.S. 75 (1946)) も同様の判示をしている点は非常に興味深い。

24)　清水・執筆部分を参照。この指摘は、戦後憲法下の民主的討議を形成するうえで、当時の国民が、討議空間を歪める危険性を考慮して「戦犯」である「公務員」をその参加主体から排除していたことを示唆するものである。蟻川が正確に指摘するように、本判決の利益衡量には公務員の表現に対する「潜在的聴衆としての公衆」の利益はおかれなかった (蟻川恒正「日本国憲法における公と私の境界」辻村みよ子・長谷部泰男編『憲法理論の再創造』〔日本評論社、2011年〕33-34頁) が、この点からすればそれはむしろ当然といえる。むろんこれ自体、憲法学にとっては非常にグロテスクな結論であろう。

25)　これは猿払事件の検察官側上告趣意書より明らかである。最大判昭和49年11月6日判時757号50頁。

在したことを示すものといえる[26]。むろん現行の国公法も無関係ではない。例えば現行法では政治活動に対する規制の裏返として、公務員は、政治勢力の影響又は干渉から保護され、安定的な身分が保障される「特権」を与えられている。この点、国公法制定に（そして日本国憲法の立案にも）関わった佐藤達夫は、「職員が政治活動を行い、一党一派に偏する行動をとった場合、それによって不利益を受ける側の党派の反発を招くことは明らかであり、ひいては、その身分の安定性を害することとなる。この弊害は、かつてのアメリカにおける・スポイルズ・システムの教えるところであり、また、わが国においても、旧憲・法下における政党内閣時代に経験したところである」（強調点執筆者）と指摘している点は非常に興味深い[27]。

これらの分析を合わせて考えると、国公法における政治活動の規制範囲・手段について、最高裁は、単に「天皇の官吏」的なものを引きずったというよりも、むしろ戦前の議会政において政治との関係に「失敗」をした公務員たちの「反省」を厳しく促した「国民の法意識」から形成されたものであると推察したことが伺える。上記のような「社会的基盤・諸条件」により国民一般の場合との区別が強調されたことで、公務員制度の論理が前衛に残り続け、緩やかな審査（特に目的手段の合理的関連性を厳しく問われない）が用いられることになった。

対して構成要素説の提唱者は、そうした社会状況は踏まえない。まず「日本国憲法における人権の観念」から考えて一般国民と異なる公務員にも人権保障が及ぶべきであり[28]、政治活動の自由が公務員にも最大限保障されなければならないという立場から、最高裁の公務員制度観を批判している[29]。言い換えれば、公務員もまた人権保障を受ける他の国民と同列のものとして「原則」的に扱われ、職務の間だけ「例外」的に公務員として扱われるという認識である。そこにあるのは、「個人」主義に立脚した戦後憲法（憲法21条上の「個人」の政

---

26) 清水唯一朗『近代日本の官僚――維新官僚から学歴エリートへ』（中公新書、2013年）。
27) 佐藤達夫『国家公務員制度〔第8次改訂版〕』（学陽書房、2009年）110頁。なお10-11頁も参照。
28) 芦部・前掲注21) 246頁。
29) 前掲・264-265頁。

治活動の自由）を出発点として鋳造された「あるべき（規範的）」公務員制度観である。そうすると、根拠論の時点で一度は相対化されたはずの表現の自由の論理がまた前衛に復活するために、規制の限界については厳密に審査されるべきということになる。

　ようするに、最高裁と有力説の制限の限度（とその帰結）の違いは、公務員制度に対する見立てを構築する際に、どこに出発点を置いたかの違いから生じているということになる。前者は社会的基盤・諸条件に依拠し、後者は純粋に憲法のみに依拠して公務員秩序を練り上げた。

　むろん最高裁が憲法の意味として社会から読み取った公務員制度観には（特に検察側の主張への）バイアスがかかっている。この点、猿払一審判決は、国公法がアメリカのハッチ法を母法としており、そればかりかGHQの強い反共、反労組的影響を受けて導入されたとまで指摘している（猿払一審判旨①）。こうした国公法制定過程の経緯を捨象した最高裁を、ある論者は「世の中の常識……との間の、異様な断絶」と痛烈に批判している[30]。裁判官が社会的基盤・諸条件を「推察」する以上、バイアス問題は完全に拭い去れないが、それをいかに客観化して論証できるかがポイントになりそうである[31]。

この判例から見えるもの——政治学の立場から

[1] 公務員の政治的「中立性」と公共性、応答性——政権交代の時代のなかで
　日本の政治は政治家ではなく官僚が動かしているとする、官僚主導、官高政低の言説は、1990年代までは高い説得力を持って語られていた。とりわけ、高度成長期における政府立法の成功は、権力闘争、派閥間抗争に明け暮れる自民党政治家のイメージと相まって、有能な官僚集団という印象を強く植え付け

---

30) 今村成和「猿払事件第一審判決と最高裁」判例時報757号（1974年）23頁。
31) この点、「国民の信頼」の「国民」を「合理的な客観的第三者」に置き換え、それを堀越控訴審判決で示された「国民の法意識の変化」と連結させることで議論を規範的土俵に連れ戻そうとする宍戸の指摘は慧眼といえる。宍戸常寿「国家公務員と政治的表現の自由（堀越事件）・コメント——東京高裁2010（平成22）年3月29日判決」国際人権22号（2011年）104-105頁。

た[32]。

　では、その際に公務員の「政治的中立性」はどこまで守られていたのだろうか。所得倍増政策では池田勇人のもとに、全国総合開発計画では田中角栄の私邸に優秀な官僚が関係各省から選抜して集められ、政治家の要望を踏まえながら具体的な政策が立案されていった。およそ半世紀に及んだ自民党政権の下では憲法が規定する公務員の政治的「中立性」は画餅であった。

　その後、政権交代が起こったことにより状況は大きく変化した。事態は深刻化したわけではなく、異なる価値観によって切り替わりつつある。

　1993年の政権交代以後、政治家と官僚の問題、いわゆる政官関係が政治学の議論の俎上に乗り始めた[33]。

　政治的な争点となったのは政府委員制度であった。国会において公務員が大臣（主として政治家）に代わり答弁を行っている状況は公務員の政治化を招き、ひいては議院内閣制が有する政治的説明責任を損ねるという議論であった[34]。このため、政府委員制度は必要最低限に縮小され、政府説明員制度へと衣替えし、大臣を補佐する政治任用職として副大臣・政務官制度が創設された。政務と事務の区別が明示されたのである。しかし、そうした新たな枠組みも現実の要請には応えることができず、副大臣・政務官は従来の政務次官と大差のない存在と理解されていた。

　ところが、2009年の衆議院議員選挙で民主党が大勝し鳩山由紀夫内閣が発足すると、状況は大きく変化する。「脱官僚主導」を選挙のスローガンとして戦ったこの内閣は、政府レベルにおいては各省の連絡を担っていた次官会議を廃止し、各省では大臣・副大臣・政務官からなる政務三役に情報と決定を集約する改革を推し進めた[35]。調整と決定を政治家が行うための改革であったが、官僚不信もあり、省によっては企画・立案に至る全てのプロセスを三役が把握

---

32) 例えば、チャルマーズ・ジョンソン（矢野俊比古監訳）『通産省と日本の奇跡』（TBSブリタニカ、1982年）。
33) 日本政治学会編刊『年報政治学』で「現代日本政官関係の形成過程」の特集が組まれたのは1995年のことであった。
34) 坂本勝『公務員制度の研究』（法律文化社、2006年）283頁。
35) 濱本真輔「民主党政権下の政府人事」前田・堤編『統治の条件』（千倉書房、2015年）。

しようとするなど、行き過ぎも指摘された[36]。その結果、菅内閣、野田内閣と時間が経つにつれ、徐々に政治家と官僚の協力関係が再構築されていった。

問題はそのあとである。2012年の衆議院議員解散総選挙では翻って自民党が大勝し、第二次安倍晋三内閣が発足した。安倍内閣は発足に伴い、各省の高級官僚人事を行った。政権交代に伴い、前政権で重用された高級官僚たちを外したのである。そして2014年5月には内閣人事局が設置され、名実ともに幹部公務員の人事権は内閣が握ることになった。自民党長期政権の時代には問題にならなかった公務員の実質的な政治化が、政権交代の時代に至り、大きな論点となっている。

[2]「政治的中立性」はなぜ強調されたのか

もちろん、国家公務員法はこうした事態を想定していた。政治的中立性を厳にし、人事院を設置して公務員の身分を保障したのはそのためである。それは戦前日本の官僚制が、昭和の政党内閣期における頻繁な政権交代のもとで党派化し、省内に立憲政友会系、立憲民政党系の派閥が構築されて行政の能率性を著しく阻害した記憶があったからだ。

もちろん、戦前にも官吏の党派化を禁止する官吏服務規律があり、官僚は不偏不党であることが強く求められた[37]。その身分を保障するものとして文官分限令が定められていた。「天皇の官吏」と称される所以である。

しかし、戦前の官吏たちはかなり自由に政治家のもとを出入りした。伊藤博文や山縣有朋といった藩閥政治家に接近する者があれば、それを排しようとして政党政治家に協力するものもあった[38]。それは制度的にも許容されたものであった。憲法発布、帝国議会開設に合わせて出された内閣訓令によって官吏が政治的な意見を表明することが認められたからである[39]。

もっとも、この時の目的は、国民に対して広く政策に関する情報を発信し、

---

36) 塩崎彰久「政治主導」日本再建イニシアティブ『民主党政権』(中央公論新社、2013年)。
37) 日本公務員制度史研究会編『官吏・公務員制度の変遷』(1989年)。
38) 清水唯一朗『政党と官僚の近代』(藤原書店、2007年)第2章。
39) 辻清明『新版 日本官僚制の研究』(東京大学出版会、1969年)285頁。

理解を深めることであった。有り体に言えば、藩閥政府が支持を集めるよう宣伝を担うことが期待されたのである。官吏服務規律が唱えた「不偏不党」は政党への接近を戒めるものでしかなかった。

　しかし、政党が勢力を拡大し、政党政治を理想的な政体と捉える大学卒の学士たちが官僚の大半を占めるようになると状況は逆転した。政党を支援する言説が官僚から主張されるようになったのである。そうした変化は藩閥対官僚の構図が二大政党間の対立に移行するなか、官僚の党派化、官僚の政治化となり、省内における厳しい党派対立を惹起することとなった[40]。

　この問題を深刻に受け止める官僚もあった。上記の大森鍾一はその早い例である。昭和に入り、政党間の抗争が深刻化すると、大森が提示した「党派の弊」を感じる官僚が増え、彼らは政党政治と一線を画していくこととなる。いわゆる革新官僚と称されるグループである。

　もっとも、彼らは党派の弊害を主張しながら自らが強い政治性を帯びた事実上の党派となっていた。こののち、彼らが軍部と協力関係を結んで党派的な政治を推し進めたことは、戦後、公務員制度が創設される際に政治的中立性が強調される主たる要因となった。

[3]「公務」の範囲について

　もうひとつ、この判例があぶり出した焦点は「公務」の範囲に関する疑義であろう。戦前において、彼らは規定上「官吏」と呼ばれた。「官僚」は高級官吏の通称であった。そして戦後、憲法において「公務員」という言葉が現れる。それは「官僚」「官吏」という言葉に付着した負のイメージを脱却しようとする意識の表れであった。しかし、憲法においてすら、「公務」の示す範囲は条文によってバラバラであり、畢竟、「公務員」の示す範囲についても統一されていなかった[41]。

　そのため、国家公務員法の制定過程でこの範囲を明示的に定める必要が生じた。ここに大きな影響を与えたのはアメリカ人事行政顧問団のブレーン・フー

---

40) 清水唯一朗『近代日本の官僚』（中央公論新社、2013年）第6章。
41) 毛桂榮「『公務員』の用語と概念をめぐって：日本と中国」法学研究98号（2015年）。

バー（Blane Hoover）団長が示した「国家公務員法草案」であった。それまで日本側では限定的な官吏制度改革を見越した法案が作成されていたが、労働問題の専門家であるフーバーは、官吏のみならず雇員や傭人までも包摂した「公務員」法と言う概念を提示した。スト権をはじめとする労働権を広く付与するための配慮といえよう。翌年、2・1ゼネストへの対応を巡って公務員のスト権を見直す改正が行われたが、この際、公務員の範囲に手が付けられることはなかった。この結果、公務員の政治的「中立性」についても、かつての官吏に加え、雇員、傭人が含まれることとなった[42]。一審判決が国家公務員法の制定過程における問題点を指摘することも頷ける。

しかし、詳細に内容の吟味にまで踏み込んだ一審判決も、半世紀近くが経った現在の研究水準に照らすと多くの誤解を含んでいることも否めない。現在では、岡田（1994）が詳細に明らかにしたように、むしろ制定過程ではフーバー案が骨抜きにされ、最終的には国会審議にその帰趨を委ねたことが知られている[43]。もっとも、その国会が冷淡な対応を取ったのであるが[44]。

以後、行政国家化が進むにつれ、公務員の職務内容や責任範囲は極めて多様なものとなった。なにより「公務」の範囲は明らかに拡大しており、これを一律に規定することは実態と乖離しているという指摘も以前から行われている[45]。民間事業者であっても、公的サービスであれば公務の範囲に入ることも考えられる。多様化した「公務」の範囲を前に、その仕分けが必要になっていると言っていいだろう[46]。

自民党政権時代には、そうした混同も大きな問題とはならずに政権に包摂されてきた部分があった。しかし、政権交代が実際に起こるようになった今日、公務員の政治的「中立性」と公共性、そして応答性の関係は、どのような「公務」にどういった「中立性」が求められるのか、どういった場合は「中立性」

---

42) 岡田彰『現代日本官僚制の成立』（法政大学出版会、1994年）80頁。
43) 岡田・前掲注42) 87-99頁。
44) 井出嘉憲『日本官僚制と行政文化』（東京大学出版会、1982年）205-206頁。
45) 伊藤大一『現代日本官僚制の分析』（東京大学出版会、1980年）128頁。
46) 公務員の範囲については、鵜飼幸男「『公務員』という言葉」立命館法学327・328号（2009年）。

を超えることが認められるのかを議論していく段階に来ているといえるだろう。

読者のみなさんへ

　猿払判決の時代は、敗戦後に「上から降ってきた」ために海のものとも山のものとも知れない「戦後」憲法の意味内容を、最高裁が確定させて社会に徐々に浸透させていった時代であった[47]。その流れでみると猿払判決は、「戦後」憲法を「日本固有のもの」に仕立てるために、当時の「社会的基盤・諸条件」をふまえた公務員のあり方を、その意味内容として定着させる企てであったと見て取れる（「土着化」）。

　政治学の知見は、最高裁が憲法の「土着化」のために、どのような事情を汲み取り、はたまた捨象して戦後憲法用の公務員秩序を鋳造したかと同時に、憲法にいう公務員制度の法的意味がいかに「開かれた」ものであるかも示している。最高裁の「土着化」手法は、憲法の「開かれた」部分につき、常に動態的な社会に寄り添って意味内容を作り続けていくためのものとして、地に足の着いた手法であったと評価することもできよう[48]。

　もっともこうした憲法への「土着化」は、本来ならば「国民の意思」を選挙という回路を通して吸い上げる「国会」こそが、第一義的に担うべきともいえる。この点、国公法が、規制される政治活動の詳細などについて行政機関（人事院）に対して「白紙」に近い委任をしている点が問題となろう[49]。

　他方で、動態的な「国民の意識」に依拠している以上、それらが変動することもまた当然ありうる。例えば、行政を一体としてみる国民の視線について、「現代」においても通用するかは別問題である[50]。ここで、最高裁が、国会と

47）　山田隆司『最高裁の違憲判決——「伝家の宝刀」をなぜ抜かないのか』（光文社、2012年）［識者インタビューにおける棟居快行の発言］。なお本稿タイトルの「土着化」というワードは、棟居教授との会話の中からアイデアをいただいた。この場を借りて御礼申し上げたい。

48）　憲法学に造詣が深く、最高裁判事までつとめた伊藤正己の「学者も事実のもつ規範力を無視するわけではないが、解釈論としてそれにとらわれる程度は低いのに対し、裁判官は既成事実に対し過度の重視をする傾向がある」との言葉は、両者の傾向を示すうえで重みがある。伊藤正己「憲法学と憲法裁判」公法研究59巻（1997年）36頁。

は異なる回路（選挙という回路以外の）を通して社会を見ていることが利点になりうる。

　本件同様の非管理職公務員の政治活動が問題とされた近時の堀越事件控訴審判決が、猿払判決の論理を、イデオロギー対立からくる当時の不安定な社会状況や当の国民自身が戦前意識をひきずり「公務員を、その職務内容やその地位と結びつけることなく、一体的に見て」いたという時代背景に即した正当なものであったと評価する一方で、国民の法意識（特に表現の自由の大切さに関する意識）が変化した現在では「必ずしも説得的ではない」としたのは本稿にとって示唆的である[51]。

　そして、堀越事件最高裁判決において須藤裁判官が、一般職公務員も公務員である前に国民の一人だと示したうえで、「我が国の長い歴史を経ての国民の・・・・・・・・政治意識の変化に思いを致すと……本法102条1項及び本規則については、更・・・・・・・・・・・・・なる明確化やあるべき規制範囲・制裁手段について立法的措置を含めて広く国・・・・・・・・・・・・・・・・・・・・・・・・・・・・・・・・民の間で一層の議論が行われてよいと思われる」（強調点執筆者）と、指導的な・・・・・・・・・・・・・・・・・・・・・判示をしている点を見過ごしてはならない[52]。

　社会におけるみなさんの「認識」が変化し、それが国会を通じて反映されれば、最高裁もそれに応じて憲法の意味を変えざるをえない。そして、この文脈においてこそ、「戦後」憲法学が演じた役割は大きかったといえる[53]。こうして憲法上のアクターである「公務員」の可動範囲は、裁判所の視線の先で、国会、市民、学者、そして何より公務員自身を含めた「国民」で作り上げていくものなのである。

---

49) この部分を取り上げるものとして、蟻川恒正「違憲状態を是正する最高裁判決──国家公務員法102条1項訴訟に関する考察」法律時報編集部編『国公法事件上告審と最高裁』法律時報増刊（2011年）116頁。「55年体制」の下での「なれあい」により、「公共の価値決定から政治家が逃げていた」との棟居の指摘を踏まえるなら、本来はこの部分にこそ、当時の最高裁は切り込むべきであったように思われる。山田・前掲47）〔棟居発言〕。
50) 現在の日本では「公私の生活の区別を重視する態度が国民多数の生活感覚のなかに浸透したといいうる」と指摘するとおりであろう。蟻川・前掲注49) 53頁。
51) 東京高判平成22年3月29日判タ1340号112頁。
52) 最判平成24年12月7日刑集66巻12号1337頁。

より深く学びたい方へ──参考文献

出雲明子『公務員制度改革と政治主導』(東海大学出版部、2014 年)。
井出嘉憲『日本官僚制と行政文化』(東京大学出版会、1982 年)。
伊藤大一『現代日本官僚制の分析』(東京大学出版会、1980 年)。
岡田彰『現代日本官僚制の成立』(法政大学出版会、1994 年)。
坂本勝『公務員制度の研究』(法律文化社、2006 年)。
佐藤達夫『国家公務員制度〔第 8 次改訂版〕』(学陽書房、1975 年)。
清水唯一朗『政党と官僚の近代』(藤原書店、2007 年)。
辻清明『新版 日本官僚制の研究』(東京大学出版会、1969 年)。
前田健太郎『市民を雇わない国家』(東京大学出版会、2014 年)。
村松岐夫『戦後日本の官僚制』(東洋経済新報社、2010 年)。
村松岐夫編『最新公務員制度改革』(学陽書房、2012 年)。
伊藤正己『裁判官と学者の間』(有斐閣、1992 年)。
芦部信喜『宗教・人権・憲法学』(有斐閣、1999 年)。
芦部・池田・杉原編『演習憲法』(青林書院新社、2012 年)。
芦部信喜『憲法訴訟の現代的展開』(有斐閣、1981 年)。
法律時報編集部編『国公法事件上告審と最高裁』法律時報増刊 (2011 年)。
山田隆司『最高裁の違憲判決──「伝家の宝刀」をなぜ抜かないのか』(光文社、2012 年)。

水谷瑛嗣郎(帝京大学助教、憲法学)
清水唯一朗(慶應義塾大学准教授、政治史)

---

53) 一審から猿払事件に関与した芦部は、後年に「私の立法事実の考え方や、私が主張した違憲審査の基準は、すべて排斥された」と述べている(芦部信喜『宗教・人権・憲法学』〔有斐閣、1999 年〕263 頁)。しかしその血脈は猿払の反対意見を経て堀越の高裁・最高裁判決に受け継がれているように見える。これら判決を見る限り、国民の中での「公務員」に対する「戦犯」意識からくる行政一体論が徐々に解除されつつあり、彼らも「原則」として民主的討議の参加アクターとしてみなされるようになったと思われる。まさに累積的効果論と行政一体論が「現実に支えられた説得力」を失えばその力を失うという指摘は、この観点から読み直すことができよう。長岡徹「公務の中立性と公務員の中立性」法律時報編集部編『国公法事件上告審と最高裁』法時増刊 (2011 年) 80 頁。

第 5 章

思想・良心に反する行為を拒めるか？

君が代起立斉唱事件
最判平成 23 年 5 月 30 日民集 65 巻 4 号 1780 頁

> **この憲法条文に注目！**
> 第 19 条　思想及び良心の自由は、これを侵してはならない。

あらすじ

　都立高校の教諭である X は、校長から、卒業式において国旗に向かって起立し国歌を斉唱せよ、との職務命令を受けた。しかし、「在日朝鮮人、在日中国人の生徒に対し、『日の丸』や『君が代』を卒業式に組み入れて強制することは、教師としての良心が許さない」という思いから、その命令に背き、国歌斉唱の際に起立しなかった。東京都教育委員会（「都教委」）は、この職務命令違反を理由に、X の定年退職後の再雇用等を不合格とした。

　これに対し、X は、本件職務命令は X の思想・良心の自由（憲法 19 条）を侵害するものであるから、その職務命令に違反したことを理由とする不合格決定は違法であると主張し、国家賠償請求訴訟を提起した。

　最高裁は、本件職務命令が思想・良心の自由に対する間接的制約となる面があることを認めたが、結論としては合憲と判断した。

> **この判例から考えてほしいこと**
> ●公立高等学校の教諭に対し、卒業式において国旗に向かって起立し国歌を斉唱することを求める職務命令は、思想・良心の自由を保障した憲法19条に違反するか。

判例を読む前に

憲法学習者のみなさんへ

　憲法学の一般的な教科書では、憲法19条が定める思想・良心の自由は、主に次のことを保障したものであると説明されている[1]。

　第1に、特定の思想・良心を強制または否定することの禁止。例えば、戦前のように天皇を崇拝せよと強制することは、禁じられる。第2に、思想・良心を理由とした不利益取扱いの禁止。戦後占領下における「レッド・パージ」のようなことは、今日では許されない。第3に、いわゆる沈黙の自由。江戸時代に行われた「踏み絵」のように、思想・良心の告白を強制することは、禁止されている。

　以上の保障内容は、国家が個人の「内心」に直接働きかけることを禁じたものといえる。これに対して、本事件で問題となっている職務命令は、あくまでも起立斉唱という「行為」を命じるものであり、内心に直接働きかけるものではない[2]。それでは、本事件は思想・良心の自由と無関係であるといってよいのだろうか。

　心のうちにある思想・良心は、時に、行為となって外部に現れる。本事件における不起立行為も、まさにXの思想・良心から生じたものであった。この

---

1) 例えば、芦部信喜（高橋和之補訂）『憲法〔第6版〕』（岩波書店、2015年）150-151頁。
2) 本判決の竹内行夫補足意見によれば、「表見的には外部的行動に対する制限であるが、実はその趣旨、目的が、個人に対して特定の歴史観等を強制したり、あるいは、歴史観等の告白を強制したりするものであると解される場合には、直ちに、思想及び良心の自由についての制約の問題が生ずることになるが、本件職務命令がそのようなものであるとは考えられない」。

思想・良心と行為との関連性に鑑みれば、内心に直接働きかけるものではないからといって、すべて思想・良心の自由の射程外とすることは、妥当でないだろう。

しかし、そうだとしても、思想・良心に反する命令を拒否する自由を安易に認めるわけにはいかない。納得できなくとも、自己のポリシーに反していようとも、権限のある者から命令された以上は、それに従う。悲しいことかもしれないが、そのような「オトナ」な行動によって、社会生活は支えられている。上記自由の承認は、したがって、その社会生活に対する脅威となりうるのである。

では、どこでバランスをとるべきだろうか。本判決は、この難問を考えるうえで必読の重要判例である。

◆ 音楽史からのポイント解説 ◆

まず「君が代」成立に関しての歴史的経緯を簡単に確認しておこう。

現在の国歌「君が代」の歌詞は、もとは『古今和歌集』や『和漢朗詠集』に由来する古歌であったが、その後、謡曲、地歌、箏曲、浄瑠璃、長唄など、さまざまなジャンルの音曲・芸能に引用され、近世には祝賀を意味する歌として広く知られていたという[3]。

明治にはいり、近代国家となった日本が国際社会へ参入する際に「国歌」が必要となった。1869年（明治2年）、横浜に駐屯していた英国陸軍のフェントン[4]に依頼をして、この歌詞に作曲したことにより、ひとまず「君が代」は誕生した。ところが、フェントンの「君が代」のメロディは日本語歌詞に合っていないと評判が悪かったため、1880年（明治13年）、海軍省が宮内省式部局雅楽課に同じ歌詞にあう新たな楽曲をつくる

---

[3] 「君が代」前史やその成立経緯については、杜こなて『「君が代」日本文化から読み解く』（平凡社、2015年）、辻田真佐憲『ふしぎな君が代』（幻冬舎、2015年）を参照。

[4] John William Fenton（1831〜1890）：英国陸軍第10連隊第1大隊軍楽隊のリーダーとして1868年に来日。1869年より薩摩藩の軍楽隊を指導していた。

フェントンによる「君が代」の楽譜。出典：小山作之助『國歌君が代の由来』（1941年）

よう委嘱。雅楽課では奥好義がつくった雅楽的なメロディを選び[5]、それに海軍軍楽隊の御雇外国人エッケルト[6]が西洋的な和声を付して完成した。これが現行の「君が代」である。

しかしながら、ただちにこの「君が代」が国民に広まったわけではない。1882年（明治15年）に文部省が刊行した『小学唱歌集』には、同じ歌詞にまた別のメロディがつけられた「君が代」が掲載されており、小学校のなかにはこちらの「君が代」を歌っていたところもあった。つまり、複数の「君が代」が共存していたのである[7]。

現行の「君が代」が定着したのは、1891年（明治24年）に制定された「小学校祝日大祭日儀式規定」によって、それぞれの祝日や大祭日に「相

---

[5] 奥好義（1857〜1933）：宮内省雅楽局において雅楽演奏を行いながら、西洋音楽の教習を受け、音楽取調掛掛員、女子高等学校師範助教授を兼任した。日本で最初のピアノ教則本も出版している。「君が代」は、形式的に雅楽課の一等伶人の林広守（1831〜1896）の名義で発表されたため、現在も「林広守作曲」と記されていることが多い。

[6] Franz Eckert（1852〜1916）：ドイツ人の音楽家。1879年に来日し、海軍軍楽隊を指導。その後、音楽取調掛、宮内省式部職などでも西洋音楽を教えていた。1897年に英照皇太后の葬送曲としてエッケルトが作曲をした「哀の極」は、昭和天皇の大喪の礼（1989）でも演奏された。

[7] フェントンの「君が代」や『小学唱歌集』の「君が代」を含む、さまざまな「君が代」については、CD『君が代のすべて』（キングレコード KICG3074）で聴くことができる。

応スル唱歌ヲ合唱スル」ことが定められ、さらに1893年8月12日の『官報』(第3037号) 文部省告示第3号で「祝日大祭日歌詞並楽譜」として8曲の唱歌[8]が正式に選ばれ、そこに現行の「君が代」が含まれたことに起因している。その際、官報附録に8曲の五線譜が掲載されたことにも注目しておきたい。

憲法に関心のあるみなさんへ

　『歌わせたい男たち』(作：永井愛) という演劇をご存知だろうか。都立高校の卒業式での国歌斉唱をめぐる問題を、あえて喜劇として仕立てることにより、その悲劇性を浮き彫りにしようとした作品であり、朝日舞台芸術賞グランプリや読売演劇大賞最優秀作品賞を受賞した名作である。
　この作品には、卒業式での国歌斉唱について意見を異にする、3名の人物が登場する。不起立を貫き、他の教職員から「ガチガチの左翼」と呼ばれる、社会科教諭の「拝島」。「教育改革」に燃え、起立斉唱の徹底を主張する、若手英語科教諭の「片桐」。そして、かつては国歌斉唱の義務づけに反対していたが、現在は都教委の通達通りにそれを実施しようとする、校長の「与田」。それぞれの意見に耳を傾けてみよう。
　拝島はいう。「人間には、損得を超えたヒューマンな感情ってものがあるでしょう。思想とか信条とか良心とかいうような。それを踏みにじっちゃいけないって、ちゃんと憲法にも書いてあるじゃないですか。これをいったん外しちゃったら、国はどこまでも暴走しますよ。『思想・良心の自由』って、民主主義の生命線じゃないんですか?」[9]。「たとえ、国民主権を高らかに謳う国歌ができたとしても、それを学校で押しつけて、処分者を出すんなら、僕はやっぱり反対します」[10]。
　それに対して、片桐の意見はこうだ。「自国の国旗国歌に敬意を払えない人

---

8) 「君が代」「勅語奉答」「一月一日」「元始祭」「紀元節」「新嘗祭」「天長節」の8曲。
9) 永井愛『歌わせたい男たち』(而立書房、2008年) 60頁。
10) 永井・前掲注9) 95頁。

間は、外国の国旗国歌も大切にしないようになる。そんなの、グローバリゼーションの時代において、通用しないじゃないですか。僕は、そんな生徒は一人だって送り出したくない」。「日常的なレベルでだって、かなりな悪影響出ますよね。教師が率先してルール違反をやったんじゃ、生徒が自由ってことの意味をはき違えちゃうじゃないですか」[11]。

では、与田はどうか。彼は、かつて自分が国歌斉唱の義務づけに反対していたことを、「心から恥じている」と述べたうえで、次のように続ける。「私は今なら、こう断言する。国歌を歌いたくない人が、国歌を歌わせられたからといって、その人の内心は決して傷つけられたりしませんよと」。「たとえ国歌の嫌いな人が、『イヤだなぁ』と思いながら歌っても、『イヤだなぁ』と思う内心の自由は、歌っている最中にさえ、しっかり保障されているではありませんか」。「起立しない、歌わないということは、外に現れた行為なんですよ。『イヤだなぁ』という内心を、そうやって外に出してしまったら、それはもう内心とは言えません。内心は、外に出したら、外心です。外心の自由はどこまでも保障されるものではない」[12]。

あなたは、彼ら3名のうち、誰の意見に賛同されるだろうか[13]。本判決を読む前に、まずこの点について考えてもらいたい。また、本判決は職務命令を合憲と結論づけたが、その理由は片桐や与田の意見ほど単純ではなかった。それが彼らの意見とどのように異なり、その相違点にはいかなる意味があるのか。本判決を読んだ後で、この点についても考えてもらいたい。

本事件と同様の問題は、あちこちの学校で生じ、新聞やニュース等でも大きく取り上げられた。その問題について、最高裁が示した判断を読み解くことは、教育に関心を抱くすべての人々にとって、極めて重要なことといえるだろう。

---

11) 永井・前掲注9) 87頁。
12) 永井・前掲注9) 109-110頁。
13) 作者である永井自身の見解は、永井へのインタビューを掲載した田中伸尚『ルポ 良心と義務——「日の丸・君が代」に抗う人びと』(岩波書店、2012年) 終章で知ることができる。

◆ 音楽史からのポイント解説 ◆

　例えば、友達や同僚とカラオケに行ったときに、各自がお気に入りの1曲を披露しあうのもよいが、全員が知っている曲を選んで、「みんなで歌う」（斉唱する）ほうが、盛りあがることは間違いない。一つのメロディを「みんなで歌う」、つまり、声音の高さや長さをそろえ、あるいはハーモニーをつくって響かせる行為によって、その場に居合わせる人々のあいだに連帯感や仲間意識が容易に生まれることを、私たちは経験的に知っていて、おそらく人類は太古からこの効能をうまく利用してきたのだろう。

　ところで「国歌」は、18世紀後半から19世紀に西洋で成立した概念で、英語では「national anthem」、ドイツ語では「Nationalhymne」という。つまり、西洋においては「国歌」成立の前提として、キリスト教という宗教共同体のなかで人々が「アンセム」や「ヒム」（どちらも「賛歌」を意味する）を歌う習慣があったことを念頭におく必要がある。もちろん近世までの日本にも宗教音楽は存在し、「みんなで歌う」習慣もあった。しかし、西洋と日本（非西洋）の音楽文化には、決定的な違いがあった。それは、音楽の伝達手段としての五線譜の有無である。

　近世までの日本では、音楽は基本的に口頭伝承（口伝、口伝え）によって伝えられたので、「みんな」の範囲はそれほど広くなかった。極端に言えば口伝で広めることができる限界が「みんな」なのである。例えば仏教音楽を例にとると、日本に仏教は広く普及していたものの、さまざまな宗派が存在していたため、すべての宗派間を横断する共通の儀式音楽は存在しない。そもそも異なる宗派間で音楽を共有する必要もないし、共有できないからこそ異なる派が生まれるというわけだ。同様のことは、日本のあらゆる音楽文化について言えることである。

　ところが、近代になって国民国家が成立するにともない、「みんな」が「国民」というそれまでになく広大な範囲に拡大した。もちろん西洋諸国でも事情は同じで、一つの国のなかにカトリックとプロテスタントの違いや、言語文化の違いなどがあり、国内の構成員が以前から均質な文化を共

有していたわけでは決してなかった。しかし、異文化間で音楽を共有できる五線譜というメディアをもっていたため[14]、国民のアンセム＝国歌を持つことは比較的易しい。

テレビやインターネットなどのマス・メディアが発達した現代の私たちにとって、一つのメロディを共有することはそれほど難しいことではない。しかし、五線譜すら存在しなかった19世紀の日本において、一つのメロディを北海道から沖縄までの「みんな」で共有することが、どれほど困難なことか想像してみよう。明治26年の官報附録に五線譜の「君が代」が掲載された意味はここにある。

明治26年8月12日の官報付録に掲載された「君が代」の楽譜。

事案

起立しなかったから、不合格。それが都教委の判断だった。

事の発端は2003年10月23日。この日、都教委の教育長は、都立高校の各校長宛に、「入学式、卒業式等における国旗掲揚及び国歌斉唱の実施について」と題する通達を発した（いわゆる「10・23通達」）。この通達は、入学式や卒業式

---

14) もちろん、西洋においても五線譜という記譜法が成立するまでは口頭伝承によって音楽は伝達されていた。五線譜の発達は、従来の狭いコミュニケーション範囲を越えて、広範囲に何かを正確に伝える必要性にせまられたことによって促されたということができる。

等において、教職員が国旗に向かって起立し、国歌を斉唱すべきことなどを、記載したものであった。

　都立高校教諭のXは、定年退職を3年後に控えた2004年の3月1日、校長から職務命令を受けた。それは、4日後に行われる卒業式において、国旗に向かって起立し、国歌を斉唱せよというものであった。「10・23通達」に忠実に従った職務命令である。

　ところが、Xは起立しなかった。国歌が流れる約40秒間、椅子に座ったまま、不起立を通した。卒業生の中には、祖国が日本に侵略された歴史を学ぶ在日朝鮮人、在日中国人の生徒もいる。彼らに対し、その侵略戦争の象徴であった「日の丸」や「君が代」を押しつけることは、自分の教師としての良心が許さない。それが不起立の理由であった。

　都教委は、都立学校の教職員を定年退職後に非常勤職員等として採用する制度を実施している。Xは、定年退職に先立ち、その採用選考を受けた。しかし、結果は不合格。国歌斉唱の際の不起立が職務命令違反等に当たる非違行為であるということが、その理由とされた。

　これに対し、Xは国家賠償請求訴訟を提起した（国家賠償法1条1項）。国歌斉唱の際に起立斉唱を強制する職務命令は、Xの思想・良心の自由（憲法19条）を侵害し、違憲である。したがって、その職務命令に違反したことを理由とする不合格決定は違法である。Xはそのように主張した。

判　旨

①思想・良心の自由に対する直接的制約

(1)　問題となる思想・良心の特定

「Xは、卒業式における国歌斉唱の際の起立斉唱行為を拒否する理由について、日本の侵略戦争の歴史を学ぶ在日朝鮮人、在日中国人の生徒に対し、『日の丸』や『君が代』を卒業式に組み入れて強制することは、教師としての良心が許さないという考えを有している旨主張する。このような

考えは、『日の丸』や『君が代』が戦前の軍国主義等との関係で一定の役割を果たしたとするX自身の歴史観ないし世界観から生ずる社会生活上ないし教育上の信念等ということができる。」

(2) 行為の性質
「しかしながら、本件職務命令当時、公立高等学校における卒業式等の式典において、国旗としての『日の丸』の掲揚及び国歌としての『君が代』の斉唱が広く行われていたことは周知の事実であって、学校の儀式的行事である卒業式等の式典における国歌斉唱の際の起立斉唱行為は、<u>一般的、客観的に見て</u>15)、これらの式典における慣例上の儀礼的な所作としての性質を有するものであり、かつ、そのような所作として外部からも認識されるものというべきである。したがって、<u>上記の起立斉唱行為は、その性質の点から見て、Xの有する歴史観ないし世界観を否定することと不可分に結び付くものとはいえず、Xに対して上記の起立斉唱行為を求める本件職務命令は、上記の歴史観ないし世界観それ自体を否定するものということはできない</u>16)。」

(3) 外部からの認識
「また、<u>上記の起立斉唱行為は、その外部からの認識という点から見ても、特定の思想又はこれに反する思想の表明として外部から認識されるものと評価することは困難であり、職務上の命令に従ってこのような行為が行われる場合には、上記のように評価することは一層困難であるといえるの</u>

15) 本判決は、行為等の評価を「一般的、客観的」な見地から行っている。この点に関して、本判決の須藤正彦補足意見は、「思想及び良心の自由の保障が元来当人の主観を中心にして考えられることとの整合性が一見問題となるように思われないでないが、この判断は、飽くまで法的判断として主観を前提とした上での客観的な評価を行う作用であって、その判断方法自体は異とするに足りない」と述べている。

16) 従来の学説は、特定の思想・良心を否定することの禁止を、思想・良心の自由の一内容と解してきた。本判決は、それを一歩進めて、特定の思想・良心の否定と不可分に結びつく行為を強制することも、思想・良心の自由に対する直接的制約となる、という見解を示した。もっとも、本件起立斉唱行為については、「慣例上の儀礼的な所作」に過ぎないことを理由に、Xの歴史観ないし世界観の否定と不可分に結びつくものではないと評価された。

であって、本件職務命令は、特定の思想を持つことを強制したり、これに反する思想を持つことを禁止したりするものではなく、特定の思想の有無について告白することを強要するものということもできない[17]。」

(4) 直接的制約の否定
「そうすると、本件職務命令は、これらの観点において、個人の思想及び良心の自由を直ちに制約するものと認めることはできないというべきである。」

②思想・良心の自由に対する間接的制約
「もっとも、上記の起立斉唱行為は、教員が日常担当する教科等や日常従事する事務の内容それ自体には含まれないものであって、一般的、客観的に見ても、国旗及び国歌に対する敬意の表明の要素を含む行為であるということができる[18]。そうすると、自らの歴史観ないし世界観との関係で否定的な評価の対象となる『日の丸』や『君が代』に対して敬意を表明することには応じ難いと考える者が、これらに対する敬意の表明の要素を含む行為を求められることは、その行為が個人の歴史観ないし世界観に反する特定の思想の表明に係る行為そのものではないとはいえ、個人の歴史観ないし世界観に由来する行動（敬意の表明の拒否）と異なる外部的行為（敬意の表明の要素を含む行為）を求められることとなり、その限りにおいて、その者の思想及び良心の自由についての間接的な制約となる面があることは否定し難い[19]。」

---

[17] ここでは、本件職務命令が特定の思想の強制や沈黙の自由の侵害等にも当たらないとの判断が示されている。当該判断をするうえで本判決が「外部からの認識」という観点を持ち出したことの意味については、堀口悟郎「人格と虚像——君が代起立斉唱事件判決を読み直す」慶應法学30号（2014年）37頁以下を参照されたい。

[18] ここでは、起立斉唱行為について、「教員が日常担当する教科等や日常従事する事務の内容それ自体には含まれない」ことなどを理由に、「国旗および国歌に対する敬意の表明の要素を含む行為である」と評価されており、その評価が間接的制約を肯定する理由となっている。

なお、この求められる行為が日常担当（従事）する職務か否かという点が、間接的制約の有無を判断するうえで重要な要素だとすれば、君が代のピアノ伴奏行為を求める職務命令は、間接的制約に当たらないことになろう。なぜならば、君が代のピアノ伴奏行為は、音楽専科の教諭にとって「日常担当する教科等……の内容」に含まれるといいうるからである。

③憲法適合性の判断枠組み

「職務命令においてある行為を求められることが、個人の歴史観ないし世界観に由来する行動と異なる外部的行為を求められることとなり、その限りにおいて、当該職務命令が個人の思想及び良心の自由についての間接的な制約となる面があると判断される場合にも、職務命令の目的及び内容には種々のものが想定され、また、上記の制限を介して生ずる制約の態様等も、職務命令の対象となる行為の内容及び性質並びにこれが個人の内心に及ぼす影響その他の諸事情に応じて様々であるといえる。したがって、<u>このような間接的な制約が許容されるか否かは、職務命令の目的及び内容並びに上記の制限を介して生ずる制約の態様等を総合的に較量して、当該職務命令に上記の制約を許容し得る程度の必要性及び合理性が認められるか否かという観点から判断するのが相当である</u>[20]。」

④本件職務命令の憲法適合性の検討

(1) 卒業式等の儀式的行事の意義

「学校の卒業式や入学式等という教育上の特に重要な節目となる儀式的行事においては、生徒等への配慮を含め、教育上の行事にふさわしい秩序を確保して式典の円滑な進行を図ることが必要であるといえる。」

(2) 関係法令等の規定

「法令等においても、学校教育法は、高等学校教育の目標として国家の現状と伝統についての正し

---

19) ここでは、本件職務命令が間接的制約に当たることが明示的に認められている。本判決を含む最高裁判例における「間接的制約」論について、詳しくは、阪口正二郎「猿払事件判決と憲法上の権利の『制約』類型」論究ジュリスト1号（2012年）18頁以下参照。

20) ここでは、思想・良心の自由に対する制限が間接的制約にとどまることに加え、職務命令の目的・内容や制約の態様等が種々様々でありうることが考慮された結果、「相関的・総合的な比較衡量の判断枠組み」（岩井伸晃＝菊池章「判解」法曹時報66巻9号〔2014年〕241頁）が採用されている。

い理解と国際協調の精神の涵養を掲げ（同法42条1号、36条1号、18条2号）、同法43条及び学校教育法施行規則57条の2の規定に基づき高等学校教育の内容及び方法に関する全国的な大綱的基準として定められた高等学校学習指導要領も、学校の儀式的行事の意義を踏まえて国旗国歌条項を定めているところであり、また、国旗及び国歌に関する法律は、従来の慣習を法文化して、国旗は日章旗（『日の丸』）とし、国歌は『君が代』とする旨を定めている。」

(3) 公立高等学校教諭の立場

「そして、<u>住民全体の奉仕者として法令等及び上司の職務上の命令に従って職務を遂行すべきこととされる地方公務員の地位の性質及びその職務の公共性（憲法15条2項、地方公務員法30条、32条）に鑑み、公立高等学校の教諭であるXは、法令等及び職務上の命令に従わなければならない立場にある</u>[21]ところ、地方公務員法に基づき、高等学校学習指導要領に沿った式典の実施の指針を示した本件通達を踏まえて、その勤務する当該学校の校長から学校行事である卒業式に関して本件職務命令を受けたものである。」

(4) 本件職務命令の評価

「これらの点に照らすと、本件職務命令は、公立高等学校の教諭であるXに対して当該学校の卒業式という式典における慣例上の儀礼的な所作として国歌斉唱の際の起立斉唱行為を求めることを内容とするものであって、高等学校教育の目標や

21) ここでは、公立高等学校の教諭が法令等や職務命令に従わなければならない立場にあることが、本件職務命令の必要性・合理性を支える一要素として挙げられている。なお、教諭と異なり、生徒はこのような立場にはない。したがって、仮に生徒に対して起立斉唱が命じられたとすれば、それは思想・良心の自由を侵害するものとして違憲と判断されうるだろう。

卒業式等の儀式的行事の意義、在り方等を定めた関係法令等の諸規定の趣旨に沿い、かつ、地方公務員の地位の性質及びその職務の公共性を踏まえた上で、生徒等への配慮を含め、教育上の行事にふさわしい秩序の確保とともに当該式典の円滑な進行を図るものであるということができる。」

(5) 必要性・合理性の肯定
「以上の諸事情を踏まえると、本件職務命令については、前記のように外部的行動の制限を介してXの思想及び良心の自由についての間接的な制約となる面はあるものの、職務命令の目的及び内容並びに上記の制限を介して生ずる制約の態様等を総合的に較量すれば、上記の制約を許容し得る程度の必要性及び合理性が認められるものというべきである。」

⑤結　論
「以上の諸点に鑑みると、本件職務命令は、Xの思想及び良心の自由を侵すものとして憲法19条に違反するとはいえないと解するのが相当である。」

憲法上の意義

　従来の憲法学説は、思想・良心の自由について、国家が個人の内心に直接働きかける場面を前提とした議論をしており、思想・良心に反する行為の強制という問題については、必ずしも十分な考察をしてこなかった。行為の強制が思想・良心の自由に対する「制限」に当たりうるのか、仮に「制限」に当たるとして、その憲法適合性はいかなる判断枠組みで審査されるのか。これらの点

は、本判決に至るまで、未だ通説と呼べる見解がない「未解決」の論点となっていた。

本判決に先立つ君が代ピアノ伴奏事件（最判平成19年2月27日民集61巻1号291頁）では、この論点について最高裁が初めて解釈を明示することが期待された。しかし、実際に下された判決は、ピアノ伴奏行為を命ずる職務命令について、思想・良心の自由に対する「制限」に当たることを否定したのか、それを肯定したうえで「正当化」したのか、判決文から明らかではなく、解釈を「明示」したとはいい難いものであった[22]。

このような状況の下で登場した本判決は、起立斉唱行為を命ずる本件職務命令が思想・良心の自由に対する間接的制約に当たるという判断を明示した。行為の強制も思想・良心の自由に対する「制限」に当たりうるという解釈を明らかにしたのである。ここに、本判決の最大の意義がある。

それだけでなく、本判決は、この間接的制約の憲法適合性について、「職務命令の目的及び内容並びに上記の制限を介して生ずる制約の態様等を総合的に較量して、当該職務命令に上記の制約を許容し得る程度の必要性及び合理性が認められるか否かという観点から判断する」ということも、明らかにした。本件のような間接的制約の場合、思想・良心の自由の「絶対的保障」は認められず[23]、上記の「相関的・総合的な比較衡量」によって憲法適合性を審査されるということが、明示されたのである[24]。この点でも、本判決には大きな意義がある。

もっとも、本判決は、結論として本件職務命令を合憲と判断した。この点については、有力な学説から、間接的とはいえ思想・良心の自由に対する「制

---

22) 岩井＝菊池・前掲注20）237-238頁。注18）も併せて参照されたい。
23) 通説は、思想・良心の自由について、「内心の領域にとどまる限りは絶対的に自由であり」、それに対する制限は直ちに違憲となる、と解してきた（芦部・前掲注1）150頁）。もっとも、本判決がかかる通説に与しているか否かは、明らかではない。
24) 蟻川恒正は、この判断枠組みを採るには、「単に思想および良心の自由に対する『間接的制約となる面がある』事案類型であるというだけでは足り」ず、「行為要求が『社会一般の規範等』により基礎づけられる事案類型であること」まで必要とされており、そこに「本判決の隠れたリベラリズム」がある、と指摘する（蟻川恒正「判批」長谷部恭男ほか編『憲法判例百選Ⅰ』〔有斐閣、2013年〕86頁）。

限」に当たることを軽視し過ぎていると批判されている[25]。

　なお、Xは、本件職務命令違反を理由として、都教委から戒告処分を受けている。しかし、その戒告処分の適法性については、本事件の請求と関係がないため、争点とならず、したがって本判決も判断を示さなかった。これに対し、例えば最判平成24年1月16日集民239号1頁では、懲戒処分の適法性が正面から争われ、その一部が違法と判断されている。このような判決を受けて、最近の訴訟では、職務命令の違憲性より、職務命令違反を理由とした懲戒処分の違法性の方に、審理の重点が移っているようである[26]。

この判例から見えるもの──音楽史の立場から

　この判例だけでなく、昨今の「君が代」問題の多くが教育現場で起きていることは、音楽史の観点からとても興味ぶかく、注目に値する。なぜなら、明治26年の官報に掲載された五線譜の読み方を手ほどきし、実際に声に出して歌えるように導いたのが、他ならぬ学校だったからである。

　国歌には「他国に対して自国の独立性を示すこと」と「一つの国の内部的結束を強化すること」という二つの機能があることを音楽学者の徳丸吉彦は指摘している[27]。いずれにせよ、自分がその国のメンバーの一員であるという帰属意識、国民意識、つまりアイデンティティに直結する音楽ということができる。

　「君が代」など斉唱しなくとも、自分がどの国に所属しているのかなど自明のことではないか、と思うかもしれない。しかし、少なくとも江戸時代までの多くの人々の帰属意識は、現在の日本のエリアよりもはるかに狭い自分の生活

---

25) 例えば、駒村圭吾「国家・教師・生徒──国旗国歌起立斉唱事件『意見書』補遺」法学研究87巻2号（2014年）47頁以下。また、佐々木弘通は、本判決における間接的制約の憲法適合性審査が「公権力側に一応の規制理由があれば足りるという程度の緩い審査に過ぎない」以上、直接的制約が否定された時点で「もう本条〔憲法19条〕論の勝負はついている」と指摘したうえで、本判決の「直接的制約論の中味の乏しさ」を批判している（佐々木弘通「第19条」芹沢斉ほか編『新基本法コンメンタール　憲法』〔日本評論社、2011年〕159頁）。

26) 「日の丸・君が代訴訟」の展開について、詳しくは、渡辺康行「『日の丸・君が代訴訟』を振り返る──最高裁諸判決の意義と課題」論究ジュリスト1号（2012年）108頁以下参照。

27) 徳丸吉彦「国歌」『世界大百科事典』（平凡社、1988年）。

圏、例えば地方とか藩の単位にすぎなかっただろう。それは、交通機関が発達し、情報が大量に飛び交う現在ですら、日本列島の各地に異なった言語文化や食文化、生活習慣などが根強く残っていることを思い起こせば、かつてどれほど異なった文化が各地に存在していたのか容易に理解できよう。さらに付け加えると、江戸時代には封建制度による階層の違いも大きかった。

　自分たちは同じ日本人であるから、仲良く「みんなで歌う」のではない。異なる文化を背景にした寄り合い所帯でしかないからこそ、「みんなで歌う」ことで帰属意識を創出する。これが近代国家になろうとした日本に要請されたことなのである。それゆえ、明治期の政府・教育関係者にとって、学校における音楽教育とは、ベートーヴェンやショパンのような芸術音楽を教えるのではなく、まずは帰属意識、国民意識の創出を目的とした装置として認識されていた[28]。

　ただし、「みんなで歌う」としても、どんな音楽を歌うのかが問題となる。同じ国民とはいえ異なる文化的背景を持つ人々の寄せ集めである以上、音楽文化も地域や階層によってバラバラだったので[29]、「日本」という国家全体をカバーする、誰もが歌える音楽はほとんど存在しなかった。雅楽は日本の代表的な伝統音楽とされているが、だからといって江戸時代の日本人が、みんな雅楽に親しんでいたかのように考えるのは大きな誤解である。三味線音楽は庶民の間で支持されていたが、あまりにも卑俗すぎるという理由で能楽を嗜むような高い階層からは軽蔑されていた。日本に住むものならだれでも知っている「日本民謡」なる音楽も存在しない。たとえ近世に「君が代」の歌詞が庶民にまで広く浸透し、親しまれていたとしても、それにつけられた節（メロディ）は、多種多様なローカルな音楽——謡曲、地歌、箏曲、浄瑠璃、長唄など——であ

28）　それは、かれらが音楽の本質を誤解していたからではなく、当時の欧米の教育学における音楽の役割や、開国後の日本が国際社会のなかに置かれた位置を正しく把握していたからである。しかも当時の日本には、多種多様な日本の音楽が巷にあふれていたので、あえて異国の芸術音楽を公教育で教える必要は感じなかっただろう。奥中康人『国家と音楽　伊澤修二がめざした日本近代』（春秋社、2008年）を参照。

29）　ここでは論じることはできないが、「日本文化」「日本の伝統」というような包括的な概念も明治期以降のナショナリズムの形成と密接に結びついている。

った。仮に、それらのなかから任意の「君が代」を選択して国民に歌わせたとしても、それではかつての地域や階層の差異がかえって露呈してしまい、帰属意識など生まれない。

　それに対して西洋音楽は、単に文明国の音楽であるということよりも、当時のすべての日本人にとってしがらみのない音楽であり、しかも五線譜を用いる点で情報伝達に優れた（北海道から沖縄まで、原則的に情報が変容しない）音楽であるところに大きなメリットがあった。中央の教育機関で養成された音楽教師が全国各地の学校に派遣され、子供たちに五線譜の読み方とオルガンの音を基準に正しい発声を教えれば、「みんなで歌う」準備は完了する[30]。

　祝日大祭日の儀式で子供たちがオルガンの伴奏にあわせて唱歌を「みんなで歌う」光景が、キリスト教の教会でオルガン伴奏にあわせて讃美歌を歌う礼拝と似ているのは偶然ではない。キリスト教の「みんなで歌う」習慣が、芸術・娯楽としての歌唱行為というよりは、個人の信仰心と密接に関係しているように、国歌（や唱歌）の斉唱には、個人の帰属意識や国民意識、「内心」に働きかけることが期待されていた。明治末〜大正期になって、「唱歌」は芸術教育としても認識されるようになったことから話は複雑になるのだが、こうした歴史的経緯は、「思想・良心」の問題を考えるうえでも重要なところであろう。

　もちろん近代国家形成の途上にあった明治期と現代とを同列に論じることはできない。ただ、少なくとも明治期においては、社会のあらゆる側面で江戸時代の残像がまだ色濃かっただろうし、一夜のうちに人々の意識が変化するということもない。日清日露戦争のような重大な国際問題から日常生活で現実に起こりうる諸問題までを考えあわせると、国内における地域・階層の差異を解消

---

30) 現在の私たちには当たり前に思える「起立」による敬意の表明も、明治期以来、学校における始業時・終業時、あるいは入学・卒業式の「起立・礼・着席」の徹底によって歴史的に獲得された所作であって、全人類に共通する普遍的な所作ではなく、西洋の儀式に由来する。少なくとも近世の日本人にはなじみの薄い所作だったからこそ、学校教育で徹底しなければならず、その結果、「起立」を——逆説的ではあるが、教諭Ｘも苦痛に感じるほど——敬意の表明として認識するようになった。余談になるが、コンサート等におけるスタンディング・オベーションも「起立」に類する儀礼的所作であるが、すでに「敬意の表明」として違和感なく内面化・身体化しているのであろうか。あるいは欧米風に頬を寄せ合ってハグする所作行為も、将来的になじんでゆくのだろうか。

する国民統合がなかば強引に進められたのは、当然のことだったのかもしれない[31]。その代償として、豊かで多様な近世文化が失われたのは、欧米列強の「外圧」による「被害」だが[32]、──本件の都立高校教諭Ｘが卒業生の「在日朝鮮人、在日中国人」に言及するように──日本が台湾や中国、朝鮮半島、あるいは琉球やアイヌの人々などに対しておこなった「加害」であることにも目を向けなければならない。

　同時に考えておきたいのは、「みんなで歌う」ことの限界である。国内の不均質な文化を解消するための「みんなで歌う」行為は、たしかに声をだしている瞬間には「均質な私たち」を想起させるのだが、それでも実際の私たちの社会や生活文化は、すべてが完全に均質化されることはなく、依然として多くの部分は不均質なままである。つまり、現実の国家が多様な価値観をもっている人々によって不均質に構成されているのであれば、想像される「均質な私たち」幻想の陰には、かならずマイノリティが存在していることへの想像力も、私たちには常に必要とされる。現代において多元的価値観の尊重が求められるのであれば尚更である。

　近年の音楽学は、「音楽に国境はない」とか「音楽は世界の共通語だ」というような聞こえの良いフレーズには、懐疑的である。例えば、共同体維持のための「斉唱」によってマイノリティが不可避的に発生するという構造的問題を解消するために、普遍的な人類賛歌であるベートーヴェンの交響曲第９番「歓喜の歌」を国歌に採用してはどうか、というような提案があったとしよう。一見すると説得力がありそうだ。しかしながら、ベートーヴェンの音楽はやはり西洋文化の価値体系の枠内でつくられているのであって、その音楽文化の価値観を共有していない人々にとっては決して普遍的ではない。それは「ふるさと」であれ「We are the World」であっても同じことで、何らかの歴史や文化を背負っていない音楽など存在しない。ある特定の音楽だけを「普遍的」と

---

31) これと類似した事例に、標準語（共通語）推奨と方言撲滅運動のような言語の文化統合がある。

32) もちろん、伝統を捨て去らなければならなかった必然性──例えば、「各地の方言を大切にしよう」という主張はもっともだが、方言によってコミュニケーションが成立しないときに言語マイノリティが蒙る不利益──にも同時に目を向けるべきだろう。

信じて疑わない態度は、マイノリティに対する想像力と敬意の欠如と言わざるを得ない。

そもそも、国歌という音楽は「他国に対して自国の独立性を示すこと」と「一つの国の内部的結束を強化すること」という矛盾するベクトルを内包している。本当に普遍的な音楽ならば他国も包みこんでしまうのであるから、他国に対して「独立性」を示すことはできない。他国には無いような特殊な音楽は多様で不均質な国内の「内部的結束」を壊してしまう。

国歌斉唱によって得られるのは幻想にすぎない。しかし、それを幻想と知りながら多元的価値観をどのように受けとめるのかは、国民の成熟度にかかわる問題なのかもしれない。そもそも19～20世紀的な国際社会に必要とされた国歌斉唱という慣習が、21世紀の現在においてどうあるべきなのか、そろそろ踏み込んで再考してもよい時期だろう。

読者のみなさんへ

音楽学からの指摘によれば、国歌は、本来バラバラな個人に均質な「国民」としての意識を抱かせ、近代国家を成り立たせるための装置である。だから、国歌論は、必然的に国家論と結びつく。そうだとすれば、国歌斉唱の強制という問題は、人権論以前に、国家論として議論されるべきなのかもしれない。

この国歌と国家の結びつきを考えるうえで、格好の素材を提供するのが、丸谷才一の小説『裏声で歌へ君が代』である。丸谷は、台湾独立運動をテーマとした同作品のなかで、近代国家のあるべき姿を論じた。

その序盤には、「台湾民主共和国準備政府」の大統領就任式が東京都内で開催され、同国の国歌が斉唱されるシーンがある。「三十人ばかりの出席者」のうち、斉唱したのは「十人かせいぜい十五人」に過ぎず、しかもその斉唱は「不そろひ」であったが、「大統領は眼を大きくあけ」、「副大統領は眼をつぶり」、「司会者はしきりに首を振つて」、国歌を歌いあげた[33]。国家が成立してから国歌を歌うのではなく、国家を成立させるために国歌を歌うという彼らの

---

33) 丸谷才一『裏声で歌へ君が代』（新潮社、1982年）42頁。

姿からは、国歌斉唱によって国民統合を図ろうとする、必死なまでの思いが伝わってくる。

この「台湾民主共和国」は、これから近代国家になろうとする、未成立の「国」である。そのような近代国家の形成途上段階においては、政府が国歌斉唱を通じて人々の内心に働きかけ、国民意識を抱かせようとすることも、ある程度はやむをえないのかもしれない。

それに対して、既に近代国家として成立した後においては、国家と国歌はどうあるべきか。この点、小説の主人公・梨田雄吉は、次のように述べる。「あまり統制の取れた国家は住みにくいし、それに機能といふ点でもかへつて弱いんぢやないかと思ひますよ。政府とか体制とかへの反対論者を容認する寛大な国家、それがいちばん具合がよささうだと思つてゐます」[34]。つまり、近代国家は、国民に対して、国家への帰属意識を押しつけるのではなく、むしろ国家を批判する自由を認めるべきだというのである。小説のタイトルに示された、「君が代」を地声ではなく「裏声で歌へ」という国歌観と結びつく、この梨田（丸谷）の国家観は、まさに「最も正統的な、オーソドックスな近代立憲国家観」[35]であるといえるだろう。

では、この国家観を前提にした場合、本事件はどのように評価されるだろうか。国歌斉唱を公立学校の式典に組み込み、教職員に起立斉唱を命ずる職務命令を発し、その命令に違反した者に対しては、懲戒処分をし、さらには定年退職後の再雇用等を不合格とする。そこまでして国歌斉唱を強制するわが国のあり方は、近代立憲国家にふさわしい姿であるといえるのか。

音楽学からの指摘を踏まえて、改めて本事件をみると、そこではわが国の国家としてのあり方が問われていたように思えてならない。

---

34) 丸谷・前掲注 33) 425-426 頁。
35) 岡田与好ほか『政府・国家・民族——丸谷才一『裏声で歌へ君が代』を素材として』（木鐸社、1983 年）16 頁［樋口陽一発言］。

より深く学びたい方へ──参考文献

江藤祥平「判批」法学協会雑誌130巻6号（2013年）195頁以下。
西原博史『良心の自由と子どもたち』（岩波書店、2006年）。
渡辺裕『歌う国民　唱歌、校歌、うたごえ』（中央公論新社、2010年）。

堀口悟郎（九州産業大学講師、憲法学）
奥中康人（静岡文化芸術大学教授、音楽史）

第6章

「神社は宗教ではない？」が示唆すること

津地鎮祭事件
最大判昭和52年7月13日民集31巻4号533頁

> **この憲法条文に注目！**
> 第20条1項 信教の自由は、何人に対してもこれを保障する。いかなる宗教団体も、国から特権を受け、又は政治上の権力を行使してはならない。
> 2項 何人も、宗教上の行為、祝典、儀式又は行事に参加することを強制されない。
> 3項 国及びその機関は、宗教教育その他いかなる宗教的活動もしてはならない。
> 第89条 公金その他の公の財産は、宗教上の組織若しくは団体の使用、便益若しくは維持のため、又は公の支配に属しない慈善、教育若しくは博愛の事業に対し、これを支出し、又はその利用に供してはならない。

あらすじ

　私たちの憲法は、その20条1項後段、同20条3項および同89条（＝いわゆる政教分離規定）により、政治と宗教が結びつくことを禁止している。国家ないし地方公共団体は、特定宗教を国教化したり、特定の宗教団体にだけお金を出したり、便宜を図ったりしてはいけないことになっている。戦前における神

社神道の事実上の国教化や、神社への財政援助が典型例である。

本件は、津市体育館の起工式（工事の安全等を祈る儀式）[1]が、津市の主催により神式で行われ、津市長がその挙式費用金 7663 円（神職報償費 4000 円、青果等供物への代金 3663 円）を公金から支払ったという事案である。津市の行為が、政治と宗教との結びつきを禁じた政教分離規定に反するかが問われた。

事件の舞台となった津市体育館（提供：津市）。

最高裁は、本件起工式及びそれに対する支出が政教分離規定に反するものではないとして合憲とした。

この判例から考えてほしいこと
● 政教分離規定は、いったい何を禁止しているのか。
● 地鎮祭は、「一般人」から見て習俗化されているか。

判例を読む前に

憲法学習者のみなさんへ

本件は、言わずと知れた「政教分離原則」のリーディングケースである。し

※本稿における、傍点、下線、二重下線及び〔　〕内の記述は、すべて筆者による。
1) 起工式と地鎮祭の違いは曖昧である。工事関係者が行うものか神職が執り行うものか、または式の規模などによる区別がありうるが、呼び名の違いに過ぎないことも多い。地鎮祭も「地祭り」など、地域により呼び名は異なる。

第 6 章｜津地鎮祭事件

かし、立ち止まって考えてほしい。この「政教分離原則」という用語には、思考を誘導する要素が含まれている。まずは「分離」。政治と宗教とのかかわりあい方は、海外立憲諸国の法制度をみても分かる通り様々であり[2]、日本国の憲法下においても幾つかのあり方が考えうるにもかかわらず、「分離」という言葉には、政治と宗教が交わってはならないということが強く含意されている[3]。次に「原則」。これは、両者が交わってはならないことが「原則」であり、両者の接触は「例外」的にのみ許されることを暗に示している。津地鎮祭事件最高裁判決は、「原則許容／例外禁止」というそれとは逆の立場に立っているにもかかわらず、である[4]。

　学習者の方には、各政教分離規定のテクストをもう一度よく読み、本判決（反対意見を含む）において各裁判官が「政教分離規定・原則」という時に、そこにどのような内容を読み込んでいるのかをもう一度点検してほしい。そしてこの事件が、国家と宗教との間の数多くの関係性の中で、どのあたりに位置づけられるのか、そしてそれが憲法的観点からどのように評価されるべきか考えてほしい。

憲法に関心のあるみなさんへ

　一般読者の方がこの事件をどのようにみるかということは、本判決を紐解くうえでカギとなるポイントである。

　日本で育った方の中には、神社を中心とした祭り等の地域行事や、お盆などの仏教行事の中にすら神道的な要素（先祖崇拝）を敏感に感じ取り、そこに一定の原風景を持ったり、違和感のないものとして受け入れている方も少なくないのではないだろうか。どの地域に住んでいたか、昔からそこに住んでいたか

---

[2] 大石眞『憲法と宗教制度』（有斐閣、1996年）2頁以下、236頁。
[3] 非宗教性と宗教的中立性のうち、前者が選択されていることが示唆される。なお、条文上「分離（separation）」という言葉は、日本国憲法にも、「厳格な分離」を採用しているとされるアメリカ連邦憲法にも存在しない。山本龍彦「政教分離と信教の自由」南野森編『憲法学の世界』（日本評論社、2013年）205頁以下参照。
[4] 小山剛「信教の自由と政教分離(2)」法学セミナー708号（2015年）51頁。

などによって違いはあるものの、おそらく最高裁が想定している「一般人」とは、このような人々のことを指している。

本件における具体的な争点は、《憲法は、幾つかの観点から、国家と宗教との結びつきを禁止していると

地鎮祭の様子（写真はイメージです。提供：國學院大學）。

ころ、一般人の目から見て、本件市の行為が特定の宗教を支援しているように見えるか》である。ここでは、もはや市の行為が、憲法上禁止されている行為に該当するかどうかが問題ではなくなっている。結論はむしろ、市の行為が「一般人」からどう「見える」かにかかっている。問題は、この「一般人」が、諸外国からみて特殊な宗教環境にある「日本人」を想定している点である。仮に、上述のような「一般人」が想定されているとすれば、一見神社等を支援しているように見える国の行為に対する審査の実態は、必然、緩やかとなる。

ここで生じるのが不思議なパラドックスである。政教分離規定は、明治時代に（教派神道と区別される儀式中心の）神社神道が事実上国教化され、特権的な地位を得たことの反省として日本国憲法に挿入されたと説明される。それにもかかわらず、最高裁（の多数意見）は、日本人の宗教観は特殊であるとか、神社神道が儀式中心だからなどという理由から、「一般人」の目から見て、市の行為が「宗教」を支援しているようには「見えない」、したがって当該行為は政教分離規定には違反しないという。極端に言えば、「日本」において、ある部分では、神社神道は宗教ではないと言っているようなものだ。これは、現代版「神社は宗教にあらず」といっても過言ではない[5]。しかし、単純にそのよ

---

5) 現行憲法下では、政教分離規定により、その核心部分（特権的地位の付与や財政的癒着）は削り取られている。問題は、その周辺が「宗教でないなら、一体何なのか？」である。この答えは、戦前戦後でおのずと異なる。手掛かりとして、中川剛『町内会』（中公新書、1980年）75頁以下、同『日本人の法感覚』（講談社新書、1989年）173頁以下。

うに読んでしまってよいのか。そこには何か別の論理も隠れているのではないか。

一般読者の方には、現行日本国憲法下において、政治と宗教との関係がどのようにあるべきか、神社・神道の歴史や実情を手掛かりに、今一度考えてみてほしい。

◆ **神道学からのポイント解説** ◆

なぜ、神社は国家との結びつきが禁止されるのであろうか。この点を考える上で、少し突飛なことを述べるのではと思われるかも知れないが、本件において一つの要点となる「一般人」の感覚・目線と、「公共性」という点を考える上でまずは、読者に一つの問いかけをしてみたい。

読者のみなさんは、10年ほど前に郵政事業庁が日本郵政公社となり、その後、郵政三事業の民営化に伴って最終的に日本郵便株式会社となった際に、どのように感じただろうか。民間事業となった郵便局に何か格別な違和感を持っただろうか。

同様のことは、30年ほど前に日本国有鉄道がJR各社となったことにも共通するが、公共性、公益性の極めて高い業種、業態をもつ公共企業体が民間の私法人、営利法人へと移行した際に、当該の組織の持っている公共性、公益性自体が大きく転換する、あるいは損なわれるものであろうか。この点は、ある種、器と中身の問題かも知れないが、実は今から70年前に法人格自体が大きく転換した神社についても同様にあてはまるものがあり、ここに最高裁の判例で想定されるところの「一般人」の感覚・目線がある。かつ、本件は日本人にとっての「公」とは何なのか、「公共性」、「公益性」とは何かという問題を問うことにもつながるものである。

話を本題に戻したい。まず戦前・戦後における神社の法的性質についてであるが、神社においては、明治維新後からの戦前期までは、法制上、その法的性質としては、「国の営造物法人」、もしくは「国家の営造物にして公法人」として取り扱われ、定義づけられてきたという事実がある。この「国の営造物法人」というのは、戦前期においては、①地方自治体、②社

団法人たる公法人（公共組合）、③財団法人たる公法人（営造物法人）という三種類に分類できる公法人のうちの一種として考えられており、昭和初期に内務省神社局長を務めた内務官僚の児玉九一によれば、神社は「我国の行政系統上、特異の存在を示すもの」であり、かつ③の営造物法人として行政上取扱われていたのは神社のみで、国の営造物法人の「唯一の実例[6]」であると考えられており、その点で「一種特別の公法人」と考えられていた[7]。こうした考え方は、明治後期から昭和初期に発刊された神社関係法令の注釈書などにおいても多く確認することができる[8]。また、政府によって戦前期に「非宗教」という取扱いがなされていったのは「神道[9]」ではなく、「国家ノ宗祀[10]」とされた「神社」であった[11]。とくに明治中期以降は政府が「非宗教」とする「神社」と、政府から公認された宗教としての「教派神道」という取扱いへと変化してゆくこととなったため、その所管も明治33（1900）年に内務省にあった社寺局が神社局と宗教局へと分立されることとなり、さらには大正2（1913）年以降は、宗教局自体が文部省へと移管され、所管する省庁そのものも神社＝内務省、他

---

6) 児玉九一『神社行政』（常磐書房、1934年）7-8頁。唯一であるため、類似のものはないが、現在でいうところの独立行政法人や国立大学法人のような法人が法的性質という観点からは戦前期の神社に近いものとして考えられる。
7) 岡田包義『神社制度大要』（大日本法令出版、1936年）29頁。
8) 国の営造物法人という解釈については狭義と広義があり、戦前期の神社の社格においては、官国幣社までを国の営造物法人と見做すという狭義の考え方と、神社は「国家の宗祀」であるから、官国幣社のみならず府県社以下、無格社までのすべての神社を見做すという広義の考え方があり、広義においては、府県社以下無格社の営造物とは国ではなく、地方公共団体の営造物であるという考え方に立っていた（武若時一郎『神社法』〔良書普及会、1943年〕）。
9) 「神道」ということであれば、広義の意味での神道と解釈することができるため、戦前から宗教とされていた「教派神道」や「民俗神道」をも含むことができる。
10) 明治4年5月14日に出された太政官布告二三四（布告の番号は『法令全書』にある番号）にある「神社ハ国家ノ宗祀ニシテ一人一家ノ私有ニスベキニ非ザルハ勿論ノ事（以下略）…」に登場する語。
11) 教部省の廃止以後、明治15年の神官教導職の分離に至るまでの制度的な変遷がまさに宗教上の信仰にもとづいて成立し、宗教としての布教活動を行う神道各教派と、祭祀のみを行う神社とを明確に区分していくという点で端的である。現在も教派神道各派は個々に宗教法人となっているが、全国約79,000社の神社を包括する神社本庁とは全く異なる組織体である。

の宗教＝文部省というように峻別され、明確に制度、所轄庁の上でも神社と宗教とを区分していたという経緯がある。

一方、第二次世界大戦の日本の敗戦によって、GHQ／SCAP[12]は、様々な占領政策を実施したが、その一環として昭和20（1945）年12月15日にいわゆる神道指令[13]が発せられたことによって、全国の神社はポツダム勅令として出された宗教法人令による宗教法人というあり方を有無なく選択することとなる。昭和26（1951）年には、占領下のもとで法案作成せられた宗教法人法に基づく宗教法人となって現在に至っている。

無論、「国の営造物法人」という戦前期の公法人としての性格と、戦後の「宗教法人」という民間の一私法人では、大きく法人自体の性格は異なる。かつ、戦前では神社は政府（国）としては「非宗教」という見解、考え方が採られており[14]、戦後は祭祀や本殿など、儀式および社殿建造物や氏子組織などの形態上の変化はないままに、宗教法人という法人格を得た以上、仏教やキリスト教、新宗教などと同様の民間の私法人であり、「宗教」という見方が採られることとなっている。こうした点を宗教的、社会的な文化資源、社会関係資本としての神社、あるいは公共財（地域共同体における文化的な意味での）としての神社、という観点から捉え直すと[15]、個々の地域において、いまだ公共的性格を有する神社のあり方[16]を無視して、制度等の形式上の問題のみを盾に問題視すれば、前述した一般人の目

---

12) 連合国軍最高司令官総司令部の略称。

13) 神道指令とは通称であり、正式名称は「国家神道、神社神道ニ対スル政府ノ保証、支援、保全、監督並ニ弘布ノ廃止ニ関スル件」（SCAPIN-448）というもので、昭和20（1945）年12月15日にGHQ／SCAPが日本政府に対して発した覚書である。この覚書において示された国家神道および神社神道に対する定義づけが、その後の政教関係にかかる判例、裁判官の認識にも様々な影響を及ぼしてきたとも考えられる。

14) いわゆる「神社非宗教論」である。明治初期に説かれていた「神道非宗教説」とは、神社のみを対象としたという点で大きく異なる。

15) 宗教的な文化資源、社会関係資本としての神社についての考え方については、藤本頼生・大谷栄一編著『地域社会をつくる宗教』（明石書店、2012年）5-12、44-68頁、藤本頼生「神社神道と社会貢献の関わりを考える」『社会貢献する宗教』（世界思想社、2009年）83-105頁、などを参照。

線でいうところの社会的な生活の面で「公」的なもののあり方が変容し、各地域における神社の祭礼等を通じて築かれる人々の共同性や精神的な紐帯など[17]、地域社会の人々の精神的、社会的統合そのものが崩壊しかねない。また、「宗教」として取り扱われるようになって以降も、現在に至るまで、戦前と変わることなく、神社神道においては積極的な布教活動を行っておらず、そもそも神社には制定された教義も教典もない[18]。こうした戦前・戦後での「公」的性格の連続、非連続、あるいは形式上での変化、不変の部分が本文で述べられているような不思議なパラドックスを招く要因の一つであるといえよう。

　こうした行政系統上も変化を遂げた戦前、戦後の神社の法人上の性質とは別に、戦前期の神道・神社に対する歴史的経緯、事実については、津地鎮祭事件最高裁判決では、国家が「国家神道に対して事実上国教的地位を付与した」という、「国家神道」理解のもとで、憲法的な判断がなされている。この「国家神道」理解は、最高裁の「国家と宗教」のあり方、見方

---

16) 広井良典『コミュニティを問い直す──つながり・都市・日本社会の未来』（ちくま新書、2009年）66-93頁。広井は、「地域コミュニティの中心」＝「地域における拠点的な意味を持ち、人々が気軽に集まりそこでさまざまなコミュニケーションや交流が生まれるような場所」と定義するが、自身が行った「地域コミュニティ政策に関するアンケート調査」の結果によれば、コミュニティの中心として特に重要な場所は何かという質問に対し、1位は学校であったが、5位には神社という結果が出ており、自治会館やコミュニティセンターといったある種公設ともいうべき施設よりも神社は高い順位となっている。この結果は40年ほど前から地方自治行政の目玉として、各地に設置されたコミュニティセンターが結果的に地域コミュニティの拠点足り得ていないことを示すものともいえよう。

17) 藤本頼生「ケアと伝統文化──祭と講・地域文化」広井良典編『講座ケア　ケアとは何だろうか』（ミネルヴァ書房、2013年）190-201頁。神社の祭礼やそれに因む神楽など、ヘルスケア・システムとしての神事芸能の持つ心身面での効果や意義は、近年とくに社会福祉の分野からも見直されつつある。

18) 神社神道においては、積極的な布教活動を行うかどうかという点以前に広めるべき教義や教典をもっていない。この点については平成7（1995）年12月4日に参議院宗教法人特別委員会の参考人質疑が行われた際の、岡本健治神社本庁総長（当時）の発言が神社界を代表する発言として参考となる（第134国会「参議院宗教法人等に関する特別委員会会議録」第八号、1-3頁）。布教的な活動を行うか否かという面は、神社が教派神道各派と大きく異なる点である。

の根幹ともなっているものであるが、しかしながら、実はこの「国家神道」理解については、近年著しく学術研究の進展がみられており、「国家神道」の実体的把握の学術成果[19]を無視して、以後の判決が本判決で示された「国家神道」理解をほぼ墨守、踏襲しているということについては、これまでほとんど批判されてこなかった[20]ところでもある。近年の学術的な成果では、内務官僚が創出し制度的に成立した「国家神道」が国民に対して無力であり、なんらのイデオロギー効果を発揮できなかったという事実[21]が明らかになってきている。このような成果は、神道のみならず、天皇および天皇制、戦前の国家主義や国粋主義に関係するイデオロギーやその装置はすべて国教的な扱いを受けた国家神道に包含され、国民を抑圧し、戦争へ導いた要因であるというような従来の「国家神道」観とはまさに相反するものである。

事　案

　この事件は、津市職員が津市体育館の着工に際し、神式の起工式（ないし地鎮祭）を企画したことに始まる。津市長は、これを予算に計上し議会に提案、予算案は津市議会で可決された。起工式は、市職員が司会進行を務め、一般的な神式の方法で、神職によって執り行われた。これに出席した津市議会議員（原告）は、本起工式に対する市の支出は違法であるとし、また、違法な支出に基づく市の損害を補てんすることを市長ら（被告）に求め、地方自治法第242条の2に基づく住民訴訟を提起した。

　原告は、起工式を市が主催したことは憲法20条3項に、起工式への支出は同89条に違反すると主張した。

---

19) 当該の研究成果の一つとして、歴史学の立場から「国家神道」の実態的研究を試み、従来の村上重良の『国家神道』（岩波新書、1970年）に代表される「国家神道」観の転換を促す契機となったものに阪本是丸『国家神道形成過程の研究』（岩波書店、1996年）が挙げられる。

20) 唯一批判的な論としては、阪本是丸「最高裁判決に対する感想」政教関係を正す会編『最高裁への批判』（1997年）143-154頁、がある。

21) 例えば、阪本・前掲注19) 357頁参照。

判　旨

〈多数意見〉
①政教分離規定

「憲法は、……いわゆる狭義の信教の自由を保障する規定を設ける一方、『いかなる宗教団体も、国から特権を受け、又は政治上の権力を行使してはならない。』（同〔20〕条1項後段）、『国及びその機関は、宗教教育その他いかなる宗教的活動もしてはならない。』（同条3項）とし、更に『公金その他の公の財産は、宗教上の組織若しくは団体の使用、便益若しくは維持のため、……これを支出し、又はその利用に供してはならない。』（89条）として、いわゆる政教分離の原則に基づく諸規定[22]（以下「政教分離規定」という。）を設けている。

一般に、政教分離原則とは、……国家の非宗教性ないし宗教的中立性[23]を意味するものとされている。もとより、国家と宗教との関係には、それぞれの国の歴史的・社会的条件によつて異なるものがある」。

②わが国の事情

「憲法は、明治維新以降国家と神道とが密接に結びつき前記のような種々の弊害を生じたことにかんがみ、新たに信教の自由を無条件に保障することとし、更にその保障を一層確実なものとするため、政教分離規定を設けるに至つたのである。……これらの諸点にかんがみると、<u>憲法は、政教分離規定を設けるにあたり、国家と宗教との完全</u>

[22] 日本国憲法における政教分離原則は、個々の政教分離規定の規範内容の総和にすぎないのか、それとも政教分離原則それ自体が独自の規範内容を有するのかが問題となる。同原則の総和的（summative）または統合的（integral）理解については、後掲注47）を参照。

[23] 国家の非宗教性と宗教的中立性は異なることに注意。非宗教性というと、国家が宗教とかかわってはならず、距離をおかなければならないことになるが、宗教的中立性という場合には、すべての宗教に対して同じ距離をおかなければならないだけで、かかわってはならないことは含意しない。国家が非宗教性を保持する場合には、等しくかかわらないという意味で、中立性も同時に確保されるが、中立性を保持していても、宗教にかかわりうる点で非宗教性を満たさないこともある。これについても後掲注47）を参照。

な分離を理想とし、国家の非宗教性ないし宗教的中立性を確保しようとしたもの、と解すべきである」。

③政教分離の限界と現実の国家制度

しかし、「宗教は、信仰という個人の内心的な事象としての側面を有するにとどまらず、同時に極めて多方面にわたる外部的な社会事象としての側面を伴うのが常であつて、この側面においては、<u>教育、福祉、文化、民俗風習など広汎な場面で社会生活と接触する</u>ことになり、……国家が、社会生活に規制を加え、あるいは教育、福祉、文化などに関する助成、援助等の諸施策を実施するにあたつて、宗教とのかかわり合いを生ずることを免れえないこととなる[24]。したがつて、<u>現実の国家制度として、国家と宗教との完全な分離を実現することは、実際上不可能に近いものといわなければならない</u>。……これらの点にかんがみると、政教分離規定の保障の対象となる<u>国家と宗教との分離にもおのずから一定の限界がある</u>ことを免れず、政教分離原則が現実の国家制度として具現される場合には、それぞれの国の社会的・文化的諸条件に照らし、<u>国家は実際上宗教とある程度のかかわり合いをもたざるをえないことを前提</u>としたうえで、そのかかわり合いが、<u>信教の自由の保障の確保という制度の根本目的</u>[25]との関係で、<u>いかなる場合にいかなる限度で許されないこととなるか</u>が、問題とならざるをえないのである。……政教分離規定の基礎となり、その解釈の指導原理となる政教分離原則は、国家が宗教的に中立である

24) 多数意見は、政教分離原則の完全な貫徹により「社会生活の各方面に不合理な事態を生ずる」例として、宗教と関係のある私立学校に対する一般の私立学校と同様の助成、文化財である神社・寺院の建築物や仏像等の維持保有のための補助金、刑務所等における教誨活動を挙げている。

25) 政教分離が、主として、信教の自由の確実な保障のためにあることを述べている。学説では、複数の目的が挙げられる多い。小山・前掲注4) 51頁、さらに後掲注50) も参照。

ことを要求するものではあるが、国家が宗教とのかかわり合いをもつことを全く許さないとするものではなく[26]、宗教とのかかわり合いをもたらす行為の目的及び効果にかんがみ、そのかかわり合いが右の諸条件に照らし相当とされる限度を超えるものと認められる場合にこれを許さないとするものであると解すべきである」。

④憲法20条3項で禁止される国家の「宗教的活動」

「憲法20条3項……にいう宗教的活動とは、前述の政教分離原則の意義」からすれば、「およそ国及びその機関の活動で宗教とのかかわり合いをもつすべての行為を指すものではなく、そのかかわり合いが右にいう相当とされる限度を超えるものに限られるというべきであつて、当該行為の目的が宗教的意義をもち、その効果が宗教に対する援助、助長、促進又は圧迫、干渉等になるような行為をいうものと解すべきである[27]。その典型的なものは、同項に例示される宗教教育のような宗教の布教、教化、宣伝等の活動であるが、そのほか宗教上の祝典、儀式、行事等であつても[28]、その目的、効果が前記のようなものである限り、当然、これに含まれる。……宗教的活動に該当するかどうかを検討するにあたつては、……当該行為の行われる場所、当該行為に対する一般人の宗教的評価、当該行為者が当該行為を行うについての意図、目的及び宗教的意識の有無、程度、当該行為の一般人に与える効果、影響等、諸般の事情[29]を考慮し、社会通念に従つて、客観的に判断しな

26) 多数意見が、政教分離原則の解釈として、非宗教性ではなく、宗教的中立性を採用したことを示す。

27) いわゆる目的効果基準を述べた箇所。本章132頁を参照。

28) 「宗教的活動」を限定して解釈したと考えうる箇所。反対意見❸および後掲注48)を参照。

29) 「宗教的活動」に該当するかの判断に「一般人」の評価をかませている。本章132頁の「もう一つの批判」を参照。

ければならない」。

⑤具体的検討——本件起工式の性質

「本件起工式は、……建物の建築の着工にあたり、土地の平安堅固、工事の無事安全を祈願する儀式として行われたことが明らかであるが、その儀式の方式は、……専門の宗教家である神職が、所定の服装で、神社神道固有の祭式に則り、一定の祭場を設け一定の祭具を使用して行つたというのであり、また、これを主宰した神職自身も宗教的信仰心に基づいてこれを執行したものと考えられるから、それが<u>宗教とかかわり合いをもつものであることは、否定することができない</u>[30]。

　しかしながら、古来建物等の建築の着工にあたり地鎮祭等の名のもとに行われてきた土地の平安堅固、工事の無事安全等を祈願する儀式、すなわち起工式は、土地の神を鎮め祭るという宗教的な起源をもつ儀式であつたが、時代の推移とともに、その宗教的な意義が次第に稀薄化してきていることは、疑いのない……。……その儀式が、たとえ既存の宗教において定められた方式をかりて行われる場合でも、それが長年月にわたつて広く行われてきた方式の範囲を出ないものである限り、<u>一般人の意識においては、起工式にさしたる宗教的意義を認めず、建築着工に際しての慣習化した社会的儀礼として、世俗的な行事と評価</u>[31]しているものと考えられる。本件起工式は、神社神道固有の祭祀儀礼に則つて行われたものであるが、かかる儀式は、国民一般の間にすでに長年月にわたり広く行われてきた方式の範囲を出ない[32]

30) 多数意見は、国家の宗教的中立性を採用しているので、かかわり合いがあるというだけでは問題にはならない。

31) 32) 34) 読者のみなさんにあらためて考えてもらいたい点である。

ものであるから、一般人及びこれを主催した津市の市長以下の関係者の意識においては、これを世俗的行事と評価し、これにさしたる宗教的意識を認めなかつた[33]ものと考えられる。

また、……建築主が一般の慣習に従い起工式を行うのは、工事の円滑な進行をはかるため工事関係者の要請に応じ建築着工に際しての慣習化した社会的儀礼を行うという極めて世俗的な目的による[34]ものであると考えられる……。

元来、わが国においては、多くの国民は、地域社会の一員としては神道を、個人としては仏教を信仰するなどし、冠婚葬祭に際しても異なる宗教を使いわけてさしたる矛盾を感ずることがないというような宗教意識の雑居性が認められ、国民一般の宗教的関心度は必ずしも高いものとはいいがたい。他方、神社神道自体については、祭祀儀礼に専念し、他の宗教にみられる積極的な布教・伝道のような対外活動がほとんど行われることがないという特色[35]がみられる。このような事情と前記のような起工式に対する一般人の意識に徴すれば、建築工事現場において、たとえ専門の宗教家である神職により神社神道固有の祭祀儀礼に則つて、起工式が行われたとしても、それが参列者及び一般人の宗教的関心を特に高めることとなるものとは考えられず、これにより神道を援助、助長、促進するような効果をもたらすことになるものとも認められない[36]。……そのために、国家と神社神道との間に特別に密接な関係が生じ、ひいては、神道が再び国教的な地位をえたり、あるいは信教の自由がおびやかされたりするような結果

33) どのように行われたら範囲を出ると評価されるであろうか。イメージ写真も参照して考えて欲しい。

35) 神社神道と教派神道の違いについては前掲注9)、11)、14)、18)を参照。

36) この点、例えば、キリスト教式の起工式が行われていたら判断は違っていただろうか。さらに、仏教式であったらどうだろうか。「一般人」の評価が違いをもたらしうるポイントである。多数意見の判断枠組みは、周縁領域では各宗教の取扱いに際を生じさせうる。読者のみなさんは、そのような判断枠組そのものを、どう評価するだろうか。

を招くものとは、とうてい考えられないのである」。

⑤ **結　論**
「以上の諸事情を総合的に考慮して判断すれば、……その<u>目的は建築着工に際し土地の平安堅固、工事の無事安全を願い、社会の一般的慣習に従つた儀礼を行う</u>という専ら世俗的なものと認められ、その<u>効果は神道を援助、助長、促進し又は他の宗教に圧迫、干渉を加えるものとは認められない</u>[37]のであるから、<u>憲法20条3項により禁止される宗教的活動にはあたらない</u>と解するのが、相当である」。

〈藤林・吉田・団藤・服部・環裁判官の反対意見〉

❶ **政教分離原則——厳格な分離**
「憲法20条1項後段、同条3項及び89条に具現された政教分離原則は、国家と宗教との徹底的な分離、すなわち、……国家の非宗教性を意味するものと解すべき[38]である」。

❷ **限界なき政教分離**
「多数意見のいう国家と宗教とのかかわり合いとはどのような趣旨であるのか必ずしも明確でないばかりでなく、そのかかわり合いが相当とされる限度を超えるものと認められる場合とはどのような場合であるのかもあいまいであつて、政教分離原則を多数意見のように解すると、<u>国家と宗教との結びつきを容易に許し、ひいては信教の自由の</u>

---

37) 多数意見の検討は、行為そのものの目的と効果というより、それに対する「一般人」の評価を分析しており、反対意見のようなシャープな分析にはなっていない。本章132頁の「さらなる批判」を参照。

38) 反対意見が、政教分離原則を、非宗教性の意味で解釈したことを示す。

保障そのものをゆるがすこととなりかねないという危惧³⁹⁾をわれわれは抱かざるをえない」。

❸憲法20条3項で禁止される国家の「宗教的活動」

「憲法20条3項……にいう宗教的活動には、<u>宗教の教義の宣布、信者の教化育成等の活動</u>はもちろんのこと、<u>宗教上の祝典、儀式、行事等を行うこともそれ自体で当然に含まれるものと解すべき</u>⁴⁰⁾であつて、<u>多数意見のようにこれを限定して解すべきものではない</u>」。

❹具体的な検討および結論

「本件起工式は、神職が主宰し神社神道固有の祭式に則つて行われた儀式であつて、それが宗教上の儀式であることは明らかである。本件起工式自体は、……極めて宗教的色彩の濃いものというべきであつて、これを非宗教的な習俗的行事ということはとうていできない。……その具体的な効果について考えてみても、地方公共団体が主催して右のような儀式を行うことは、地方公共団体が神社神道を優遇しこれを援助する結果となるものであることはいうまでもないところであつて、<u>かような活動を極めて些細な事柄として放置すれば、地方公共団体と神社神道との間に密接な関係が生ずるおそれのあることは否定することができない</u>のである。<u>多数意見は、……その宗教的意義を軽視し、しかもその効果を過小に評価しようとするものであ〔る〕</u>……。われわれの見解によれば、本件起工式は、明らかに、憲法20条3項にいう

39) 40) 多数意見のように程度の問題としてではなく、〈1か0か〉で広く判断しようとする。後掲注47)を参照。

41) 反対意見は❸で、国家の宗教活動が例外的に認められる場合として、①行われないと「かえって国民の信教の自由が制約される」場合、②「平等の原則等憲法上の要請」で行われる場合、③「完全に宗教的意義・色彩を喪失した」習俗的行事である場合を挙げる。反対意見は、前掲注24）で多数意見が挙げた事例が、この例外に該当するため、問題ないとする。

宗教的活動にあたるものというべきである。しかも、本件起工式が許されるものとすべき前述の事由〔信教の自由保護や平等原則等の要請ないし習俗的行事の完全な非宗教化〕[41]は全く認められない。よって、本件起工式は、憲法20条3項に違反し許されないものといわなければならない」。

〈藤林裁判官追加意見は省略〉

◆ 神道学からのポイント解説 ◆

　津地鎮祭事件最高裁判決では、「国家神道に対し事実上国教的な地位が与えられた」という「国家神道」理解であるが、こうした断定は「国家神道」の定義や概念規定が一般的にみても自明のものであるかの如くの論である。実際には、本判決から40年以上経た今現在でも学界において「国家神道」の定義や概念について議論が続けられているが、時により、人により勝手気ままに解釈されている論も多く散見され、未だ定説というべきものが定まっていないのが実状である。また、「国家神道」という語そのものも戦前の日本では学術的にもほとんど使用されていた語ではない。むしろ、葦津珍彦が指摘するように、神道指令にて用いられたことによって、一般化したものであり[42]、神道指令の起草者であったW.K.バンスは、GHQの宗教政策に大きな影響を与えたアメリカの学者ホルトムの誤った用法をそのまま継受して「神社神道」と「国家神道」とを短絡的にイコールとし、指令の字句通りに「日本政府ノ法令ニヨツテ宗派神道、教派神道ト区別セラレタル神道ノ一派を指ス」とした。国家神道および神社神道を神道の一派として解するならば、明治後期以降わずか数十年の期間の神社・神道を指すということとなり、古代からの神社や神道の歴史的、文

---

42) 葦津珍彦『国家神道とは何だったのか』（神社新報社、1981年）5-7頁。

化的な経緯を無視し、近代の法令上、定められたもののみが国家神道および神社神道ということになる。占領期にGHQ宗教課において神道指令の運用に携わったW. P. ウッダードは「神道の国からの分離が公式の政策となったのは、かなり唐突であった」とも証言している。高橋史朗や大原康男によれば、日本国憲法の政教分離原則にも影響を及ぼした神道指令は、日本の実情を無視ないし、誤解している点が多いことが後に問題となり、処罰を恐れるあまり過剰に自己規制をする対応が頻発。全国各地のGHQ地方軍政部から苦情や問い合わせ、陳情が殺到して[43]、その結果、「国家と宗教の分離」という絶対的政教分離原則ではなく、「国家と教会との分離」という相対的な政教分離原則で「神道指令」を解釈し、指令の適用を緩和せざるを得ないという政策変更を行わざるを得なくなったという事実を明らかにしている[44]。現行憲法の起草に関係したラウエルの遺したいわゆる「ラウエル文書」（スタンフォード大学フーバー研究所所蔵）にも「憲法二〇条は教会と国家との分離を規定するものとなった」と明記されていることからも、この点は明らかであるといえよう。のちにウッダードは、占領軍の行った宗教と国家とを分離する政策のうち、実行が最も困難であったものの一つであり、かつ宗教関連の諸改革のなかで一番成功しなかったことに公機関が主催する地鎮祭の禁止を挙げており、「この点にかんしての連合軍最高司令官の大衆の支持を得ることができなかった。実際処罰さえされなければ、この政策は無視されるのがつねであった」[45]と述べている。

---

43) 典型的なものとしては、昭和23、24年頃からの地鎮祭、公葬、修学旅行時の社寺見学の問題に対する神道指令の運用の緩和、修正である。「実情無視からの混乱事例頻発す」『神道指令と戦後の神道』（神社新報社、1971年）50-57頁。福田繁『占領下の宗教行政』（神社本庁、1994年）14-15頁。

44) 大原康男『神道指令の研究』（原書房、1993年）337-341頁。高橋史朗「神道指令と憲法の政教分離規定の成立経緯から見た判決の不当性――不可解な「効果」の「総合的考慮・判断」」政教関係を正す会編『最高裁への批判』（1997年）133-141頁。

45) W. P. ウッダード『天皇と神道　GHQの宗教政策』（サイマル出版会、1988年）157-162頁。

憲法上の意義

　本判決は、これまで多くの批判を受けてきた。最も典型的な批判は、本判決が、原則と例外を逆転させているというものである。確かに多数意見は、「国家と宗教との完全な分離」が「理想」であるとする。しかし最終的に、多数意見は、国家と宗教とのかかわり合いが、「いかなる場合にいかなる限度で許されな̇い̇か̇」を検討しており、ここではすでに、かかわり合いが許されることが原則、許されないことが例外となっている。もっとも、本事件が本当に厳格な分離が求められる領域に属していたのか、つまり政教分離「規定」の典型的事例だったのかが問われよう。

　もう一つの批判は、本件起工式が強い宗教性を帯びていたという点である。しかし、これは多数意見に対する決定的な批判にはならない。多数意見は、周到にも、「一般人の評価」を基準に起工式の性質を判断しており、式そのものが宗教性を帯びているかという点と、一般人が式に宗教的意義を見出すかという点を区別している。

　さらなる批判は、本判決が採用した、いわゆる目的効果基準が緩い、あるいは自立した基準として機能していないというものである。その基準とは、国家の「行為の目的が宗教的意義をもち、その効果が宗教に対する援助、助長、促進又は圧迫、干渉等になるような行為」は違憲であるというもので、確かに、参照したとされるアメリカのレモン・テストと比べかなり緩い基準となっているが、「緩い即ち悪い」というわけでもなかろう。また、目的効果の判断が、行為の性質（その行為が一般人にどう受け止められるか）の判断に代替されているという指摘はその通りで、実際には、「相当とされる限度を超えるかかわり合い」があるかが「一般人」の視点で判断されているに過ぎない[46]。

　多くの批判はあるものの、本判決の論理を次のように読むことも可能であるように思われる。まず多数意見は、このケースを政教分離「規定」——本件では憲法20条3項——の典型例（例えば、宗教の布教、教化、宣伝等）だとは考え

---

46)　宍戸常寿『解釈論の応用と展開〔第2版〕』（日本評論社、2014年）124頁以下、山本・前掲注3) 215頁以下参照。

ていない。「緩やかな分離」が採用されているように見えるのは、本件が政教分離「規定」に「直接」関わらない周縁部分に該当しているに過ぎないからである（したがって、政教分離「原則」という言葉〔各規定に+αされる部分〕[47]が用いられているとも考えうる）。

確かに、一般論から規範定立へと流れる多数意見の論理には、矛盾（原則例外の逆転）があるようにも見受けられるが、本判決の事例依存的な射程の限定[48]がミッシング・リンクであるとすれば、それも通らない論理ではない。本判決は、その政教分離規定解釈に関する先導的役割にもかかわらず、実は原則例外関係が逆転した周縁領域について述べられたものだったと評価することも可能だからである。この点、政教分離という制度の根本目的が「信教の自由の間接的保障」であると考えるのであれば、多数意見の論理もそれほど見下げたものでない。多数意見や反対意見が挙げる日本国憲法における「政教分離」の歴史的背景にあるような事例（事実上の国教化や教化活動）とは、本事件は遠く離れているよう（まさに反対意見の言う「極めて些細な事柄」[49]）にも見えるからである[50]。多数意見は結論として、次のように述べている。「国家と神社神道との間に特別に密接な関係が生じ、ひいては、神道が再び国教的な地位をえたり、あるいは信教の自由がおびやかされたりするような結果を招くものとは、

---

47) ここでは、「政教分離原則」という言葉が、少なくとも二つの意味で用いられている。①日本国憲法が採用しているとされる「政教分離原則」、②「解釈の指導原理」としての「政教分離原則」（②—Ⓐ多数意見：緩やかな分離＝宗教的中立性、または②—Ⓑ少数意見：原則例外関係を導く厳格な分離＝非宗教性）である。大石・前掲注2) 238頁によれば、日本国憲法が政教分離原則を採用しているとされるのは、政教分離の原則的な規定を持つからである。とすれば、政教分離原則が各政教分離規定を超える内容を持つことは自明ではない。②は、①の内容を確定させるための補助手段であるが、②についてⒶを採るかⒷを採るかで解釈の構造に変化が生じる。Ⓑは、指導原理の側から諸規定を広範かつ一義的に解釈する（広範な厳格分離一元論）。Ⓐは、諸規定を限定的に解釈し、そこについては硬質性を保つ一方で、指導原理を通じて諸規定に水増しされた柔らかな分離部分をも作り出す（厳格・緩やか二元論）。後者の構成を部分的に採るものとして、小山・前掲注4) 54頁以下。

48) 多数意見は、憲法20条3項によって「直接」禁止されている行為を「宗教教育のような宗教の布教、教化、宣伝等の活動」と考え、目的効果基準（本件で用いられた緩やかな基準）を、政教分離原則を通じて拡張的にカバーされる周縁領域、つまり「そのほか宗教上の祝典、儀式、行事等」に限って適用しているようにも読める。

とうてい考えられない」と。これに対し、反対意見は、「かような活動を極めて些細な事柄として放置すれば、地方公共団体と神社神道との間に密接な関係が生ずるおそれ」があり、「〔多数意見は市の行為の〕宗教的意義を軽視し、しかもその効果を過小に評価」していると反論するが、多数意見からすれば、反対意見は市の行為の宗教的意義とその効果を過大評価しているということになる。

　ところで、多数意見の論理、つまり「緩やかな分離」によってもたらされるのは、多くの国民の宗教観・意識の再生産と言ってもよい。神式の起工式を市の主催で行うと、ある種のモデル効果のようなものが働き、これが日本における正しい起工式のあり方であるというような意識が芽生える。これによって、形容しがたいあやふやな宗教観が再生産される。多数意見は、より踏み込んで見れば、神社は宗教ではないとすることで、宗教的要素をもつ習俗的行事を国家が保護・促進したり、地域共同体と宗教がかかわりあう余地を残した。多数意見は、この論理を、周到にも「一般人」を持ち出すことで成立させたが、他方、反対意見のような「厳格な分離」を採用する場合には、このような再生産プロセスに「国家」がかかわるべきではないということになる。

　「文化・宗教・習俗」の三和音は、憲法的には困難な問題をはらむ。例えば、厳格分離の論理にしたがって、近年話題の日本文化の国家による保護・促進の対象物として、漫画・アニメはOKでも、神社仏閣およびそれにかかわ

49）　典型例および「些細ではない事柄」（例えば、①例大祭・慰霊大祭への金員の奉納〔愛媛玉串料訴訟：最大判平成9年4月2日民集51巻4号1673頁〕や、②神社への土地の無償貸与〔空知太神社事件判決：最大判平成22年1月20日民集64巻1号1頁〕）については、本件とは異なった基準が用いられると考えられる。判例の整合的な理解の例として、愛媛玉ぐし料訴訟の園部裁判官意見、空知太神社事件判決の藤田裁判官補足意見を参照。なお、典型例は各規定により異なろう。

50）　「信教の自由の保障の確保」が根本目的だとすると、政教分離は、信教の自由の侵害に対する事前配慮のための制度的・組織的担保だと考えられるが、信教の自由については個人に自由が十全に保障されていれば足りるのであり、その保障がもはや想定しえなくなるような重大な事態（特定宗教の国教化など）のみが、政教分離規定の対象だとも考えられる。小山・前掲注4）51頁は、このような考え方に警鐘を鳴らす。この点、山本・前掲注3）218頁は、「日本の判例は、『分離』論よりも『公定・公認禁止原則』からの方がうまく説明できる可能性がある」とする。

る行事は「政教分離」の問題で NG とすべきか。また、文化保護という名目で地域の祭りに補助金を出すことも疑問に付すべきか。これに対して多数意見のように、「神社は宗教にあらず（だから国家がかかわってもよい）」という論理——その意味で「宗教にあらざる」のはもちろん理論上神社に限られない——を、少数者の信教の自由および政教分離「規定」とのバッファー[51]として用い、文化的・習俗的行事については、国家と特定宗教とのある程度の結びつきを認めるという態度をとるべきか（その際、行為主体が国家か地域共同体かによって、政教分離に関して異なった判断の観点を用いるということも考えられる[52]）[53]。

この判例から見えるもの——神道学の立場から

本件は、政教分離訴訟におけるリーディングケースといわれている。本件で採用した「目的効果基準」によって採られた「緩やかな分離」によって、以後の七十余件に及ぶ政教訴訟のうち、下級審において若干の違憲判決はあるものの、最高裁判決まで持ち込まれたものでは、目的効果基準を適用しながらも違

---

[51] ここでいうバッファー（緩衝地帯）とは、世俗的関心の下で国家と特定宗教とがかかわりを持ちうる領域である。この領域が、山本龍彦が指摘する——〈私〉領域および〈公〉領域と「対抗的相補的関係に立つ」——〈共〉領域と重なり合うのは偶然ではない。同「ローカルな法秩序の可能性」新井誠・小谷順子・横大道聡編『地域に学ぶ憲法演習』（日本評論社、2011年）27頁。

[52] 山本・前掲注3) 217-218頁は、空知太神社事件判決の甲斐中・中川・古田・竹内裁判官意見が、地域共同体の行為に対する「一般人の評価」を「地元住民の一般的な評価」に設定するべきとの主張を指摘する。最高裁は、「地域的問題の地域適合的解決、複数の〈共〉領域の創出、孤立せるアトム的個人の救済などを可能にする」（山本・前掲注51) 29-30頁）地域の連帯およびその拠り所を公共財としての価値を見出し、尊重しているとも考えられる。それが取扱注意の危うい道だとしても。関連する検討として、山崎友也「白山信仰と政教分離原則」新井ほか編・前掲注51) 72頁以下参照。

[53] 山本・前掲注51) 22頁以下は、「入会の憲法論」を展開するが、「町内会による神社費の憲法論」も同じ根を共有する。町内会による神社費の一括徴収は、信教の自由に対する侵害が問題となる点で注意が必要だが、町内会と神社のかかわり合いの限界はいまだ未解決の問題である。一例として、佐賀地判平成14年4月12日判時1789号113頁。同判決の解説として小倉一志「公法判例研究」北法54巻4号（2003）163頁以下、特に169頁参照。

憲判決を下した愛媛県玉串料訴訟の違憲判決と、目的効果基準を採用せずに違憲判決を下した空知太神社事件のみであり、この二件をのぞいては、いずれも合憲の判決が示されている。その点では、大原康男が「我が国の政教関係もようやく安定期に入る」[54]と指摘するほどではないにせよ、本件で示された「限定的な分離」判断というものが、以後の政教訴訟に概ね「合憲」という判断を下すに至ったといえよう。

　本件の判決後に「『津地鎮祭最高裁判決』批判を批判する」[55]という論文を著した西田廣義は、同論文で津地鎮祭事件最高裁判決が「一般人の意識に徴すれば」との基準を示した点に注目される必要があるとする。「憲法上の判断として、ある行為が『習俗行為』であるか否かを決定するのは決して個々人の主観によってではなく『一般人の意識』、すなわち国民大衆の意識であることが、明確に弁別さるべきである。」と述べ、当該地鎮祭を奉仕する神職や地鎮祭を主催する者、あるいはこれに参列する者一人ひとりの主観を追究すれば、そこには宗教的意義を強く感じる者もいるであろうし、ほとんど感じない者もいるに違いなく、その宗教的意識の濃淡の差はおそらく千差万別であると指摘している。また西田は、一面において「宗教」として認識され、他面においては「習俗」として捉えられるという、日本の一般人（大衆）の社会通念、季節的な意識についての行為をどう判断するかの基準を事物・行為の性格ではなく、それを何との関係で捉えるかによって考えるべきである旨を主張したが、この点は本件を考える上で重要な指摘であるといえる。

　「国家と宗教」との関係は、それぞれの国で独自に育まれてきた歴史的条件をふまえて考えられるべきものであって、諸外国の政教分離の事例はあくまで参考にすぎない。その点では、明治以前のいわゆる神仏習合や、現代でも様々な宗教が相俟って共存する状況にも象徴されるように、日本的な宗教のあり方そのものに曖昧模糊としたものがあるのは、むしろ至極当然なことでもある。

　つまり、日本国憲法における政教分離原則を理解する場合、神道学の立場か

---

54)　政教関係を正す会編『新・実例に学ぶ「政教分離」』（展転社、2011 年）246 頁。
55)　西田廣義「『津地鎮祭最高裁判決』批判を批判する」『現代神道研究集成（第九）神道と国家』（神社新報社、1998 年）279-312 頁。なお、初出は 1977 年 7 月。

らみれば、日本における政教関係のあり方を歴史的な文脈や社会的実情のもとで踏まえて解釈すべきものであると考える。その点でいえば、本件において「緩やかな分離」の解釈が登場するのは、日本の政教分離のあり方を考える上で無用な混乱を避ける方策であったと評価できよう。

読者のみなさんへ

　ここまで読んでこられた読者のみなさんの中には、多数意見が出した処方箋、すなわち前近代的要素を含むコミュニティ的資源ないしその基礎となる「神社」を積極的に評価し、これを国家が保護する余地を残そうとするやり方に、まだどこか胡散臭さを感じる方もいるのではないか。その鋭敏な感覚は、反対意見が抱く「おそれ」と根を共有している。実は、多数意見の「緩やかな分離」には、「宗教意識を利用した統治の手法」が入り込む余地が存在する[56]。つまり、国家が国民・住民の宗教意識の再生産にかかわる過程で、公権力に都合がいいように住民感情が操作・誘導されるおそれがあるのである。反対意見が、「緩やかな分離」に対し、「国家と宗教との結びつきを容易に許し、ひいては信教の自由の保障そのものをゆるがすこととなりかねないという危惧」を抱くのは、(周縁部分という)裏口から(信教の自由という)本丸が切り崩されてしまうのではという不安があるからである。反対意見が、「かような活動を極めて些細な事柄として放置すれば、地方公共団体と神社神道との間に密接な関係が生ずるおそれ」があるとし、信教の自由に対する事前配慮的な予防の大幅な前倒しを強く主張する裏には、多数意見が持つ「危うさ」への敏感な(多数意見からすれば過敏な)危険察知がある。

　多数意見に言わせれば、信教の自由や政教分離規定で本当に危ないところにはしっかり蓋をしているし、周縁部分とて全く自由ではない(目的効果基準による審査がなされる)のだから心配ないし、しかも(あまり表立ってはいえないが)神社等をある程度「宗教ではないもの」として積極的に「活用」することで、地域の統合や安定にもつながる。

---

56)　宍戸・前掲注46) 129頁以下参照。

さて、読者のみなさんはどのように考えるだろうか[57]。

より深く学びたい方へ——参考文献

　比較憲法的視点を含め、林知更「『国家教会法』と『宗教憲法』の間」ジュリ1400号（2010）90頁以下が深い。完全分離自体に疑問を投げかけるものとして、田近肇「津地鎮祭事件最高裁判決の近時の判例への影響」法教388号（2013年）30頁以下。一般の方には、中川剛『日本人の法感覚』（講談社新書、1989）173頁以下と、奥平康弘『日本人の憲法感覚』（筑摩書房、1985）2頁以下が面白い。さらに、安蘇谷正彦「現代社会と神道の公共世界」稲垣久和・金泰昌編『宗教から考える公共性』（東京大学出版会、2006）37-74頁（討論を含む）。

　また、国家神道の定義や神社非宗教論について検討したものとしては、阪本是丸『国家神道形成過程の研究』（岩波書店、1996年）、同『近世・近代神道論考』（弘文堂、2007年）などが参考となるほか、『現代神道研究集成（九）神道と国家』（神社新報社、1998年）が政教問題の論考を多く収録している。一般の方には、阪本是丸『近代の神社神道』（弘文堂、2005年）が参考となる。

石塚壮太郎（慶應義塾大学大学院法学研究科博士課程、憲法学）
藤本頼生（國學院大學准教授、神道学）

---

57) 政教分離においては、信教の自由をより一層確実なものとするために、法的判断という形で厳格分離を裁判所が進めるのがよいのか、それとも、それぞれ異なる文化的・歴史的文脈を持つ地方・地域において、その文脈を保持することも断ち切ることも、「彼ら」自身が決めるのがよいのか。後者においては、民主政の質が問われることになる。本件支出は予算案に計上され、市の議会で可決されており、ひとまず形の上では、皆の間で公に議論された結果である。国家、地方公共団体、町内会等で形は違えども、各々、実質的な意味での〈ガバナンス＝自治的統治〉のあり方がさらに問われることになろう。山本・前掲注3) 212頁参照。

第 7 章

「お行儀のよいデモ行進」を目指して？

東京都公安条例事件
最大判昭和 35 年 7 月 20 日民集 14 巻 9 号 4243 頁

> **この憲法条文に注目！**
> 第 21 条 1 項　集会、結社及び言論、出版その他一切の表現の自由は、これを保障する。

あらすじ

　デモをするとき、たいてい、その自治体の公安委員会の規制に服する。たとえば東京都の場合、「集会、集団行進及び集団示威運動に関する条例」（いわゆる公安条例）により東京都公安委員会の許可を得なければならない。

　昭和 33 年 9 月から 11 月にかけて、全日本学生自治会総連合（全学連）が主催するデモが、東京都公安委員会の許可なく行われ、また許可を得ていても許可条件に反する方法で（蛇行進など）なされた。そこでそれらのデモの主催者や、蛇行進の先導者が、東京都公安条例違反として起訴された。

　第 1 審の東京地裁は、東京都公安条例を違憲であるとし、被告人らを無罪とした。検察が東京高裁に控訴した後、事件は最高裁に移送された。最高裁は公安条例を合憲とし、事件を東京地裁に差し戻した。

> **この判例から考えてほしいこと**
> ● 公安条例が許可制でデモ行進を規制することは憲法 21 条に違反するか。
> ● 東京都公安条例は憲法 21 条に違反するか。

判例を読む前に

憲法学習者のみなさんへ

　通称「公安条例」、正式には通常、集会・集団行進・集団示威運動「に関する」といった題名のついた条例が、戦後直後以降、各自治体で制定されている[1]。通称が示しているように、デモ行進（「集団行進」や「集団示威運動」を以下ではすべて「デモ行進」と呼んでおく）を規制するこれら条例の規定目的は「最初から治安立法としての性格」を持つ、「単なる公物管理の必要性ではなく、法と秩序（公共の安寧）の侵害を予防するという保安警察の必要に基づくもの」であると指摘されてきた[2]。つまり、デモ行進によって生じる道路の交通安全に関する問題に対応するための条例ではなく、暴動を抑えるための条例なのである。「戦後約 30 年間の激動の時代、公安条例は、第 1 次的に保安警察の見地から制定され、主としてその立場から運用される場合が多かったのである」と指摘されている[3]。

　公安条例の規制目的がこのようなものであることは、いくつかの判例において重要なポイントとなった。たとえば第 1 に、徳島市公安条例事件において、

---

1) おおむね「三重県・滋賀県以東は原則として都道府県単位により、京都府・奈良県・大阪府・和歌山県以西は市町村単位により」制定されているようである（田上穣治『警察法〔新版〕』〔有斐閣、1983 年〕220 頁）。とはいえ九州では佐賀県条例しか制定されていない（諫山博「九州における集団示威行為の取締りの実態」法律時報 39 巻 12 号（1967 年）105 頁）。なお、たとえば秋田県公安条例の題名は「道路交通等保全に関する条例」となっている。
2) 芦部信喜『憲法学Ⅲ人権各論 (1)〔増補版〕』（有斐閣、2000 年）500 頁。秋田県条例についても、その題名に関わらず「公共の安寧保持」を目的とするものと解されている。秋田県条例事件（最判昭和 50 年 9 月 30 日）。
3) 芦部・前掲注 2) 502 頁。

道路交通法と公安条例との競合が問題となったとき、両者の規制目的が異なるという点を理由の1つとして、本件条例が違法ではないと示した[4)5)]。

第2に、本稿が中心的に扱う東京都公安条例事件と、それに先立つ昭和29年の新潟県公安条例事件との関係である。前者における公安条例の規制目的に関する認識、特に当時の安保闘争というものに対する政治的感覚が、先例たるべき後者を黙示的に判例変更したのではないかと疑問を持たせるような判決をさせるに至るのであった。

本判決の詳細は後に見るとして、ここでは新潟県公安条例事件について確認しておこう。この判決は、デモ行進に「一般的な許可制」を課すことを違憲であるとした上で、しかし①特定の場所・方法につき、合理的・明確な基準により許可制を定めていること、また②「公共の安全に対し明らかな差迫った危険を及ぼすことが予見される」場合には不許可とすることを定めていること、といった要件を条例が備えていれば合憲であるとしていた。この判断基準は、①で規制対象を限定することを求め、②で例外的に不許可となる場合を狭く限定するものであり、それ自体は比較的厳格なものであったが、ただし本件条例へのあてはめには多くの批判があった。これに対し、東京都公安条例事件は、一応新潟県条例事件の枠組みを意識してはいるようであるが、新潟県条例事件の基準を大きく緩めて東京都条例を合憲であるという結論を「強弁」するものであった[6)]。そしてその背景に、集団行動が暴徒になるという最高裁の認識があったのである。

そこで、次のような問いが生じるだろう。立法事実の問題として、あるいはさらに進んでデモ規制権限の規範的前提としてデモ行進とは暴力なのか？

---

4) 最大判昭和50年9月10日刑集29巻8号489頁。判決文では「道路交通法は道路交通秩序の維持を目的とするのに対し、本条令は道路交通秩序の維持にとどまらず、地方公共の安寧と秩序の維持という、より広はん、かつ、総合的な目的を有するものであるから、両者はその規制の目的を全く同じくするものとはいえないのである」としている。
5) 施設管理権と「公共の安全の保持」のための権限の差異については、さらに泉佐野市民会館事件（最判平成7年3月7日民集49巻3号687頁）、特に園部逸男裁判官補足意見も参照。
6) 植村勝慶「公安条例と集団示威運動」長谷部恭男ほか編『憲法判例百選Ⅰ〔第6版〕』184頁（有斐閣、2013年）。

「デモはテロ」なのか？[7]

憲法に関心のあるみなさんへ

　56年前の1960（昭和35）年、時代はちょうど安保闘争の山場を迎えていた。時の内閣、岸信介政権は新・日米安全保障条約を締結し、その承認を国会に求めていたのである。政権は、条約承認に関する衆議院の優越（憲法61条）の規定に基づき、6月19日に予定されていたアメリカ大統領訪日までの条約の批准（自然成立）を狙い、衆議院で5月19日に日米安全保障条約等特別委員会で承認案の強行採決、翌20日に可決へと運んだが、これに反発した30万人ともいわれる人々によるデモが国会議事堂を取り巻いた。

　この一連のデモでは、デモ隊（特に学生）と警官隊などの激しい衝突もみられた。特に、6月10日には来日したハガチー米国大統領秘書の乗った車をデモ隊が取り囲んだハガチー事件や、日米安保条約の国会承認の自然成立が近づいた6月15日には、議事堂構内に進入した学生デモ隊と機動隊が衝突し、学生から犠牲者も出るに至った6・15事件が発生している。これらの騒動に対し、マスメディア各社は共同声明を発表し、「暴力を排し議会主義を守れ」「民主主義は言論をもって争われるべきものである。その理由のいかんを問わず、またいかなる政治的難局に立とうと、暴力を用いて事を運ばんとすることは断じて許さるべきではない」等と非難した[8]。

　本判決が下されるのが、まさにこれら安保闘争のほぼ最中である7月20日であった。永田町に押し寄せたデモの様子は隼町からも直に十分にうかがえていたであろう。はたして、本判決において最高裁判事たち（多数意見）は、デモ参加者について次のように述べたのであった。「……平穏静粛な集団であっても、特に昂奮、激昂の渦中に巻きこまれ、甚だしい場合には一瞬にして暴徒

---

7) 石破茂自民党幹事長（当時）の発言に関して、たとえば五野井郁夫「自民・石破茂幹事長の「デモ」＝「テロ」発言の危うさ」WEBRONZA（2013年12月4日）参照。

8) もともと右翼テロに対する暴力批判が、60年安保闘争のときには「ほとんど素手で警察と対峙した」学生デモに対しても向けられていったと指摘するものとして、大井浩一『六〇年安保——メディアにあらわれたイメージ闘争』（勁草書房、2010年）125頁。

と化し、勢いの赴くところ実力によって法と秩序を蹂躙し、集団行動の指揮者はもちろん警察力を以てしても如何ともし得ないような事態に発展する危険が存在する……」。

　本判決を行った最高裁にとって、デモ行進は、憲法によって保障された表現行為というよりは、単なる潜在的暴力に過ぎなかった。したがって、公安条例に基づいて暴力行為に及ぶ可能性のあるデモ行進を事前に不許可とすることもできるし、また許可を得ずに行ったデモ行進の主催者・指導者などを処罰することも許されるとしたのである。

　デモの暴力性——確かに、昭和のデモや学生運動というと、ジグザグ・駆け足デモ、ヘルメット、ゲバ棒、投石、火炎瓶……といった連想が一方で湧いてくるかもしれない。他方で、学生運動にはフォークソングにも象徴化されるような平穏な集会・デモ行進という側面も存在した[9]。デモが暴力的なものであるというイメージ自体が作られたものに過ぎなかったという指摘にもし従うならば[10]、安保闘争に対するマスコミ共同声明のみならず、本判決もまたこのようなイメージ形成に棹差すものであったと言えるのかもしれない[11]。

　ともあれ、どのようなデモが行われていたのだろうか。ある警察官僚による1967年の論考は、学生新聞におけるデモの趣旨の記述を引用している[12]。それによれば「"……2点間の最短距離は直線であるという秩序の支配者のテーゼに対立して、2点間の最長距離を求めるZ線運動すなわちジグザグデモ。線は長さをもつが幅はないという支配テーゼに対立して、道路いっぱいに散開するフランスデモ。最後に、線には位置はあるが、厚さはないというテーゼに対立して、特定に街頭を埋めつくす運動をする線の停止形態としての坐り込み。

---

[9]　なお、本判決の宣告された1960年における安保闘争と、その後の1960年代後半の学園紛争とでは、デモの社会的・思想的文脈が異なるとされている。小熊英二『1968（上）（下）』（新曜社、2009年）参照。

[10]　五野井郁夫『「デモ」とは何か——変貌する直接民主主義』（NHKブックス、2012年）。

[11]　当時の田中耕太郎最高裁長官は、本判決について「この判決が正しいことは最近のデモをみても立証されている」と記者会見で語ったという。ただし同じ記者会見では安保闘争デモ「の時には合議は済んでいた」とも語っている。読売新聞1960年7月21日。

[12]　三井脩「デモの実態と規制」ジュリスト378号（1967年）117-118頁。

3者のいずれも即時的な攻撃者としての私たちの知恵が産み落とした該当戦術である。ジグザグ、フランス、坐り込みは、これまでの全デモ史の1つの労作である"。」同論考はこれらのデモ形態が投石・乱闘などの危険な暴動につながることを当然視しているため、これらデモ形態と暴動の関係が明らかではないが、参加者の生命を保護するためにこれらを規制する必要があるとするほか、これらの行動が団体としての統制を失わせ、またその抵抗の姿勢も相まって警察官との衝突を惹起する点に規制の根拠を見出しているように思われる。

◆ 政治史からのポイント解説 ◆

デモを対象としたいわゆる公安条例は、大阪市の「行進、示威運動及び公の集会に関する条例」（1948年7月31日公布）を嚆矢とする。この条例は、GHQ大阪軍政部の強い要求にもとづいて制定されたが、直後にGHQの命令によって効力停止となり、1948年10月に再度制定された[13]。1948年施行の自治体警察制度は、国の法律ではなく条例が制定された背景として指摘できる。しかし、自治体警察の廃止（1954年）と昭和の大合併に伴い、市町村の公安条例は順次廃止された。

多くの公安条例は、その題名に規制対象を列記している。集団行進、集団示威運動のほかには、行列行進、示威行進、集団運動、示威運動、一般大衆示威運動といった名称が確認できる。

戦前の日本でも、デモを示威運動と表記することはあった。ただし、法令用語としては、「多衆運動」が用いられた。政府は、「示威」を行う点よりも「多衆」が参加する点に着目したようである。今ではほぼ死語だが、富山県と石川県の公安条例は「多衆運動に関する条例」という[14]。

多衆運動の初出は、1890年制定の集会及政社法（明治23〔1890〕年7

---

13) 尾崎治『公安条例制定秘史』（柘植書房、1978年）第4章、第5章。
14) このほか、福島県条例（1949年4月15日）の名称は「示威行進及び多衆の参加する公然の示威運動に関する条例」、千葉県条例（1949年12月27日）の名称は「多衆行進又は集団運動に関する条例」である。また、宮城県条例（1949年8月17日）は規制の対象に「多衆の集団示威運動」を列記している。

月25日公布）である（1887年11月10日の警察令第20号は「多衆列伍運動」の文言を用いている）。同法は、屋外政談集会を禁止するとともに、屋外公衆会同、多衆運動は48時間前までに警察官署に届出て認可を受けることとした。また、警察官は「安寧秩序」の妨害ありと認めた場合、屋外集会と屋外集会と多衆運動を禁止することができた。さらに、帝国議会開会中は、議会周辺での多衆運動は禁止された。

　この集会及政社法を継承したのが、治安警察法（明治33〔1900〕年3月10日公布）である。同法では、屋外公衆会同と多衆運動は12時間前の届出制となり、集会及政社法に比べて規制は緩和された。ただし、警察官は「安寧秩序」の保持に必要なときに屋外集会、多衆運動、群集を制限・禁止・解散することができた。そのほか、警察官は訊問や制止命令が認められた。また、多衆運動で戎器・兇器を携帯することは禁止された。

　治安警察法を起草した有松英義は、多衆運動を「多衆一団となり公然屋外に於て行進し、又は場所を定めずして動作する〔こと〕」と定義している[15]。有松いわく、運動は共同の目的がある。共同の目的の有無は「提携行進の外形」で判断できる。つまり「提携行進の外形」があれば、多衆運動と判断できる。また有松は、多衆運動を取り締まる理由として、運動が公衆に及ぼす影響によって「安寧秩序」を妨げるおそれを指摘している。デモが秩序を乱す危険性を内包しているとの認識は、すでにあったといえる。

　さて、明治末から大正初期にかけて、東京では政府を批判する民衆騒擾が相次いだ。日比谷焼打ち事件（1905年）、第一次憲政擁護運動（1913年）、シーメンス事件（1914年）などが挙げられる。中でも第一次憲政擁護運動は、第三次桂太郎内閣を総辞職に追い込んだ。

　こうした中、吉野作造は『中央公論』1914年4月号で「民衆的示威運動を論ず」を発表した。吉野は日比谷焼打ち事件については、民衆の自覚を促した点を評価する。一方、第一次護憲運動やシーメンス事件に対しては、「悪るく解釈をすると現在の政府を倒すことに利害関係を持つて居るものがその目的を達する手段として民衆の勢力を利用するのではあるま

---

15)　有松英義『行政執行法治安警察法講義』（警眼社、1927年）81-82頁。

いかと疑わるる点がある」と手厳しい[16]。吉野によれば、示威運動とは自発的であり、積極的な主張に基づかねばならない。また、参加者は現実の問題に利害関係を持っていなければならない。さらに、老若男女が参加する「国民的運動」でなければならない。そして、穏健でなければならない。「何れにしても、立憲政治の尋常(ノルマル)な運動ぢやない。故に立憲政治の失敗と見てもよい」[17]。吉野は、政権打倒が目的化したデモを批判したのである。

また警察や政府にも、デモが階級闘争(革命を起こすような階級と階級の間の闘争)を惹起するのではないか、との憂慮があった。こうした懸念は1918年の米騒動によって高まり、政府は社会主義運動の取締法を検討した。また、1922年4月4日の大審院判決は、「安寧秩序」紊乱(びんらん)の定義に、社会を変革する暴力革命を加味している[18]。もっとも、1925年制定の治安維持法には、デモへの罰則は盛り込まれなかった。

戦後、GHQの人権指令に基づき、治安警察法は1945年11月21日付で廃止された。その後、GHQの要求を発端に各自治体で公安条例が制定されたのはすでに見た通りである。

なお、「公安」をその名に冠する条例は、福井市の「災害時公安維持に関する条例」(1948年7月7日)があるが、デモ規制ではない。公安条例では、「安寧秩序」は、「公共の秩序」「公共の安寧」などにとって代わられた[19]。旧東京都条例(1949年10月20日公布)は、「公共の秩序」を「広く一般民衆の権利を保護された安定の状態」[20]と説明していた。これ

---

16) 吉野作造著『吉野作造選集』第3巻(岩波書店、1995年)37頁。
17) 同上。
18) 『大審院刑事判例集』第1巻(法曹会、1927年)205-206頁。大審院大正11年(れ)第99号(1922年4月4日第一刑事部判決)は、新聞紙法第41条の「安寧秩序紊乱」を「国法ヲ無視シ国家ノ権力ヲ否定シ国民ノ道義心ヲ壊乱シ人ノ生命財産自由ニ危害ヲ加フヘキコトヲ以テ威嚇又ハ煽動シ暴力其ノ他不法ノ手段ヲ用キ又ハ急激ニ社会ノ組織ヲ変更シ其ノ他一般ニ国家ノ生存発達ヲ阻害シ公共ノ平和ヲ攪乱スル虞アル」ものと定義している。
19) 神戸市条例(1950年12月8日)と福知山市条例(1951年4月1日)の条例は、条文で「安寧秩序」の文言を用いている。
20) 326.E6.13「集団行進及び集団示威運動に関する条例について」(東京都公文書館蔵)。

は、「安寧秩序」から転換して民衆保護を前面に出すと同時に、民衆に危害を与えかねないデモの暴力性を自明視していたとも解釈できる。

旧都条例第3条は、運動の秩序を保ち、公共の安寧を保持するため必要があると認めた時に限り、運動に条件をつけることができるとしていた。旧都条例の草案段階では、条件の一つに「進駐軍に関する事項」を挙げていた[21]。「公共の安寧」には、占領軍も入っていたのである。また、旧都条例第4条は、警察長は公共の秩序を保持するために、条件に従わないデモに対して「必要な措置」をとることができるとしていた。「必要な措置」とは、「路線を変更させたり、時間を制限し、ジグザグ行進を止めさしたり、解散場所を規定したりすることである。」という[22]。ジグザグデモは、「公共の秩序」に反すると認識されていたのである。

事 案

この事件は、被告人らが昭和33年に東京で行った4件のデモ行進が条例違反として起訴された事案である。そのうち1つは、被告人Aは、昭和33年9月15日に全学連主催のデモ行進（3000人、紀尾井町清水谷公園から芝公園まで）を行った際、許可に際して付された「蛇行進、渦巻行進又はことさらな停滞等交通秩序をみだす行為は絶対に行わない」という条件に反して、虎ノ門交差点付近で蛇行進・渦巻行進を指導したとして起訴されたという事件である。そこで、刑罰の根拠となる東京都公安条例の合憲性が争われた。

判 旨

①デモ行進に対する規制の可否
(1) 表現の自由の意義と制約
表現の自由は「民主政治の基本原則の1つ」であ

---

21) 同上。
22) 同上。

るが、公共の福祉による制限に服する。「本条例の規制の対象となっているものは、道路その他公共の場所における集会若しくは集団行動、および場所のいかんにかかわりない集団示威運動（以下「集団行動」という）である。かような集団行動が全くの自由に放任されるべきものであるかそれとも公共の福祉——本件に関しては公共の安寧の保持——のためにこれについて何等かの法的規制をなし得るかどうかがまず問題となる。」

(2) デモ行進の規制根拠

「およそ集団行動は……通常一般大衆に訴えん〔と〕する、政治、経済、労働、世界観等に関する何等かの思想、主張、感情等の表現を内包するものである。この点において集団行動には、表現の自由として憲法によって保障さるべき要素が存在することはもちろんである。ところでかような集団行動による思想等の表現は、単なる言論、出版等によるものとはことなって、現在する多数人の集合体自体の力、つまり潜在する一種の物理的力によって支持されていることを特徴とする。かような潜在的な力は、あるいは予定された計画に従い、あるいは突発的な内外からの刺激、せん動等によってきわめて容易に動員され得る性質のものである。この場合に平穏静粛な集団であっても、特に昂奮、激昂の渦中に巻きこまれ、甚だしい場合には一瞬にして暴徒と化し、勢いの赴くところ実力によって法と秩序を蹂躙し、集団行動の指揮者はもちろん警察力を以てしても如何ともし得ないような事態に発展する危険が存在するこ

と、群集心理の法則と現実の経験に徴して明らかである。従って地方公共団体が、純粋な意味における表現といえる出版等についての事前規制である検閲が憲法21条2項によって禁止されているにかかわらず[23]、集団行動による表現の自由に関するかぎり、いわゆる「公安条例」を以て、地方的情況その他諸般の事情を十分考慮に入れ、不測の事態に備え、法と秩序を維持するに必要かつ最小限度の措置を事前に講ずることは、けだし止むを得ない次第である。」

②デモ行進の規制が許される限度
(1) 公安条例の趣旨に照らした解釈の必要性
「……公安条例の定める集団行動に関して要求される条件が「許可」を得ることまたは「届出」をすることのいずれであるかというような、概念乃至用語のみによって判断すべきでない。またこれが判断にあたっては条例の立法技術上のいくらかの欠陥にも拘泥してはならない。我々はそのためにすべからく条例全体の精神を実質的かつ有機的に考察しなければならない。」

(2) 条例は実質的に届出制である
「今本条例を検討するに、集団行動に関しては、公安委員会の許可が要求される (1条)。しかし公安委員会は集団行動の実施が「公共の安寧を保持する上に直接危険を及ぼすと明らかに認められる場合」の外はこれを許可しなければならない (3条)。すなわち許可が義務づけられており、不許可の場合が厳格に制限されている[24]。従って本

[23] 本判決では、デモの許可制が検閲に当たらない理由として、デモが「純粋な意味における表現」ではなく、「思想等の表現」が「潜在する一種の物理的力によって支持され」たものであるからとされている（判決の最後部では「表現の自由の行使の範囲を逸脱」する危険性のあるものだからとも示唆されている）。その後、最高裁は札幌税関事件（最大判昭和59年12月12日民集38巻12号1308頁）において、検閲を、「行政権が主体となって、思想内容等の表現物を対象とし、その全部又は一部の発表の禁止を目的として、対象とされる一定の表現物につき網羅的一般的に、発表前にその内容を審査した上、不適当と認めるものの発表を禁止することを、その特質として備えるものを指す」と定義付けた。そして札幌税関事件の調査官解説は、公安条例による規制が検閲ではない理由として、検閲が「出版などの表現物」を対象とするものであるのに対し、公安条例は「言論プラス行動というべき集団行動」を規制するものであることを挙げている。ここでデモ行進は、表現の自由の逸脱行為として位置付けられていない。

第7章｜東京都公安条例事件　149

24) 本判決は、不許可処分の基準として、「公共の安寧を保持する上に直接危険を及ぼすと明らかに認められる場合」であるか否かという、条例3条が用いる文言をそのまま援用し、それを「厳格」であると述べている。この点、新潟県条例事件は、条例の文言に関わらず、「公共の安全に対し明らかに差迫った危険を及ぼすことが予見される」か否かという、上記②の基準（いわゆる「明白かつ現在の危険」の基準）を提示していたところであったが、本判決においては危険の「現在性」が省略されている。このことも、新潟県条例事件からの実質的な変更点ではないかと指摘されている。

25) 条例が許可という文言を用いていても実質的に届出制であれば違憲ではない、とする新潟県条例事件の判例法理が一応維持されている。

26) この判示は、当該規定の存否は本件事案の裁定には不可欠ではないという趣旨として、つまり、当該規定の存否による法令審査を拒否する趣旨として読める。

条例は規定の文面上では許可制を採用しているが、この許可制はその実質において届出制とことなるところがない[25]。……許可または不許可の処分をするについて、かような場合に該当する事情が存するかどうかの認定が公安委員会の裁量に属することは、それが諸般の情況を付帯的に検討、考量して判断すべき性質の事項であることから見て当然である。我々は、とくに不許可の処分が不当である場合を想定し、または許否の決定が保留されたまま行動実施予定日が到来した場合の救済手段が定められていないことを理由としてただちに本条例を違憲、無効と認めることはできない。……かような規定の不存在を理由にして本条例の趣旨が、許可制を以て表現の自由を制限するに存するもののごとく考え、本条例全体を違憲とする原判決の結論は、本末を顛倒するものであり、決して当を得た判断とはいえない[26]。」

(3) 東京都条例における場所・方法の特定

「次に規制の対象となる集団行動が行われる場所に関し、原判決は、本条例が集会若しくは集団行進については「道路その他公共の場所」、集団示威運動については「場所のいかんを問わず」というふうに、一般的にまたは一般的に近い制限をなしているから、制限が具体性を欠き不明確であると批判する。しかしいやしくも集団行動を法的に規制する必要があるとするなら、集団行動が行われ得るような場所をある程度包括的にかかげ、またはその行われる場所の如何を問わないものとすることは止むを得ない次第であり[27]、他の条例に

おいて見受けられるような、本条例よりも幾分詳細な基準……を示していないからといって、これを以て本条例が違憲、無効である理由とすることはできない。……要するに本条例の対象とする集団行動、とくに集団示威運動は、本来平穏に、秩序を重んじてなさるべき純粋なる表現の自由の行使の範囲を逸脱し、静ひつを乱し、暴力に発展する危険性のある物理的力を内包しているものであり、従ってこれに関するある程度の法的規制は必要でないとはいえない[28]。」

③ 結　論

「国家、社会は表現の自由を最大限度に尊重しなければならないこともちろんであるが、表現の自由を口実にして集団行動により平和と秩序を破壊するような行動またはさような傾向を帯びた行動を事前に予知し、不慮の事態に備え、適切な措置を講じ得るようにすることはけだし止むを得ないものと認めなければならない。」「もっとも本条例といえども、その運用の如何によって憲法21条の保障する表現の自由の保障を侵す危険を絶対に包蔵しないとはいえない[29]。条例の運用にあたる公安委員会が権限を濫用し、公共の安寧を口実にして、平穏で秩序ある集団行動まで抑圧することのないよう極力戒心すべきこともちろんである。しかし濫用の虞れがあり得るからといって、本条例を違憲とすることは失当である。」

④ 藤田八郎裁判官の反対意見

「新潟県条例に関する大法廷判例に示された自由

[27] ここで本判決は、新潟県条例事件の上記①の要件の厳格性を緩めている（ただし新潟県条例の文言も、実際のところは「道路、公園その他公衆の自由に交通することのできる場所」における「徒歩又は車輛で……行進し又は占拠しようとするもの」を規制するという、包括的な規定であったにも関わらず、判決はこれをも「場所又は方法」を特定したものと述べていた）。

[28] この判示において、本判決は、新潟県条例事件の①の要件は「危険性をはらむ集団行動」に対する規制であるという点において満たされる、としているようである。

[29] 運用違憲の可能性が示されている。本判決後も下級審の裁判例が焦点を当てた点の一つはこれであった。

とその規制に関する根本原理は、あくまでもこれを堅持しなければならない。けだし憲法の保障する基本的人権の本質的理解にもとづくものであるからである。これを単に概念乃至用語の問題として一蹴さるべきものではない。……多数意見といえども、今日たやすく前示新潟県条例に関する大法廷判決に表明された基本原理に変更を加える意図あるものとは思われない。」しかし東京都条例には、公安委員会が不許可の意思表示をしないままに集団行動開始日時の一定時間前に至った場合に許可があったものとして行動することができる旨の規定が存在しないこと[30]、東京都条例における「公共の安寧を保持する上に直接危険を及ぼすと明らかに認められる」か否かの許否決定基準に基づく判断が公安委員会の裁量に委ねられていることからすると、「自分は原判決と共に、本条例の許可制は、表現の自由に対する必要にしてやむを得ない最小限の規制とはみとめ難く、憲法の趣旨に沿わないものと断ぜざるを得ない。」「取締の安易に堕して、憲法上の大義に対する考慮をゆるがせにすることは許されない。」

⑤ 垂水克己裁判官の反対意見

東京都条例のいう「場所のいかんを問わず」とは東京都の管理権の及ぶ公園、道路および隣接する私有地を意味するものと解せられ、また多数意見も都条例を不許可の意思表示がなされない場合には許可があったものとして行動することができるものと解しているものと考えられるが、「条例の明文上かような真意が示されていないなら、一

---

[30] 本件第一判決が重視したことの一つもこの点だった。

般民衆は許可処分を受けないかぎり集団示威運動をあきらめ、一方、若しこの場合集団示威運動が行われたら、警察は不法な無許可示威運動としての取締、検挙等の措置を屢々とることなきを保し難い。」「本条例中集団示威運動に関する規定は不明確な基準で示威運動の自由を許可によって抑圧する結果を是認し憲法21条に違反するものと解するのを相当と考える。」「表現の自由に関するかぎり、多数意見の考える程度にまで合憲になるよう解するのは当を得ない、すべからく自由を制限する右規程を改正して明確にすべきである[31]。」

「それよりも私が心配することは、多数意見が本条例を合憲と判断するに当り、本条例が厳守する「公共の安寧を保持する上に直接危険を及ぼすと明らかに認められる場合」という基準をさえ若しかすると一擲したのではないか……という点である。多数意見の判示する「不測、不慮の（思いがけない・予見できないの意味であろう）事態に備え」というのは「直接危険を及ぼすと明らかに認めらえる場合」というよりは遥かに広い概念であ」る。「もしかような基準をもってすれば集団表現行動の自由は法律、条例をもってすれば殆んどいくらでも制限でき、これでは多数意見は憲法21条の軌道から離れて「法律ノ範囲内ニ於テ言論著作印行集会及結社ノ自由ヲ有ス」とした明治憲法に近接するのではあるまいか。」

[31] ここにおいて「明確性の基準」が示され、また不明確な文言による表現活動を規制することによって生じる「委縮効果」の問題が指摘されている。

憲法上の意義

さて以上が本判決の概要である。本判決の判断の背景にはやはり、デモを暴

徒として扱う見解がある。

さて、最高裁はデモ規制権限を審査するに当たり、デモをどのようなものとして位置付けてきたか。最高裁によるデモの意義づけはその後もほぼ一貫しており、「一般大衆又は当局に訴えようとする政治、経済、労働問題、世界観等に関する思想、主張等の表現を含むもの」であるから表現の自由として保障される「要素を有する」とするものである。ここにおいて、デモの全体がまず表現の自由の保護対象外として位置付けられているわけではないことに注意が必要であろう。

それでは、判例はデモの規制根拠をどのように説明してきただろうか。新潟県条例判決は、特にこれについて述べているわけではなく、単に「不当な目的又は方法によらないかぎり、本来国民の自由とするところである」とするにとどまり、特に危険視すべきものであるとしていない。むしろデモ「といえども」規制の対象となるといった表現は、その後の最高裁判例の展開を考えると非常に感慨深いものがある。この判決に続く佐賀県条例事件、埼玉県条例事件、徳山市条例事件の各最高裁判決も、新潟県条例判決を引いており、特段デモの特質について述べるところはない。

それだけに、本判決におけるデモの位置付けは際立っている。本判決における暴徒論の後半部分（暴力に発展する物理的力の内包）はその後の最高裁判例においても援用され、無許可デモそれ自体に実質違法性があるとする際の根拠とされている[32]。

しかし最高裁判決におけるデモの性質の描写は、昭和50年の諸判決において若干の変化を見せることとなった。その嚆矢となった徳島市条例判決では、デモが「多数人の身体的行動を伴うものであって、多数人の集合体の力、つまり潜在する一種の物理的力によって支持されている」とされており、暴力という露骨な言葉が使われていない。また羽田ロビー判決では、暴力という言葉こそ用いられているものの、それに発展することが「時には」あるという表現になっている[33]。

---

32) 蒲田事件（最判昭和41年3月3日刑集20巻3号57頁）。
33) 羽田ロビー事件（最判昭和50年10月24日刑集29巻9号777頁）。

昭和50年の最高裁諸判決では、公安条例に基づいてデモに対して付される許可条件（ジグザグデモ等を禁止する内容）に違反した罪の犯罪構成要件や違法性といった論点が扱われたのであるが[34]、その判断の中で、デモが「表現の一形態として憲法上保障されるべき要素を有する」とされつつ、「ジグザグ行進のような行為は、このような思想の表現のために不可欠のものではない」と示されている[35]。ここに見られるのは「秩序正しく平穏に行われる」デモ形態と「不必要に地方公共の安寧と秩序を脅かすような」デモ形態との区別である。このような区別に関する最高裁の一連の判例と見てみると、最高裁は前者にも「潜在する一種の物理的力」や「公共秩序の安寧と秩序の侵害の可能性」があるとして警戒を怠らないものの[36]、他方でその潜在的暴力を特に顕在化させるのが後者すなわちジグザグデモ等であるとしている。そしてジグザグデモ等こそは、「殊更な交通秩序の阻害」となるだけではなく[37]、集団の「自己統制力」を失わせ[38]、「公衆との間にまさつを生じ公衆に対する危害に発展する可能性」を有するから[39]、デモが「秩序を紊し又は暴力行為をなすことによって生ずべき公衆に対する危害を予防」するため[40]、具体的な危険を発生させないようなジグザグデモ等であっても処罰する必要があり[41]、そしてこれらデモ態様は表現行為としては不可欠ではないものなので[42]、そもそも表現の自由による保護

---

34) 構成要件に関しては、許可条件違反行為が具体的危険の発生を要するか、それとも許可条件違反がそれ自体危険の発生を擬制するとして足りるか。違法性に関しては可罰的違法性に欠けるとして処罰しない場合がありうるのか、そうだとしてどのような場合か。なお、可罰的違法性論を取る場合は、その前提として抽象的危険犯論があることが多いと指摘されている。曽根威彦「公安条例」中山研一ほか編『現代刑法講座第5巻現代社会と犯罪』（成文堂、1982年）67頁ほか参照。
35) 大阪2、3分ジグザグ事件（最判昭和50年10月24日刑集29巻9号860頁）。
36) 徳島市条例事件。羽田ロビー事件も無許可で行うデモにそれ自体実質的違法性があるとしている。
37) 徳島市条例事件。
38) 大阪2、3分ジグザグ事件。
39) 秋田県条例事件、大阪市条例事件（最判昭和51年4月8日集刑200巻179頁）。
40) 秋田県条例事件。
41) 愛知県条例事件（最判昭和50年9月25日刑集29巻8号610頁）。
42) 徳島市条例事件、横須賀原潜事件（最判昭和50年9月30日集刑197号487頁）。

から除外される、というものであった[43]。昭和35年判決において振り上げたこぶしは、結局ジグザグデモ等という形態に向けて振り下ろされたのである。

これに対し、下級審においてデモは様々な位置づけを与えられてきた。最も好意的なものでは、デモは「大部分の民衆にとっては……自らの思想を主体的に表明する手段として……きわめて重要な役割を果たすものであり、また、代議政治のもとでは、その正常な運営上、選挙権を補う参政権的要素を有する」とか[44]、「集団行動を行う者と一般大衆との間には、表現する者と迷惑する者という関係だけが唯一成り立つのではなく、相互の意見交流と参加が即時的に成り立つ重要な機能をもつ」とする裁判例が存在する[45]。これらの裁判例では、デモの規制根拠に関する説明も特徴的であり、デモが「ときによって暴力に発展すること」があると認めつつ、その原因は「集団自体の性格の中にそのような傾向がそなえる場合があり、ある場合には、集団的行動の最中に挑発的行為など何らかの事由によって平穏な集団的行動が暴力化することもあり、更に稀には、憲法の保障する基本的人権が法の支配によって保護されず、民衆の意思が、国政に正当に反映されていないと認められる顕著な社会情勢の存するときなど」によるものであるとする裁判例もあり[46]、別の例では「その集団行動に参加しない第三者の社会生活に直接の影響を及ぼす」とし、そのための規制を「公園、広場、道路……の利用調整」「道路交通規制上の原理」に基づく規制と、「表現の自由を口実として、集団的行動が物理的形態において現行憲法秩序を破壊する直接不法行動に至ることが必至であり、それ自体重大な脅威であることが事前に判明している場合」にとるべき措置に分類している[47]。

43) 徳島市条例事件における岸盛一裁判官補足意見は特にこの点を強調する。東京都公安条例を違憲とした東京都公安条例事件第1審判決と蒲田事件第1審判決（東京地判昭和33年5月6日刑集〔参〕20巻3号68頁）で裁判長を務めた同じ岸裁判官が、地裁時代にはデモ行進を「思想表現の一形態として……表現の自由の保護を受けることは明らか」としていたことと比べると、徳島市条例事件における補足意見は「東京地裁時代の彼自身への挽歌に聞こえなくもない」（蟻川恒正「表現の自由」樋口陽一ほか『新版憲法判例を読みなおす——下級審判決からのアプローチ』〔日本評論社、2011年〕118頁）。
44) いわゆる橋本判決（京都地判昭和42年2月23日下刑集9巻2号141頁）。
45) 政暴法案反対デモ事件控訴審判決（東京高判昭和昭和52年6月7日高刑30巻3号255頁）。
46) 橋本判決。

デモの意義と危険性に関する最高裁と一部裁判例との対比からうかがえるのは、ジグザグデモ等が表現の自由の保護範囲に入るか否かの問題に関する見解の相違である。つまり、下級審はあらゆるデモ行進を表現の自由に基づく行為として一旦は比較衡量に乗せようとしたのに対し、最高裁はジグザグデモ等といった特定の形態のデモ行進を表現の自由の保護の範囲から排除したのである。この点は、ジグザグデモ等を禁止する許可条件に違反する犯罪の法的性質をめぐる諸裁判例からも見ることができる[48]。一部下級審は、許可条件の付与は「公共の安全に対して直接危険を及ぼすような」場合にそのような行為を禁止する内容に限られるため、条件違反が犯罪として成立するためには具体的危険の発生が必要であると判示し、ジグザグデモ等を行っただけでは処罰の対象とならず、個別具体的に違反行為として成立するか否かを判定すべきであるとしてきた[49]。これに対し最高裁は、このような実質的制限は存在せず、許可条件に対してそのような限定解釈を行うべきではないとしているが[50]、このような最高裁の立場は抽象的危険犯説として理解されている[51]。最高裁にとってはジグザグデモ等といった条件違反行為はカテゴリカルに憲法的保護から除外されるべき、それ自体危険な行為であるというわけである[52]。「平穏な」ジグザグデモなど存在しない[53]。

---

47) いわゆる寺尾判決（東京地判昭和 42 年 5 月 10 日下刑 9 巻 5 号 638 頁）。
48) 公安条例行為の態様・違法性に関する議論として、佐伯千仭「公安条例と抽象的危険犯（1）～（5・完）」法律時報 49 巻 3・5・6・9・10 号（1977 年）ほか参照。
49) たとえば大阪 2、3 分ジグザグデモ事件第 1 審判決（大阪地判昭和 45 年 9 月 14 日刑集〔参〕29 巻 9 号 890 頁）。
50) 愛知県条例事件、秋田県条例事件。
51) 松浦繁「公安条例違反罪と可罰的違法性」法律のひろば 29 巻 1 号 35 頁（1976 年）。これらが「刑法理論の装いをした憲法論」とするものとして、江橋崇「公安条例判決の動向」ジュリスト 605 号 14 頁（1976 年）。
52) そしてこれら行為が禁止されるはずであることは一般人にも容易に理解される、というのが徳島市条例事件における最高裁の判旨であった。参照、村山健太郎「公安条例の明確性」高橋和之ほか（編）『憲法判例百選Ⅰ〔第 5 版〕』（有斐閣、2007 年）183 頁。
53) 具体的危険犯説を採る寺尾判事も、ジグザグデモ等は「類型的に」禁止できるデモ形態であるとしている。政暴法反対デモ事件控訴審判決（東京高判昭和 52 年 6 月 7 日高刑 30 巻 3 号 255 頁）。

このように、東京都条例事件で示された暴徒論の1つの出口は、ジグザグデモ等というデモ形態の違法化に結実していくこととなったのであるが[54]、ところでこの方法は成功しているだろうか。おそらくこの方法は条件違反行為を処罰するか否かという事後規制の場面でしか機能しない。というのも最高裁によれば、ジグザグデモ等の禁止はデモの潜在的暴力が顕現する前段階の予防的措置としてのみ許可条件の付加という形で課されるのに対し[55]、デモの事前禁止には一応厳格な基準が必要であるからである[56]。最高裁判例からすれば、ジグザグデモ等を行うことが確実な集団のデモ申請に対して、それだけを理由に不許可にすることは許されないであろう。したがって、公安委員会としてはデモ申請に対して許可処分を行い、むしろ許可条件によって多様な規制をかけることにより、そしてこの権限に基づき現場で機動隊員が様々な規制をかけることにより、「平穏なデモ」を作ろうとしていくこととなっていく。

さて、東京都条例事件の暴徒論は、暴徒化の顕現化のしるしをジグザグデモ等の中に見出していくのとは別に、デモそれ自体の潜在的暴力性という形でその後の判例にも引き継がれていった。判例によれば、デモのこのような本質的危険性のゆえに、許可申請ないし届出を経ることのないデモは「地方公共団体のとるべき事前の対応措置の機会を奪い、公共の安寧と秩序を妨げる危険を新たに招来させる」という。言い換えれば、公安委員会の許可ないし届出確認を経ることによってはじめて、デモの潜在的暴力性が緩和されるというのである。したがって無許可デモにはそれ自体に実質的違法性があり[57]、その参加者

---

54) 多くの下級審ではジグザグデモ等以外の許可条件の適否が争われてきた。「ことさらな駆け足」の禁止に関する竜岡判決（東京地判昭和42年5月30日下刑9巻5号699頁）、国会周辺デモ禁止国賠事件（東京高判昭和51年3月25日行集27巻3号375頁）が特に著名な代表例であるが、ここでも許可条件の付与が、不許可処分の要件と同様の限定に服するか否か、そしてこれら条件に違反する行為が具体的な危険を生じさせて初めて処罰すべきか否かが争われてきた。
55) 秋田県条例事件など。
56) 新潟県条例は危険の単なる「おそれ」で不許可とできる規定であったため、最高裁はこれを限定解釈した。東京都条例は明文で不許可処分を行う場合を（ある程度）絞っていたので、最高裁はこれについて特に述べるところではなかったものと考えられる。寺尾「判解（徳山市条例事件）」最判解刑事篇昭和30年度138頁参照。

の中で誰を処罰するべきかは立法裁量の問題であるとされ[58]、さらにまたその違法性は「いかに軽微なものであれ、公共の秩序に対する侵害行為であることにはかわりない」ので明白かつ現在の危険がなくとも無許可デモを阻止することができる[59]。

　当然、このような考え方は、そもそもデモを許可制によって一般的に禁止することは許されないとする判例法理と整合しないように見える。この点、「現在の判例の傾向を指導し最高裁判所の判例にまで影響を及ぼしている」とされる安村諸判決は[60]、都条例を「実質的にも許可制の範疇に属するもの」としつつ、許可が義務付けられるという規定によって、本条例における許可は、申請に対して「直接かつ明白な危険のなかるべきことを確認する行為」という性質を持つという。その上で、判決は、もし申請していれば当然に許可されていたであろうデモを想定し、しかしこれであっても事前の判断の機会を奪う点で、また事後的な判定の困難性という点で、申請しても不許可となったであろうデモ（その違法性は当然とされている）と区別できないとして、結果的に無申請デモ全体の違法性を導き出している[61]。このような意味での許可制において、やはりデモの違法性が前提されることとなるのではないか。安村諸判決はこれについて、許可制はデモの「禁止を論理的に前提しているけれども」許可が義務付けられているから自由の領域は確保されているという。そしてデモを行う場合の負担は「72時間前計画を樹立し許可申請をすることだけ」なので、デモの危険性からすればこの程度の制約は「忍ばなければならない」という[62]。

　これが最高裁判例の趣旨でもあるとすれば、結局デモ行進の自由は公安委員会の認定に留保された上で反射的なものとして保障されているに過ぎないと言

---

57) 蒲田事件、羽田ロビー事件。
58) 愛知県条例事件。
59) 飯田橋事件最高裁判決（最判昭和52年5月6日刑集31巻3号544頁）。引用部分は高木典雄「判解」最高裁判解刑事篇昭和52年度202頁。
60) 政防法反対デモ事件控訴審判決。
61) 官邸突入事件（東京地判昭和37年6月27日下刑4巻5・6号542頁）、蒲田事件差戻第1審（東京地判昭和38年11月27日判時384号15頁）。
62) 政防法反対デモ事件第1審判決（東京地判昭和41年3月25日高刑集30巻3号301頁）。

えそうである。公安委員会を経なければ解消しないほどの危険性の存在が、これを正当化する要因である。許可制ないし届出制は、デモの危険性を除去する濾過装置ということになる[63]。

そうすると、デモの自由それ自体の強靱さあるいはその固有性、いわば生身のデモの自由、「じゃじゃ馬」な人権としてのデモの自由が存在し得る程度は、無許可デモがどこまで適法に行いうるのかにもかかってくる。この点、都条例の下で許否判断が示されない場合には黙示的に許可があったものと解することができるとする裁判例がある[64]。また、無申請デモの場合では、無許可デモ行為を具体的危険犯ととらえる立場では、無許可デモが違法とされない余地につき、「公共の安寧を保持する上に直接危険を及ぼすと明らかに認められるようなものではないことを要し、右集団行動につき本条例1条本文の規定により付せられることが当然予想されるような条件に違反するようなものであってはなら」ないとされることになる[65]。これに対し抽象的危険犯説を取る場合には、無許可デモに違法性阻却の余地があるか否かが問題となる。たとえばある判決は、「目的、動機、方法を全体的に判断して濫用に亘ると認められるか否か、無許可で集団行動を行ったことが真にやむを得ないといえるか否か」の基準を満たした場合に、違法性が阻却されるとしている[66]。この問題について最高裁は判断を示しておらず論点としてまだ残っているといえるが[67]、おそらく

---

[63] 佐々木俊雄「公安条例研究ノート（17）無申請集団行動の犯罪としての性格（二）」警察学論集41巻10号124頁（1988年）は、無申請デモの危険性は判例のいうように「新たに招来される」のではなく「残存している」とみるべきであるとしている。言い換えれば、残存説によれば許可制はこれら暴力を去勢するための装置である。判例はあくまで調整原理を語るのに対し、残存説はデモの本性論あるいは「事物の本質」を語っている。

[64] 巣鴨事件（東京地判昭和33年8月29日判時164号10頁）。

[65] 政防法反対デモ事件控訴審判決。

[66] 逮捕抗議事件差戻第1審（東京地判昭和38年2月2日判時328号6頁）。

[67] 国会議員都条例違反事件最高裁判決（最判昭和49年6月18日集刑192号639頁）は、安保闘争における無許可デモで演説を行った国会議員につき、無許可であることを認識していなかったとして無罪の自判を行った。この判決の天野武一反対意見は、「本件に対し、多数意見が、本件演説の煽動性の有無を判断し、あるいは進んで政治家の政治演説は条例違反としての違法性阻却事由たり得るか否かを論定するみちを選ばなかったことを、惜しみたい」と述べている。

警察から離れたデモの自由は存在しないということになりそうである。

　以上のような判例法理によって「平穏な」デモのモデルが作られていった。許可申請ないし届出を行う際には警察との「対話」をすることになり[68]、事前折衝という行政指導を受けることになる。デモを行う際には種々の条件が付されており、その条件に従わせるための措置（機動隊によるサンドイッチ規制など）が取られ、あるいは一定の場所では「集団行進」なのでのぼり・旗を下げさせられ、警察官の発進・停止の指示により動かされ、デモ隊の身体は一挙手一投足で規制される、といった運用それ自体を表現の自由に反して違憲とした有名な寺尾判決はこれを「国家の包摂した表現の自由の奇観」と表現している[69]。とはいえ、一連の判決を通じて、一定の規制は過剰であるとされつつも、これら運用は是認されていった。そしてその趣旨は、許可・許可条件を通じた「本来平穏に」行われるべきデモの実現である。

この判例から見えるもの──政治史の立場から

　1950年代以降、公安条例を廃止する自治体が相次いだ。1967年時点で条例を制定する自治体は25都県、35市となり、現在も同じである。ただし、市公安条例に関して言えば、1954年の警察法改正で自治体警察制度が廃止された後、その存在に疑義が寄せられてきた。許可制をとる公安条例は、公安委員会がデモを不許可にした場合、議会への報告義務を定めている。そのため、現行の都道府県警察制度の下では、県公安委員会が、警察事務に権限と責任を持たない市議会に報告する、という齟齬を生じた[70]。米子市では2005年の淀江町との合併に伴い、公安条例を旧米子市域のみの暫定施行とした。他方、弘前市では2006年の合併に伴い、公安条例が失効している[71]。

　都県条例と市条例、許可制と届出制が併存する中、デモ規制を国の法律で一

---

[68] 三井・前掲注12) 115頁。
[69] いわゆる寺尾判決（東京地判昭和42年5月10日下刑9巻5号638頁）。
[70] 尾崎治・前掲13) 283頁。
[71] 財団法人地方自治総合研究所編『地方自治からみた市公安条例の問題』(2007年)、31-32頁、106-108頁。平成合併に伴う暫定施行は米子、岩国、光、山口、萩、丸亀の6市。

元化する試みもあった。

　第一の試みは、日本の独立回復に伴い、吉田茂内閣が 1952 年 5 月 10 日提出した「集団示威運動等の秩序保持に関する法律案」である。前年の 1951 年 10 月 26 日には、京都地裁で最初の公安条例違憲判決が出ている（円山事件判決）[72]。この法案は、72 時間前の届出制を採用し、公安委員会が「道路におけるだ行進又はすわり込みの禁止等交通の危険防止に関する事項」などの遵守を命じる内容だった。また、警察職員が運動等に警告・制止を行い、「公衆の生命、身体、自由又は財産に対する直接の危険を防止するため必要やむを得ないと認めるとき」は解散できるとしていた。もっとも、法案は参議院で廃案となっている。なお、同国会で成立した破壊活動防止法は、暴力主義的破壊活動を行う団体による集団示威運動等を禁止する処分を定めた（第 5 条）。

　第二の試みは、安保闘争を横目に 1959 年提出された「国会の審議権の確保のための秩序保持に関する法律案」である。1959 年 11 月 27 日、安保反対のデモ隊が国会に侵入する事件が発生する。衆議院議長の加藤鐐五郎（かとうりょうごろう）は、イギリス、アメリカの立法例を調査し[73]、国会周辺でのデモ規制の立法化を提案した[74]。加藤の提案にもとづいて、1959 年 12 月 21 日に議員立法の「国会の審議権確保のための秩序保持に関する法律案」が衆議院に提出された[75]。なお、加藤は、国会侵入事件の責任者として社会党議員を懲罰委員会に付託したことで野党の批判を浴び、1960 年 1 月 31 日に議長を辞職した[76]。

　この法案の特色は、集団示威運動等の規制権限を都条例に委ねていた点にある。公安条例を廃止して国に一元化するものではなかった。すなわち、衆参両院の議長は国会周辺のデモについて、都公安委員会に許可取消ないし条件の変更を求めることができるとしていた。要求を受けた都公安委員会には必要な措置をとることを義務付けていた。また、衆参両院の議長は、警視総監にデモの

72）奥平康弘『青少年保護条例、公安条例』（学陽書房、1981 年）18 頁。
73）「加藤鐐五郎関係文書」（愛知県公文書館寄託）W16-500-9「国会周辺の集団的要請行動の規制についての外国の立法例」（国立国会図書館憲政資料室マイクロフィルム閲覧）。
74）『朝日新聞』1959 年 12 月 4 日朝刊。
75）『朝日新聞』1959 年 12 月 22 日朝刊。
76）『朝日新聞』1960 年 2 月 1 日朝刊。

制止等の措置を要請できるとしていた。自治体の条例の存在を前提にして、条例で定められた権限の行使を法律で規制するというイレギュラーな内容だった[77]。この法案も安保闘争による混乱の影響を免れず、1960年7月をもって審議未了、廃案となった。ただし、公安条例を廃止するというデモ規制法の本来の趣旨は、180度転換された。ほぼ時を同じくして最高裁判決が都条例の合憲性を認めたように、国会も都条例を自明視したのである。

2016年現在、公安条例に代わる国の法律は存在しない。ただし、デモでの拡声器の使用による騒音の防止を目的として、1988年12月8日、国会議事堂等周辺地域及び外国公館等周辺地域の静穏の保持に関する法律（静穏保持法）が公布された。同法は、ソ連外相シュワルナゼの来日（1988年12月）を受けて、右翼等の街宣活動への対策を想定したものである。自民党、公明党、民社党の多数で衆議院議院運営委員会の提出法案として提出され、三党の賛成で可決成立した[78]。

静穏保持法は、拡声器の使用を一律に禁止するものではなく、「静穏を害するような方法」に限って禁止するなどの留保を付している。ただし、国会周辺のデモには物理的暴力の排除だけでなく、静穏という条件が追加されたことも事実である。今後、「お行儀のよい」デモという名目の下で、デモに対してさらなる条件が立法によって課せられることはあるだろうか。静穏であればデモの主張は許容されるのか。「公共の秩序」のために表現の自由は制限されるのか。デモと公安条例をめぐる相克は、今なお問われている。

読者のみなさんへ

安保闘争以降、政府は経済政策に力を入れていくことになる。判例により安保闘争は「暴力」と総括されたが、高度経済成長の時代には、この暴民論は一部学生の一部デモ形態に対して向けられることとなっていった。学園闘争が最

---

77) 『地方自治からみた市公安条例の問題』30頁。
78) 警備法令研究会「「国会議事堂等周辺地域及び外国公館等周辺地域の静穏の保持に関する法律」逐条解説-1-」『警察学論集』第42巻第2号（1989年2月）28-29頁。

も激しくなる 1967（昭和 42）年は、下級審による公安条例に懐疑的な判決が多く出された年でもあったが、暴力は時代精神に合わなかったのであろうか[79]、1975（昭和 50）年の最高裁諸判決により公安条例による規制がすべて合憲とされ、その後憲法問題として「花形」の地位から去っていった。デモとは「お行儀よく」行われるべきものであるという規範の勝利ということであろうか。

　さてところで、最高裁によればデモとは「物理的力を内包している」が「平穏に」行われるべきものであった。つまり、その暴発を警戒するからこそあらゆる規制が許されるところの暴力性は、顕現されることなく内在する、というのがデモの本質であるとされている。それでは、その暴力性が完全に濾過されて身も心もお行儀のよくなったデモは、それでも「デモ」と言えるだろうか。一部下級審が期待していたような民主主義的な機能をそれでも持ち得ることができるのだろうか。

　デモを抽象的危険ととらえる安村諸判決において、デモの暴力性とは議会制民主主義を否定する行為を意味するものと示唆されていた[80]。冷戦という時代背景を考慮に入れるべき言説であろうが、デモの「平穏」「暴力」がやはり民主主義と関連付けられている点が注目される。安村諸判決がデモに対して許しているのは、「説得行為」までであった。しかしその「説得」力を担保する「力」とは何であろうか。

　また安村諸判決においてデモ規制とは団体への規制であるという点も強調されていた。つまり個人の表現の自由に対する規制ではなく、「参加者個々人の意図がどうであるかに拘らず」デモという総体を規制するのが公安条例であるというのである[81]。ここにおいては団体の権利主体性が前提とされておらず、実はここに個人主義という「「戦後憲法学」に順接的な価値」を見出すことも可能なのかもしれないが[82]、個人主義をベースとした民主主義観は、政治の季

---

79) デモ隊の暴力だけではなく、これを取り締まる機動隊の暴力（過剰警備）もたびたび指摘されてきた。エンタープライズ号寄港に反対するデモと機動隊との衝突に関しては、博多駅事件などの著名な憲法判例も出てきた。
80) デモによる「説得行為」を超えて「意見の実現、貫徹」までも表現の自由によって保障されるのではない、とする、政防法反対デモ事件第 1 審判決。
81) たとえば政防法反対デモ事件第 1 審判決

節以降の時代を先取りするものだったのかもしれない。

＊　＊　＊

　近年のデモは、これら判例法理の申し子である。たとえばサウンドデモに象徴されるような、「諸個人が思い思いに参加する」タイプのデモなどは、個人ベースのデモのあり方を模索した1つの姿であろう。この場合、デモとは意見表明よりはむしろ集まることそれ自体に意義を持つと言ってよく、憲法的にも交流の権利それ自体の価値を認める契機になるかもしれない[83]。

　安保闘争から55年後の2015年、再び安保問題をめぐって国会周辺デモが盛んに行われた。55年前とは違い目立った衝突はなく、そして55年前と同様に彼らの主張は受け入れられなかった。なお、55年前と同様に学生団体が注目を集めたが、その主張に「民主主義ってなんだ」というものがあった。安村諸判決からすればそれは自分たちの主張を実現させることではなく、あくまでその説得までを意味する。ではそこに説得力はあったか。いやむしろその説得「力」とは何を指しているのか。ある憲法学者が国会前に集まった学生集団に対して演説を行った際、「これですよ、「我々が人民である」」と叫んだ。これが示唆するのは、デモに内包される「力」とは憲法制定権力（正確には憲法制定権力への標榜）だという主張である。もしそうなら最高裁の見たデモの「暴力」とは根源的な正統性への志向それ自体であり、それが「物理的」力として表現されたことになる。「物理的」な力としての表出は、それぞれのデモが正統性の承認を獲得するための戦略の偶発的な結果なのか、それともデモあるいは憲法制定権力の志向それ自体の本性なのか。昭和のデモはゲバ棒による正統性の獲得を目指し、公安条例はこの物理的力を否定してきた、という見方が成り立つとすれば、ゲバ棒以外のものに対して公安条例は何をするのか、今後の民主主義にとって積極的な意義があるのか、といった問題が残る[84]。

82）　本書11章250頁［出口執筆］。
83）　岡田順太『関係性の憲法理論――現代市民社会の自由と結社の自由』（丸善プラネット、2015年）特に247頁。
84）　寺尾判決は、公安条例における許可制とは、少数派もデモを実施できるようにするための保護を目的とするとしている。

より深く学びたい方へ──参考文献

奥平康弘『青少年保護条例、公安条例』（学陽書房、1981 年）
奥平康弘『治安維持法小史』（岩波現代文庫、2006 年）
尾崎治『公安条例制定秘史』（柘植書房、1978 年）
財団法人地方自治総合研究所編『地方自治からみた市公安条例の問題』
　（2007 年）
羽仁五郎『都市の論理』（勁草書房、1968 年）
広中俊雄『警備公安警察の研究』（岩波書店、1973 年）
Illan rua Wall, 'The Law of Crowds' (2016) 36 Legal Studies 395.

　　　　　　　　　　　　　　　岩切大地（立正大学准教授、憲法学）
　　　　　　　　　　　　　中澤俊輔（秋田大学講師、日本政治外交史）

第8章

自分の好きなところに店を開くことができない？

薬局開設距離制限事件（薬事法事件）
最大判昭和50年4月30日民集29巻4号572頁

> **この憲法条文に注目！**
> 第22条1項　何人も、公共の福祉に反しない限り、居住、移転及び職業選択の自由を有する。

あらすじ

広島県福山市で、スーパーマーケット等を経営するX（原告）が、店舗内に薬局を新規開設するため薬局開設の許可をY（広島県知事）に申請した。だが、薬局開設を許可する条件のひとつに、薬局と薬局の間は一定の距離が離れていなければならない（以下、適正配置規制という）と定める法令があり、原告の開設予定店舗の近隣には既に薬局が存在していたので、YはXの申請を却下した（以下、本件不許可処分という）。そこでXはYを被告とし、本件不許可処分の取消しを裁判所に求めた。最高裁は、上記適正配置規制には必要性および合理性がなく職業の自由を侵害するもので違憲無効であるとした。

この判例から考えてほしいこと[1]
● 職業の自由（職業の選択および職業の活動〔遂行〕）に対する司法審査のあ

り方はどのようなものか。
●適正配置規制は憲法 22 条 1 項に違反するか。

判例を読む前に

憲法学習者のみなさんへ

　本章で取り扱うのは、近年理論的観点からしばしば再読されている判決である（後記「憲法学上の意義」参照）。そこで、憲法学習者のみなさんには、まずはひと手間かけて、憲法学で議論の多い本判決が、一体いかなる論理によって結論に到達したのかを正確に把握して欲しい。そして、本判決を巡って提示されている様々な見解が一体何を主張しているのかを正確に把握して欲しい（憲法側は学習者のための議論の整理を目的としている）。

憲法に関心のあるみなさんへ

　「銭湯」に行ったことのある読者もいるだろう。もし読者の中に銭湯を開業したいと考える人がいるとしても、開業場所を自由に選べるわけではない。例えば東京都の場合、近隣の銭湯から 300 m 以内ならば、原則として開業できない（公衆浴場法 2 条 3 項・公衆浴場の設置場所の配置及び衛生措置等の基準に関する条例 2 条 1 項。これも適正配置規制である）。このような適正配置規制＝距離制限が、いまや街じゅうに見かける薬局・ドラッグストアにも、かつては存在した。距離制限が、自分の職業にも将来降りかかってくる可能性は、ゼロとはいえない（距離制限というかたちではなくとも、例えば、最近話題になった医薬品販売のように〔参照、最 2 小判平成 25 年 1 月 11 日民集 67 巻 1 号 1 頁〕、インターネットでの出店禁止のようなかたちでの規制が行われるかもしれない）。他方で、憲法 22 条 1 項

---

1) なお、本件には行政法上の論点（行政処分は申請時・処分時のいずれの法令によるべきかという論点）も存在するが、紙幅の関係で全て省略する。参照、雄川一郎・菊井康郎・塩野宏・宮嶋剛・山内一夫「〔座談会〕営業制限立法の問題点」ジュリスト 592 号（1975 年）52 頁以下。

は、「何人も、公共の福祉に反しない限り、……職業選択の自由を有する」と定めている。距離制限内であればその職業を選択できなくなる以上、銭湯の場合であれ薬局の場合であれ、距離制限は憲法22条1項の職業の自由を制約することになる。このような距離制限においては「自分の好きなところに自分の店を開くことができない」ことが問題となるが、この問題は（憲）法的にどのように考えたらよいのか。その素材を提供してくれるのが、本判決である。

◆ 歴史学からのポイント解説 ◆

　当該事件は、地方裁判所への提訴が昭和39年、高度成長期のただ中におけるスーパーマーケットという、非常に歴史的特色ある舞台設定である。大量生産・大量消費の時代を迎え、当時スーパーマーケットに代表される大型量販店の出店が急増した。「流通革命[2]」と呼ばれた、中間業者の排除やセルフサービスの販売方式、また大幅な値引き販売、さらには多品種を扱うという手法は、今となっては驚くものではないが当時は新規かつ大きな衝撃であった。それは医薬品小売業界にとっても例外ではなく、スーパーマーケットの新規参入は既存小売業者にとって深刻な問題となっていた。というのが、当該事件の時代的背景要素の一つである。

　さて、本最高裁判決にて主題となる経済的自由に関しては、まさに同時期の昭和40年代半ばから50年代にかけて、法学と経済史の間にいわゆる「営業の自由」論争が起こったことに注意したい[3]。当時の学説上、当然に「職業の自由」に含まれると解されていた「営業の自由」について、経済史学者であった岡田与好が疑問を投げかけるところから論争は始まる。岡田は、歴史的観点から「営業の自由」は「国家からの自由」としての基本的人権ではなくむしろ公序（Public Policy）であったとして、国家不干渉主義を経済的自由と把握することを当然としてきた法学界を痛烈に

---

[2]　林周二『流通革命』（中央公論社、1962年）。
[3]　同論争については、さしあたり岡田与好『独占と営業の自由』（木鐸社、1975年）、岡田与好『経済的自由主義』（東京大学出版会、1987年）参照。

批判した。

　同論争は「日本の学界風土では珍しく論争らしい論争に発展した[4]」と評されたように華々しいものであった一方、法学と経済史との間での学問上の対話不全やある種の感情的なすれ違いもまた浮き彫りとなり、その評価は分かれた。しかし近年では、あらためて法学的観点から同論争を再評価する向きも見られる[5]。

　これを踏まえて歴史学からは、本件不許可処分に至るまでの背景要素を探るとともに、高度成長期の日本がどのような（法的）競争秩序のもとにあったのかを補足したい。これによって「営業の自由」の実際が、当時どのようなものであったかを考える一助になればと思う。

事　案

　昭和38年法律第135号による一部改正（同年7月12日施行。以下、本件改正という）後の薬事法[6]によれば、薬局等の開設は、本件改正前からの許可条件（本件改正後の6条1項）[7]に加え、「薬局の設置の場所が配置の適正を欠く」場合には原則として許可されないことになり（本件改正により追加された2項）[8]、その適正配置の基準は各都道府県条例で定めるとされた（同4項）[9]。厚生省（当時）は通達で上記条例の「準則」を都道府県知事に通知し[10]、各都道府県は、「おおむねこの条例準則に従って」条例を制定した[11]。広島県も、「薬局等の配置の基準を定める条例」（昭和38年広島県条例第29号。以下、本件条例という）を定め、その3条は、「……薬局等の設置場所の配置の基準は、薬局開設の許可等を受けている適用地域内の既設の薬局等……の設置場所から新たに薬局開設の

---

4) 石川健治「営業の自由とその規制」大石眞・石川健治編『憲法の争点』（有斐閣、2008年）148頁。
5) 石川・前掲注4）のほか、川濱昇「取引の自由と契約の自由」田中成明編『現代法の展望』（有斐閣、2004年）等参照。
6) 薬事法は、現在、その名称が、平成25年法律第84号により「医薬品、医療機器等の品質、有効性及び安全性の確保等に関する法律（医薬品医療機器等法）」へと改称されている。以下では便宜上、薬事法と表記する。

許可等を受けようとする薬局等の設置場所までの距離がおおむね百メートルに保たれているものとする。ただし、知事は、この適用に当たっては人口、交通事情、その他調剤及び医薬品の需給に影響を与える各般の事情を考慮し、広島県薬事審議会の意見を聞かなければならない」と定めていた[12]。

　Xは、上記「あらすじ」で述べた経緯で本件不許可処分の取消しを求めた。憲法上の論点に関する当事者の主張を見ると、Xは、①適正配置規制は既存業者の利益保護に過ぎず、すぐ近くに薬局があることや、激しい業者間競争により安価に薬品を入手できることは国民の利益となる、②薬局は、製品を製造せず販売するのみなので、公衆浴場の距離制限とは性質が異なり、公衆浴

---

7)　「次の各号のいずれかに該当するときは、前条第1項の許可〔都道府県知事の許可〕を与えないことができる。
　　1号　その薬局の構造設備が、厚生省令で定める基準に適合しないとき。
　　1号の2　その薬局において薬事に関する実務に従事する薬剤師が厚生省令で定める員数に達しないとき〔本号は本件改正により追加〕。
　　2号　申請者……が、次のイからホまでのいずれかに該当するとき。
　　　イ　第75条第1項〔許可取消事由〕の規定により許可を取り消され、取消しの日から3年を経過していない者
　　　ロ　禁錮以上の刑に処せられ、その執行を終わり、又は執行を受けることがなくなった後、3年を経過していない者
　　　ハ　イ及びロに該当する者を除くほか、この法律、麻薬取締法……、毒物及び劇物取締法……その他薬事に関する法令又はこれに基づく処分に違反し、その違反行為があった日から2年を経過していない者
　　　ニ　禁治産者、精神病者又は麻薬、大麻、あへん若しくは覚せい剤の中毒者
　　　ホ　その性癖素行に照らして、薬局を管理する薬剤師の第9条に規定する義務の遂行を著しく阻害することが明白である者。」。
8)　「前項各号に規定する場合のほか、その薬局の設置の場所が配置の適正を欠くと認められる場合には、前条第1項の許可を与えないことができる。ただし、当該許可を与えない場合には、理由を附した書面でその旨を通知しなければならない」〔圏点筆者〕。
9)　「第2項の配置の基準は、住民に対し適正な調剤の確保と医薬品の適正な供給を図ることができるように、都道府県が条例で定めるものとし、その制定に当たっては、人口、交通事情その他調剤及び医薬品の需給に影響を与える各般の事情を考慮するものとする。」
10)　昭和38年9月3日薬発454号別添(参照、厚生省薬務局監修『薬事法・薬剤師法・関係法令集〔改定新版〕』〔薬務公報社、1974年〕373頁以下、ジュリスト592号64頁以下〔1975年〕)。
11)　和田勝・渡邉徹編『逐条解説薬事法〔5訂版〕』(ぎょうせい、2012年) 57頁。

場法事件最判（最大判昭和30年1月26日刑集9巻1号89頁）は援用できない、③Yの主張は事実や合理的予測に基づかず単に想像上のものである等、主張した。これに対しYは、国民の保健衛生に重大な関係を持つ点で公共性がある薬局の開設を業者の自由に任せ、その偏在・濫立を防止する等その配置の適正を保つための必要な措置を講じなければ、偏在により調剤の確保と医薬品の適正な供給は期し難く、濫立により濫売・廉売等の過当競争が生じ経営が不安定になり、ひいては施設に不備・欠陥を生じ、品質の低下した医薬品の販売等の悪影響をきたす恐れがあるので、適正配置規制は合憲である等、主張した。

　1審（広島地判昭和42年4月17日行裁例集18巻4号501頁）は、憲法上の論点に立ち入らず本件不許可処分を取消した（X勝訴）のに対し、原審（広島高判昭和43年7月30日行裁例集19巻7号1346頁）は、Yの主張を採用し、薬事法6条2・4項および本件条例3条を合憲と判断した（その他の諸論点もX敗訴）。これを受けXが上告。

◆　**歴史学からのポイント解説**　◆

　そもそも、なぜ適正配置規制が薬事法に加えられたのだろうか。本件改正当時の厚生省薬務局薬事課長による解説書では、Yの主張と同じく医薬品の乱売・廉売等の過当競争による悪影響のおそれを理由に挙げるが、さ

12）　広島県報1963年10月1日付（号外）4-5面。なお本条は、昭和42年条例第41号により距離測定方法が変更され（広島県報1967年9月30日付〔号外〕8面）、同43年条例第33号により「百メートル」が「百五十メートル以上」に改められるとともに、距離制限の適用区域が追加された（広島県報1968年6月12日付〔号外〕4-5面）。上記各広島県報につき広島県健康福祉局薬務課から提供を受けたことをここに記してお礼申し上げる。なお、前掲ジュリスト592号66-68頁には全国の「薬局等の配置の基準を定める条例」の一覧がその内容とともに記されているが、本件条例3条の定める配置基準について県報の上記内容と齟齬がある。

　ところで上記「条例準則」3条と本件条例の間には少なくない差異がある。「条例準則」3条は同条の適用除外を明示しているのに対し、本件条例3条は適用除外を明示的には定めていないように見えるからである。なお、この適用除外を巡って興味深い行政側の対応がなされている。さしあたり参照、吉川和宏「薬局距離制限事件」田中二郎・佐藤功・野村二郎編『戦後政治裁判史録4』（第一法規、1980年）76-77頁。

らにはその背景としてスーパーマーケット等の新規業者による医薬品小売業への参入を指摘する[13]。

　当初厚生省は「中小企業団体の組織に関する法律」（昭和32年法律第185号）にもとづく医薬品小売商業組合を都道府県ごとに設立させ、そこで価格を含む販売調整事業を担わせようと試みた。しかしスーパーマーケットを中心とするアウトサイダーの存在によって調整効果は充分に発揮されなかった。

　そこで同省が次に用いたのは、薬局等開設許可の際の行政指導による調整であった[14]。すなわち、「国民に対して良質な医薬品を適正に、かつ、必要に応じて支障なく供給する社会的使命をもって」いる薬局等は「全国的に適正に配置されることが望ましい」として、「周辺の薬局等の経営を圧迫」する「スーパー・マーケット等の医薬品販売業の許可にあたっては、特に慎重に検討し、必要に応じて県当局があっせんを行ない、許可申請者と地元商業組合等薬業団体と協議せしめ両者協調のもとに事業を実施し得るよう指導するとともに、その協議事項が遵守されるための実行確認の措置をも講ずること」を都道府県に通知したのである。いくつかの都府県では行政指導の際の内規として適正配置規制が定められ、これがようやく実効を挙げた。

　しかし、行政不服審査法（昭和37年法律第160号）によって行政庁の不作為に対する救済が講じられると、行政指導を理由として薬局等の開設許可を保留することが困難となった[15]。薬局等の開設許可は、構造設備が法定基準に合致し、申請者に欠格事由がなければ当然与えられるべきという、いわゆる覊束行為であったためである[16]。よってより直接的に調整を裏付けるもの、すなわち法的根拠が必要となった。これが適正配置規制を

---

13)　以下の記述は、主として横田陽吉『薬局等適正配置解説』（薬事日報社、1963年）7頁以下によった。
14)　昭和37年4月5日薬発第152号。
15)　同法の制定の経過については、杉村敏正・兼子仁『行政手続法・行政争訟法』（筑摩書房、1973年）365頁以下。
16)　横田陽吉「薬局等適正配置の基本的考え方」日本薬剤師会雑誌15巻10号（1963年）2頁。

加える本件改正へとつながる。

　なお、本件改正については、自民党所属参議院議員の高野一夫（日本薬剤師会会長）および中山福蔵（全国薬業士連合会会頭）が中心となった議員立法によって成立した点に注意したい[17]。議員立法は、医薬品小売業界の「スーパーマーケットの進出や乱売薬店の増加で、薬局の生活圏が脅かされている[18]」とした声を受け入れた結果であった。

　しかし、その立法に際しては「参議院法制局も衆議院法制局も、また内閣法制局も、いずれも、いかなる業種であろうとも適正配置は憲法違反である、公衆浴場の適正配置を憲法違反でないとする最高裁判所の判例もまちがっているという見解をとっていたので、薬局の適正配置も同様だとの考え方であって、意見の一致をみることが容易にできなかった[19]」と高野が回顧している点は留意される。適正配置規制は当初から憲法違反のおそれがあると考えられており、だからこそ閣法ではなく議員立法というかたちで制定されたといえよう[20]。

判　旨

①職業の自由と、それを規制する法律に対する審査のあり方

　職業は、人が自己の生計を維持するための継続的活動であり、また、職業を通じて社会の存続と

---

17) 同観点については、山田隆司『戦後史で読む憲法判例』（日本評論社、2016年）第15章も参照のこと。

18) 朝日新聞1963年3月18日東京夕刊。

19) 高野一夫『薬事法制』（近代医学社、1966年）248頁。なお、高野が当時の問題を、薬局「偏在乱設」だけでなく「医薬品販売の特殊の使命感をもたずに単なる営利事業として経営に当たる大企業体が実現すること」にも原因を求めている点は興味深い（同前256頁）。

20) 閣法であった薬事法（昭和35年法律145号）制定の際にも適正配置規制の導入は議論されたが、憲法抵触への懸念から見送られた（同前176頁）。ただし高野一夫提出による参議院の附帯決議に「薬局の適正配置をはかり、以て国民皆保険に協力せしめ得るよう、対策を講ずべきである」として織り込まれた（参議院本会議昭和35年6月20日）。

発展に寄与するという性質を持つ点で、個人の人格的価値とも不可分に関連する。この点に鑑みると、職業の選択（開始・継続・廃止）のみならず、選択した職業の遂行自体（職業活動の内容・態様）も、原則として自由であることが、憲法22条1項により保障されている。

しかし、職業は、本質的に社会的・経済的な活動であって、その性質上、社会的相互関連性が大きいので、「職業の自由は、それ以外の憲法の保障する自由、殊にいわゆる精神的自由に比較して、公権力による規制の要請がつよ」い[21]。「職業は、それ自身のうちになんらかの制約の必要性が内在する社会的活動であるが、その種類、性質、内容、社会的意義及び影響がきわめて多種多様であるため、その規制を要求する社会的理由ないし目的も、〔ア〕国民経済の円満な発展や社会公共の便宜の促進、経済的弱者の保護等の社会政策及び経済政策上の積極的なものから、〔イ〕社会生活における安全の保障や秩序の維持等の消極的なものに至るまで千差万別で」あり[22]、職業の自由に対して現実に加えられる制限も、「それぞれの事情に応じて各種各様の形をとる」。

従って、規制措置が憲法上是認されるか否かは、「これを一律に論ずることができず」、裁判所としては、規制の目的が公共の福祉に合致する場合、「規制措置の具体的内容及びその必要性と合理性については、立法府の判断がその合理的裁量の範囲にとどまるかぎり、立法政策上の問題としてその判断を尊重すべき」である。しかし、この「合理的裁量の範囲については、事の性質上おの

21) ここが、最高裁が「二重の基準論」を一応採用していることを意味すると、しばしば指摘される部分である。なお、本稿の圏点・下線は原則として本稿筆者による。判決部の圏点は、判決の具体的審査基準と事案に対する判断の箇所である。

22) 一般に、〔ア〕部分が積極目的、〔イ〕部分が消極目的とされる。

ずから広狭がありうるのであって、裁判所は、具体的な規制の目的、対象、方法等の性質と内容に照らして、これを決すべき」である。

②職業の許可制の憲法上の意義と薬局開設の許可制の憲法適合性

法定条件を満たした者のみにその職業遂行を許し、それ以外の者に対してはこれを禁止する許可制は、一般に、職業活動の内容及び態様への規制を超え、職業の選択の自由そのものに制約を課す「強力な制限」なので[23]、「原則として、重要な公共の利益のために必要かつ合理的な措置」のみが合憲となる。また、それが社会政策・経済政策上の「積極的な目的」ではなく、自由な職業活動による社会公共への弊害防止を目的とする「消極的、警察的措置である場合には、許可制に比べて……よりゆるやかな制限である職業活動の内容及び態様に対する規制によっては右の目的を十分に達成することができないと認められることを要する[24]」。さらに個々の許可条件もまた、上記の観点から審査が必要である。

薬事法は薬局の開設を許可制のもとにおくが、医薬品は、国民の生命および健康の保持上の必需品であるとともに、これに大きく関係するので、不良医薬品の供給から国民の健康と安全を守るために、一定の資格要件を満たした者のみに開業を許す「許可制を採用したことは、それ自体としては公共の福祉に適合する目的のための必要かつ合理的措置」である。

そこで進んで、許可条件に関する基準をみる

---

[23] 職業活動の内容・態様に対する規制（職業遂行の自由の制約）の場合には、当該職業に就くこと自体はできるのに対し、職業選択の自由が制約されると、当該職業に就くこと自体ができなくなる点で「強力な制限」といえる。

[24] この部分が「LRAの基準」といわれる。

と、薬局の構造設備や、薬剤師の数、そして設置申請者の人的欠格事由を定める薬事法6項1項は「いずれも・不・良・医・薬・品・の・供・給・の・防・止・の目的に直結する事項であり、比較的容易にその・必・要・性・と・合・理・性を肯定しうる」が、配置の適正を定める2項および4項は上記目的と直接関連しないので、さらに具体的な検討が必要である。

③適正配置規制の目的

薬事法6条2項・4項の定める適正配置規制の提案者の示す提案理由によれば、適正配置規制は、「主として・国・民・の・生・命・及・び・健・康・に・対・す・る・危・険・の・防・止・と・い・う・消・極・的、・警・察・的・目・的・の・た・め・の・規・制・措・置[25]」であり、同じく提案理由にある「薬局等の過当競争及びその経営の不安定化の防止」は、「それ自体が目的ではなく、あくまでも不良医薬品の供給の防止のための手段」にすぎない。すなわち、「小企業の多い薬局等の経営の保護というような社会政策的ないしは経済政策的目的」を適正配置規制は意図しておらず（この点で、小売市場許可制事件最判〔最大判昭和47年11月22日刑集26巻9号586頁〕[26]で争われた規制とは「趣きを異に」するので、同判決の法理は本件には適切ではない。）、また、薬局に厳格な規制を行いつつ経営安定のために独占的地位を与える目的を、適正配置規制は含まない。

適正配置規制の上記目的は、公共の福祉に合致し、かつ、それ自体としては重要な公共の利益なので、上記目的を達成するための手段として、適正配置規制が必要性および合理性を有するかが問

25) ここで、本件の適正配置規制が消極目的であることが認定されている。

26) 小売市場許可制事件とは、小売商業特別措置法が、政令で指定された区域で一定の「小売市場」を開設等する場合には都道府県知事の許可を必要としていたところ（許可要件のひとつに距離制限が設けられていた）、無許可で「小売市場」を開設等した者が罪に問われた事件である。最高裁は、小売市場の許可規制は、国が社会経済の調和的発展を企図するという観点から中小企業保護政策の一方策として採用した措置であり、著しく不合理であることが明白とはいえず、合憲とした。本事件につきまずは、常本照樹「社会経済政策としてなされる営業規制」『憲法判例百選Ⅰ〔第6版〕』203頁以下参照。

題となる。

④適正配置規制の必要性および合理性

　適正配置規制は、開業そのものを禁止するのではなく設置場所を制限するだけではある。しかし、薬局を自己の職業とし、これを開業する場合には、経営上の採算のほかに諸般の生活上の条件を考慮して開業場所を選択するのが通常であり、特定の場所で開業できないことは開業そのものの断念にもつながり得る以上、適正配置規制を通じた開業場所の地域的制限は、「実質的には職業選択の自由に対する大きな制約的効果を有する」[27]。

　Yは、適正配置規制が無ければ、薬局等が偏在し、過当な販売競争が行われ、その結果、医薬品の適正供給上種々の弊害を生じると主張する[28]。

（i）しかし、不良医薬品の供給防止のために、薬事法・薬剤師法は、罰則・許可取消等の制裁や、行政上の是正措置、そして強制調査などの規制を設けており、これらが遵守されれば「不良医薬品の供給の危険の防止という警察上の目的を十分に達成することができるはずである」。もっとも、規制をいくら強化しても規制に対する違反そのものを根絶することはできないので、さらに予防的措置を講じる必要性が全く無いとはいえない。しかし、適正配置規制のような強力な規制が憲法上許されるためには、この「措置による職業の自由の制約と均衡を失しない程度において国民の保健に対する危険を生じさせるおそれのあることが、合理的に認められることを必要とする」。

---

27) 適正配置規制では、距離制限という自分の努力でどうにもできない条件（客観的許可条件）が争われている点が、（資格試験等の）自分が努力すれば乗りこえることができる可能性のある条件（主観的許可条件）が争われている場合と異なるとされる。なお、この客観的条件と主観的条件の区分につき、長谷部恭男『憲法〔第6版〕』（新世社、2014年）251-252頁の批判も参照。

28) 以下が、いわゆる立法事実論のアプローチを採用したとされる部分である。

(ⅱ)「競争の激化―経営の不安定―法規違反という因果関係に立つ不良医薬品の供給の危険が、薬局等の段階において、相当程度の規模で発生する可能性がある」とのYの主張は、「単なる観念上の想定にすぎず、確実な根拠に基づく合理的な判断とは認めがたい」。実際上どの程度にこのような危険があるかは明らかにされておらず、薬局経営者や薬剤師が、経済的理由のみから制裁を伴う法規違反を行うことは容易には考えられないからである。また、乱売や不当な取引方法等の医薬品の流通過程における弊害は、本件規制とは別に、その対策が経済政策的観点からなされるべきである。

仮に、上記の危険発生の可能性を認めるとしても、行政上の監督体制の強化等の手段により危険を有効に防止し得る。監督員の監視の限界はあるが、競争激化地域を集中的に監視すればよく、医薬品の貯蔵の不備は立ち入り検査を適宜行えばよいし、医薬品の製造番号の改ざんなどは薬局に当該医薬品が到着する前段階で生じることなのだから、これらの監督により防止できないような「専ら薬局等の経営不安定に由来する不良医薬品の供給の危険が相当程度において存すると断じるのは、合理性を欠く」。

さらに、医薬品販売の際の指導・注意の不備は薬局の経営不安定化により生じるとは思われないし、医薬品の乱売により医薬品の濫用が生じ得るとしても、それは医薬品の過剰生産・販売合戦・誇大広告により生じるものなので、誇大広告の規制や一般消費者への啓蒙強化で対処すればよく、

「薬局等の設置場所の地域的制限によって対処することには、その合理性を認めがたい」。そして、「無薬局地域等の解消を促進する目的のために設置場所の地域的制限のような強力な職業の自由の制限措置をとることは、目的と手段の均衡を著しく失するものであって、とうていその合理性を認めることができない」。

⑤ **結　論**
　適正配置規制は、不良医薬品の供給の防止等の目的のために必要かつ合理的な規制とはいえず、立法府の合理的裁量の範囲を超え、違憲無効である。

憲法学上の意義

　本判決は、小売市場許可制事件最判とあいまって、職業の自由の制約に対する最高裁の審査手法を定式化した点で重要であるとしばしば指摘されてきた[29]。

[1] 規制目的二分論とその批判

　本判決の直後は、職業の自由規制の審査につき、小売市場許可制事件最判の判示[30]と本判決の判旨②後半および③の部分を併せ、(ア)積極目的は、規制手段が不合理であることが明白な場合に限り違憲（明白性の原則）、(イ)消極目的は、重要な公共の利益のために必要かつ合理的な措置であり、より緩やかな規制手段では目的を達成できない場合には合憲（厳格な合理性の基準）という仕方で、

---

29) 戸波江二「職業の自由」法学教室57号（1985年）23頁、前田徹生「経済的自由規制立法の違憲審査基準」佐藤功先生喜寿記念『現代憲法の理論と現実』（青林書院、1993年）198頁、棟居快行・小山剛「経済的自由権と規制二分論」井上典之・小山・山元一編『憲法学説に聞く』（日本評論社、2004年）113頁。矢島基美『現代人権論の基点』（有斐閣、2015年）176頁等。

規制目的と審査基準は一対一の関係のものとして、学説に理解された（規制目的二分論）[31]。

もっとも、この規制目的二分論に対しては、規制目的を積極目的と消極目的に区分する点、これらの区分に応じて審査基準を異にする点がはやくから批判され[32]、規制目的二分論を採る論者も、後に、規制目的に加えて規制態様（規制の手法）も考慮する（客観的許可条件の場合は主観的許可条件よりも厳格な審査を行う）等の修正を加えている[33]。さらには、規制目的二分論自体を否定する見解も登場し[34]、その後の判例[35]の展開も踏まえると、規制目的二分論を修正無く「そのまま維持すべきであるとする見解はほとんど見当たらず」、「混沌」とした状況にあると1995年の段階で診断されている[36]。

[2] 本判決に対する近時の再読
　これに対して、近時、次のような見解が有力となっている[37]。この見解によ

---

30) 「国は、積極的に、国民経済の健全な発達と国民生活の安定を期し、もって社会経済全体の均衡のとれた調和的発展を図るために、……一定の規制措置を講ずることも、それが右目的達成のために必要かつ合理的な範囲にとどまる限り、許される」が、このような規制措置の必要性や対象・手段・態様を検討することは立法府の使命であり、裁判所は、「規制措置が著しく不合理であることの明白である場合に限って、これを違憲」とする（刑集26巻9号592-592頁）。
31) 例えば、芦部信喜「薬局距離制限の違憲判決と憲法訴訟」ジュリスト592号（1975年）17頁以下。
32) 現在では、規制目的は「合憲性判断の基準の適用の目安」（市川正人『憲法』〔新世社、2014年〕176頁）と理解されることが多い。規制目的二分論とその批判については、戸波・前掲注29) 24頁以下、前田・前掲注29) 207頁以下、矢島・前掲注29) 186頁以下等を参照。
33) 例えば、芦部信喜『憲法訴訟の現代的展開』（有斐閣、1981年）301頁。
34) 例えば、戸波江二「職業の自由と違憲審査」法学教室174号（1995年）32頁、棟居快行『人権論の新構成〔新装版〕』（信山社、2008年）233頁以下、松本哲治「経済的自由権を規制する立法の合憲性審査基準（2・完）」民商法雑誌113巻6号〔1996年〕851頁以下。
35) 特に、森林法違憲判決（最大判昭和62年4月22日民集41巻3号408頁）。
36) 戸波・前掲注34) 31、34頁。
37) 石川健治「法制度の本質と比例原則の適用」LS憲法研究会編『プロセス演習憲法〔第4版〕』（信山社、2011年）308頁以下、同「薬局開設の距離制限」憲法判例百選I〔第6版〕206頁以下、同「30年越しの問い」法学教室332号（2008年）58頁以下、同「営業の自由とその規制」大石・石川編・前掲注4) 150頁以下。

ると、本判決は、多種多様な規制措置につき、その目的の正当性と手段の必要性および合理性が存在すれば立法府の合理的裁量の範囲内となるが——そして、このような審査こそ比例原則による審査である——、その範囲（裁判所の統制密度）を決めるのは、職業と人格の関連性および職業の社会相互関連性（判旨①冒頭）を前提とした、規制目的・対象・方法等の性質・内容から抽出される「事の性質」である（判旨①）。本件では、職業選択それ自体を妨げる事前抑制としての許可制（判旨②）、そして、小売市場許可制判決において統制密度を緩和した積極目的の不存在（判旨③）——これらの「事の性質」が、本件の立法裁量の範囲を狭め、許可条件のひとつとしての適正配置規制の必要性および合理性を否定することとなった（判旨④）、という。

[3] 本判決の「客観的な意味」を問う

ところで、以上のような「憲法規範学」から離れ、本判決の「客観的な意味」を分析する見解もある。それによれば、本判決も、公衆浴場法判決と同じく、薬局の偏在濫立→医薬品の適正供給の不安定化→国民の医療と保健悪化→合憲とすることは容易であったが、しかしそうしてしまうと、公衆浴場法の距離制限も本件適正配置規制も、ともに（利害関係を持つ議員による）議員立法ということもあり[38]、「距離制限合憲性に対する最高裁の更なる駄目押しに力を得てガソリン・スタンドその他同業者間の競争的な施設濫立の抑制をもとめる業界に距離制限制が続々と出てくる」ことになり、各種業界の「距離制限立法に有効な歯止めをかけることが国法上できないことになる」。したがって、「合憲判決はコストがかかりすぎる」ので、最高裁は、本件では「違憲判決をくだすしか、手がなかった」という[39]。

---

38) 前記「歴史学からのポイント解説」に加え、奥平・後掲注39）、雄川他・前掲注1）36頁以下、吉川・前掲注12）67頁以下、芦部信喜『人権と憲法訴訟』（有斐閣、1994年）376頁以下を参照。

39) 奥平康弘『憲法裁判の可能性』（岩波書店、1995）123-124頁（強調原文）。

[4] 若干の検討

さて、これまで、本判決を巡るいくつかの見解を紹介してきたが、まず、[1] ないし [2] で紹介した理論的観点からの議論と、[3] で紹介した実践的観点からの議論は、必ずしも相互に矛盾せず両立し得るように思われる。

また、[2] の見解も、規制目的を考慮しないわけではない（特に積極目的の存在が統制密度を低め得ると考える）。規制目的に応じて違憲審査基準を決めるのではなく、職業と人格の関連性および職業の社会相互関連性をふまえ、具体的な規制目的・手段等から導き出した「事の性質」に応じた密度で比例原則審査を行う点が、[2] の見解と規制目的二分論の違いといえよう[40]。

この判例から見えるもの——法制史の立場から

ここでは、高度成長期における競争秩序はどのようなものであったかについて考えたい。その様相はいくらか複雑である。

周知のように、「私的独占の禁止及び公正取引の確保に関する法律」（昭和22年法律第54号。以下、独禁法）の制定により、戦後日本の競争秩序の方向性は、同法が掲げる「公正且つ自由な競争」（第1条）へとある程度定まった。ただし「経済憲法」と呼ばれた同法が、占領下の、しかも旧憲法下における立法であった点には注意が必要である。

例えば『昭和22年度公正取引委員会年次報告』では、その冒頭にて「私的独占禁止法の立法経緯」が述べられるが、その中では独禁法制定当時すでに公布されていた「日本国憲法」の文字は見当たらない[41]。語られるのはもっぱら

---

40) さらにいえば、この見解を主張する論者においては、違憲審査基準論でなく、人格関連性アプローチ＋比例原則審査を本判決は用いたのだと理解することを出発点として、行政法学とも判例とも接点を持った、より整合的な憲法解釈論を再構築するという解釈戦略がある（参照、石川健治・駒村圭吾・亘理格「〔座談会〕Mission: Alternative」法学教室342号〔2009年〕32、41頁〔いずれも石川発言〕）。従来からも、本判決に関して比例原則による審査を示唆する稿は存在したが（例えば参照、高見勝利「薬局開設の距離制限と職業選択の自由」大須賀明・中村睦男・横田耕一・吉田善明編『憲法判例の研究』〔敬文堂、1982年〕432頁以下）、それらの間には解釈戦略レヴェルでの差異が存在するということなのであろう。

ポツダム宣言から始まる占領方針との関係であって、財閥解体等の経済民主化の永続化手段として独禁法制定は位置づけられた[42]。

　つまり同時代的に独禁法は、日本国憲法秩序というよりも占領管理秩序の一環であるという見方が強かった。これが独立回復後、産業政策とのずれが生じた際に、ある種の反動として現れる[43]。特に昭和28年法律第259号による一部改正は、独禁法制定以来の独占規制を大幅に緩和するものであった。例えば、ほとんど全面的に禁止されていたカルテルについて、その原則禁止は維持するものの、不況カルテルや合理化カルテル、また個別法にもとづく適用除外を大幅に認める道を開いた。そして、これを契機として数多くの適用除外立法が生まれた。

　国会審理にて「わが国経済の特質と実態によりよく即応するもの[44]」と述べられた同改正法は、法学者を中心に独占禁止政策の後退として捉えられた一方で、公正取引委員会はこれを競争法制の占領管理からの脱却とみなしていた点は興味深い[45]。高度成長期の競争秩序は、この「日本的独占禁止法[46]」の下にあり、政府当局の産業政策等に密着的な関係を持っていた。そして政府による産業政策の実現手段として用いられたのが適用除外立法であり、行政指導であった[47]。「護送船団方式」「官民協調体制」と呼ばれた、競争制限的な市場介入である。

　ただし、適用除外立法や行政指導を用いた政府による産業政策の実施が、高

---

41) 公正取引委員会編『昭和22年度公正取引委員会年次報告』（公正取引委員会、1948年）1頁以下。商工省企画室編『独占禁止法の解説』（時事通信社、1947年）も同様である。

42) 例えば我妻榮『経済再建と統制立法』（有斐閣、1948年）218頁以下でも明らかなように、当時はこれが一般的理解であったといえる。

43) 平林英勝『独占禁止法の歴史（上）』（信山社、2012年）187頁以下。

44) 衆議院本会議昭和28年7月2日、緒方竹虎・副総理大臣の発言。

45) 高瀬恒一・黒田武・鈴木深雪監修『独占禁止政策苦難の時代の回顧録』（公正取引協会、2001年）。公正取引委員会にとっては、むしろ通商産業省との間での権限問題のほうが重要であった。

46) 公正取引委員会編『改正独占禁止法解説』（唯人社、1954年）9頁。

47) 來生新『産業経済法』（ぎょうせい、1996年）39頁以下、大山耕輔『行政指導の政治経済学』（有斐閣、1996年）。

度成長期の競争秩序の中で必ずしも貫徹するものばかりではなかった点は留意される[48]。薬事法事件に戻れば、当初適用除外カルテル（医薬品小売商業組合）による業界内での自主統制が試みられ、次いで薬局等の開設許可を背景とした行政指導が行われた。しかし両手段ではその目的を達成することができず、最終的に直接法律に適正配置規制を書き込む本件改正へとつながった。当該事例は、高度成長期の競争秩序が一面的なものではなく、より複雑な様相にあったことを示している。

加えて本最高裁判決は、職業を個人の人格的価値と結びつけて違憲の判断を下し、上記構造のさらなる限界を指摘した。しかし、同判決が高度成長期を終えて安定成長期に入った昭和50年に出されたこと、そして薬局等開設の許可制の是非そのものに踏み込むなど、その構造自体を脅かすようなものではなかったことには注意したい[49]。

読者のみなさんへ

本書は、憲法判例について、憲法学の外からの視点を取り入れることで、従来憲法学が充分に省察してこなかった点にも着目することを目的としている。本章でも、薬事法判決について、憲法学における様々な見解、そして、法制史からの見解が紹介されたが、読者のみなさんは、まずは判決の論理に内在する形で、判旨の一つひとつを理解しようと努め、その上で、それら見解が、事案や、判決のテクスト、そして事案の背景となる政治的・社会的事実について、いったいどの部分に着目して議論を組み立てているのかに着目してほしい[50]。経済的自由権について憲法規範論をいかに組み立てるべきなのかは困難な問題だが[51]、本章で紹介した「日本的独占禁止法」のありようとの関係において思

---

48) 同様の視角については、中島徹『財産権の領分』（日本評論社、2007年）30頁以下。

49) 薬事法（昭和35年法律第145号）は、同名法律である「薬事法」（昭和23年法律第197号。以下、旧薬事法）を廃止制定したものである。旧薬事法は、GHQの指導によって薬局等開設の登録制がとられていた（厚生省五十年史編集委員会編『厚生省五十年史〔記述篇〕』〔厚生問題研究会、1988年〕687頁以下）。

50) 池田真朗編『判例学習のA to Z』（有斐閣、2010年）121、141頁［宍戸常寿］。

考を試みることも、ひとつの重要な方法ではなかろうか。

より深く学びたい方へ──参考文献

石原武政・矢作敏行編『日本の流通 100 年』（有斐閣、2004 年）。

岡崎哲二・奥野正寛編『現代日本経済システムの源流』（日本経済新聞社、1993 年）。

小嶋和司『憲法学講話』（有斐閣、1982 年）第 9 講。

小山剛「職業の自由と規制目的」LS 憲法研究会編『プロセス演習憲法〔第 4 版〕』（信山社、2011 年）256 頁以下。

宍戸常寿『憲法　解釈論の応用と展開〔第 2 版〕』（日本評論社、2014 年）48 頁以下。

野坂泰司『憲法基本判例を読み直す』（有斐閣、2011 年）第 12 章。

長谷部恭男『Interactive 憲法』（有斐閣、2006 年）第 20 章。

巻美矢紀「経済活動規制の判例法理再考」ジュリスト 1356 号（2008 年）33 頁以下。

松本哲治「薬事法距離制限違憲判決」論究ジュリスト 17 号（2016 年）48 頁以下。

山本真敬（下関市立大学専任講師、憲法学）

小石川裕介（後藤・安田記念東京都市研究所研究員、日本法制史）

---

51)　参照、中島・前掲注 48)。

第 9 章

「大学の危機」時代に考える学問の自由・大学の自治

東大ポポロ事件
最大判昭和 38 年 5 月 22 日刑集 17 巻 4 号 370 頁

> **この憲法条文に注目！**
> 第 23 条　学問の自由は、これを保障する。

あらすじ

　大学キャンパス内において、大学公認の演劇サークルが演劇発表会を行っていたところ、観客の中に私服の警察官と思しき人物が数名いることが判明した。不審に思った学生たちは、これらの人物の身柄を拘束し、軽度の暴行を加え、警察手帳を奪い取った。警察手帳のメモ書きによると、連日のように警官が無断で大学内に潜入し、学生や教職員の動向を調査・監視していたことが判明した。

　学生たちは暴力行為等処罰に関する法律に反するとして起訴された。警察官に対して暴行を加えたのであるから、犯罪としてこれを罰するべきであろうか。それとも、学生たちが弁明したように、大学の自治を侵害する警官の違法行為を排除しようとしたのであるから、正当な行為として無罪とすべきであろうか[1]。

　第一審および控訴審判決は、後者の論理構成を採って被告人たる学生たちに

無罪判決を下した。これに対して最高裁は逆転有罪判決を下した。

> **この判例から考えてほしいこと**
> ● 憲法 23 条が保障する学問の自由に、大学の自治は含まれるのか？
> ● 大学当局の了解なく警察権を行使することは、大学の自治を侵害する？
> ● 学生に学問の自由および大学の自治の享有が認められるのか？
> ● 大学公認の本件発表会に学問の自由および大学の自治の保障が及ぶのか？

判例を読む前に

憲法学習者のみなさんへ

　日本国憲法 23 条は、明文で学問の自由を保障している（五七五調の条文として有名である）。学問の自由の中核は「真理の発見・探究を目的とする研究の自由」とされ[2]、大学がその中心地として位置づけられてきた。しかし、学問的研究活動の自由は、思想・良心の自由（19 条）や表現の自由（21 条）によってもカバーされるはずである。日本国憲法は、なぜこれらの自由とは別個に学問の自由を保障したのであろうか。まずは、歴史的な経緯を確認しておこう。

　大学（university）という言葉は、中世ヨーロッパの都市において同郷出身の学生たちが結集し、「学生自身が必要としている教育を彼ら自身で組織」した同業組合＝ウニヴェルシタス（universitas）[3]を語源としている。当時の大学とは、地域や権威からの不当な介入を防ぎ、研究・教育活動の自律性を確保するために、学生と教師が自主的に集合した団体であった。このような初期の大学

---

1) たとえ刑罰法規に違反する行為であっても、違法性が否定されて処罰されない場合がある（違法性阻却）。その一つが、刑法 35 条が予定する正当行為である。例えば、医師による治療行為や力士による張り手は処罰されない。
2) 芦部信喜（高橋和之補訂）『憲法〔第 6 版〕』（岩波書店、2015 年）168 頁。
3) クリストフ・シャルル／ジャック・ヴェルジェ（岡山茂・谷口清彦訳）『大学の歴史』（白水社、2009 年）17-18 頁。惣領冬実の漫画作品『チェーザレ　破壊の創造者』（講談社、2006 年）では、中世イタリアの都市で大学生活を送る多国籍の学生たちが生き生きと描かれる。

は、やがて近代までに先進性を失って衰退・没落し、「第一の死」を迎える[4]。

　大学は、ナポレオン帝国軍に敗北した近代ドイツにおいて復活する（「第二の誕生」）。19世紀のドイツ・ナショナリズムの高揚と共に登場した「ドイツ型大学」の特徴は、「ゼミナールや実験室といった研究志向の仕組みを導入」し、知識が「教師と学生の対話の中で絶えず新たに生成」される空間として設計された点にある[5]。後に明治期の日本がモデルとした大学像であり、我々にとってもなじみ深いあり方である。大学における自由も、早くから憲法上の権利として保障された。1849年のフランクフルト憲法152条および1850年のプロイセン憲法20条は、「学問およびその教授は自由である」として、明文で「学問の自由」を保障したのである[6]。

　しかしながら、明文で学問の自由を保障する憲法典は、それほど多いわけではない。例えばアメリカにおいても[7]、フランスにおいても[8]、憲法典に学問の自由そのものは登場しない。戦前の日本も、憲法および大学制度についてドイツをモデルとしながら、明治憲法に学問の自由を保障する条項を設けなかった。ではなぜ、日本国憲法は学問の自由をわざわざ保障したのか。その背景には、明治憲法下の苦い経験がある。

　代表的な事件として、1933年の瀧川事件[9]と1935年の天皇機関説事件[10]がある。まず、瀧川事件においては、京都帝国大学教授であった瀧川幸辰（刑法

4）　吉見俊哉『大学とは何か』（岩波新書、2011年）64頁以下。
5）　同、87頁以下。
6）　野中俊彦・中村睦男・高橋和之・高見勝利『憲法Ⅰ〔第5版〕』（有斐閣、2012年）337頁。憲法による明文保障という伝統は、後の1919年ヴァイマル憲法142条、そして現行の1949年ボン基本法5条3項にも受け継がれている。
7）　アメリカにおける学問の自由には、アメリカ大学教授連合が体系化した「専門職能的学問の自由」と、連邦最高裁が修正1条を通して保障する「憲法的学問の自由」の2つの軸がある。参照、松田浩「合衆国における『二つの学問の自由』について」一橋論叢120巻1号（1998年）84頁以下。
8）　フランスにおける大学の自由は、憲法院の判例上、憲法上の原理として認められている。参照、南野森「フランスにおける大学の自治と『憲法ブロック』」憲法理論研究会編『憲法理論叢書㉓対話と憲法理論』（敬文堂、2015年）17頁以下。
9）　参照、伊藤孝夫『瀧川幸辰　汝の道を歩め』（ミネルヴァ書房、2003年）。
10）　参照、宮沢俊儀『天皇機関説事件（上・下）』（有斐閣、1970年）。

担当）が、講演・著書内容を問題視され、内務省や文部省の圧力によって退官を余儀なくされた。帝国大学においては、既に1913年の沢柳事件を通して教授会による人事の自治が一定の定着を見せていたのであるが、瀧川事件によってそれが大きく損なわれることとなった。

また、天皇機関説事件においては、大正デモクラシー期の憲法学界・官界で通説であった天皇機関説[11]が攻撃され、その代表的提唱者の美濃部達吉（東京帝国大学教授）は公職追放および著書発禁となった。さらに全国の大学で天皇機関説を教えることが禁止され、個々の憲法学者について文部省による思想統制が行われた[12]。すなわち、公権力によって学説の禁止（その意味では学説の公定）が行われたのである[13]。

このような戦前の出来事に対する反省から、日本国憲法においては学問の自由を保障する条項が独立して置かれたのである[14]。しかし、このような歴史的沿革のみによる説明で、学問の自由・大学の自治の本質や中身が余すところなく明らかにされるわけではない。学問の自由・大学の自治の担い手とはいったい誰であり、どんなことが保障されるのであろうか。本件に即していえば、そもそも大学の自治は憲法上保障されるのであろうか。そして、学生に学問の自由・大学の自治を享受することが認められるのであろうか。

---

11) 天皇機関説は、ドイツ公法学の知見を下敷きに国家を団体ないし法人と解し、天皇は「日本帝国の最高機関たる地位」にあると説明した。美濃部自身「君主が国家の機関であると申せば、チョット聞くと何だか吾々の尊王心を傷けられるやうな感じがいたすやうでありますが」と述べているが（美濃部達吉『憲法講話』〔有斐閣、1912年〕66頁）、同事件において「国体に反する緩慢なる謀反」として批判を浴びることになる。

12) 天皇機関説事件の翌年には、2・26事件（1936年）が発生する。美濃部の弟子であり、戦後の代表的な憲法学者、宮沢俊儀は、「〔天皇機関説〕事件ですっかりおさえつけられた研究者たちに、サーベルの力をそのものずばりと見せつけられた事件だった」と振り返っている（宮沢俊儀「重臣なみ」同『憲法論集』〔有斐閣、1978年〕481頁）。

13) 宮沢『天皇機関説事件（下）』（前掲注10）、564頁。

14) 「幾多の言論弾圧事件を踏まえて、再度『ドイツ型大学』の自治を保障するために、意識的に設けられたのが憲法23条」とするのは、石川健治「天皇機関説事件80周年——学問の自由と大学の自治の関係について」岩波ブックレット938『学問の自由と大学の危機』（岩波書店、2016年）35頁。

憲法に関心のあるみなさんへ

　黒澤明監督が敗戦直後に制作した映画に、「わが青春に悔いなし」(1946年10月公開)がある。この作品は、戦後の様々な制約(資源の不足やGHQによる検閲など)の下で制作されたこともあってか、他の黒澤作品に比していささか冗長な部分があることは否めない[15]。しかし、前述の瀧川事件が題材の一つとなっており、憲法23条が学問の自由と大学の自治を保障するに至った歴史的経緯を考えるうえでも興味深い作品となっている。

　本作は、戦争の足音が近づく昭和8年の京都帝国大学から始まる。「自由主義者」とされる八木原教授(大河内傳次郎)は、教授団や学生の抵抗虚しく、文部大臣による圧力によって大学から追放されてしまう。八木原教授を慕っていた学生のうち、糸川(河野秋武)は就職を優先して思想検事に、これに対して野毛(藤田進)は信念を優先して転向を装い、スパイ活動に身を投じる。「正しいものは最後に必ず勝つはずだわ」と言う教授令嬢の幸枝(原節子)は、野毛を追って結婚するが、野毛は逮捕され獄死してしまう。社会に順応する選択をした糸川に対し、幸枝は「糸川検事の見た野毛は、不幸にして道を踏み誤った人間かもわかりませんけど、どっちの道が果たして正しかったかは時が裁いてくれるだろうと思いますわ」と詰(なじ)る。

　本稿が注目したいのは、八木原教授の存在である。戦争優先の論理によって「自由の学園」が踏みにじられるという不正を眼前にした若者のうち、糸川は大勢順応を選び、野毛は隠密の活動による抵抗を選んだ。幸枝は後者に「正義」を見出す。これに対して、「自由の裏には苦しい犠牲と責任があることを忘れちゃいかん」という八木原教授は、機会に応じて様々な視点や意見を提示し、三人の行き過ぎをたしなめる。このような教授の「特権的地位」[16]は、大学の存在意義にも通じるところがある。社会の変化や人々の思想・行動について、多様な角度から冷静に分析を加え、反省や是正の機会を提供しうる存在が、八木原教授なのである[17]。

---

15) とはいえ、昭和の大女優、原節子(2015年9月に逝去)による鬼気迫る農作業シーンや川辺での回想シーン等、見どころも多い作品である。

残念ながらそのような存在は、時の権力者や多数派からすれば目障りとなることがある。真実、正義、公平といった様々な価値を追求する営み（真理の探究としての学問）は、社会や政府の反発を招く場合がある。しかし、長期的あるいは普遍的には、その営みによって明らかになったことの方が正しいかもしれない。だからこそ、そのような営みの場（その最有力候補の一つが大学であろう）における自由を、いかにして確保するのかが問題となるのである。

　一方で、自由を享受する者の「責任」も問題となる。作中の八木原教授は、「自由」の前提には「苦しい犠牲と責任」があることを頻繁に強調する。戦後の瀧川幸辰も京大総長として「ただ酒を飲むな」と卒業式で述べて話題となった[18]。この台詞と発言は、自由を享受するためには相応の責任を負わなければらない、ということを示唆している。では、大学はどうであろうか。大学の責任については、大学人自らの自覚と自律に期待すれば十分であろうか。それとも、なんらかの形で社会への説明責任を要請・確保すべきであろうか。

事　案[19]

　本件事案が発生したのは、1952年2月の東京大学キャンパス内である[20]。当時、大学公認の学生演劇団体「劇団ポポロ」（イタリア語で「人民」の意味）

---

16)　内田樹『うほほいシネクラブ　街場の映画論』（文春新書、2011年）268頁は、八木原教授について、「相手の思考プロセスそのものへの高度の同調能力、相手の『欲望』への深い洞察、それが教授を登場人物全員にとって『知っていると想定されている主体』(sujet-supposé-savoir) という特権的地位につける。そして、このそのつど言うことの変わるあいまいな人物が逆説的なことに『不動の定点』として、時代の変遷を超えて、ひとびとの『燈台』となっているのである。」と評している。

17)　その意味で、本作の「ある種の教条性」（同267頁）も浮かび上がる。戦後、「農村文化運動の輝ける指導者」となる幸枝の「正義」に、制作当時の時代の制約を見出すことも可能であろう。

18)　作中の八木原教授は、万雷の拍手をもって戦後の大学に復帰する。これに対して実際の瀧川は、GHQの権威を傘に着て戦後の「大学における抑圧者」になったとの指摘（石川健治「制度的保障論批判」現代思想43巻17号（2015年）117頁）がある。戦後の自由を謳歌する学生たちと瀧川の軋轢（『瀧川晩年の『憂鬱』』）について参照、伊藤・前掲注9）第五章239頁以下。

19)　「ポポロ事件」については、次のような著作がある。遠山茂樹・渡辺洋三『ポポロ事件──黒い手帳は語る』（新興出版社、1964年）、千田謙蔵『ポポロ事件全史』（日本評論社、2008年）。

が、「松川事件」[21]を題材とした公演を教室で行っていた。ところが、観客の中に私服の警察官が潜入していることに学生が気付いた。憤激した学生たちは3名の警察官を拘束し、暴行を加え、警察手帳を奪った（後日大学当局を通じて返却）。その警察手帳に書かれたメモから、「久しき以前より」「私服の警察官が連日のごとく大学構内に立ち入って、張込、尾行、密行、盗聴等の方法によって学内の情勢を視察し、学生、教職員の思想動向や背後関係の調査を為し、学内諸団体並びに団体役員の動向、学内集合の模様、状況等について常時広汎、刻明な査察と監視を続けて来た」（第一審認定事実）ことが明らかとなった。また、翌月の衆議院法務委員会に参考人招致された矢内原忠雄東大総長（当時）は、「警察権は大学の了解のもとにおいて」行使されるという長年の慣行およびこれを確認した文部次官通牒（1950年7月）の存在を明らかにした[22]。

後日、警察官に暴行を加えたとされる学生たちは、暴力行為等処罰に関する法律1条1項に違反するとして起訴された。これに対して被告人たる学生たちは、憲法23条の保障する学問の自由と大学の自治を守り、違法な警察活動を排除するための正当な行為であったとして、無罪を主張したのが本件である。

第一審判決[23]は、「学生、教員の学問活動及び教育活動の核心に関連を有するものである限り、大学内の秩序の維持は、緊急止むを得ない場合を除いて、第一次的には大学学長の責任において、その管理の下に処理され、その自律的処置に任せられなければなら」ず、「警察活動によって失われる自由の代価は、はるかに貴重」である一方、警官の被害は「比較的軽微」であるから、学生たちの行為を「法令上正当な行為として」無罪と判断した。続く控訴審判

---

20) 渡辺洋三は「昭和27年といえば、講和の年、血のメーデーの年、日本が今の安保体制つまり反共軍事体制に本格的にくみこまれようとしていた時期で、政治的思想的対立も激化しつつある時期であった」と振り返っている（渡辺洋三「ポポロ判決を聞いて」世界第238号179頁）。

21) 「松川事件」は、1949年に福島市郊外で発生した列車脱線転覆事故である。意図的に線路を破壊し、3名の乗務員を死に至らしめたとして20名の労働組合員らが逮捕・起訴されたが、14年に及ぶ裁判の結果、全員が無罪となった。その間、市民や知識人による支援活動（「松川運動」）が広がった。「国鉄三大ミステリー事件」の一つであり、「戦後最大の冤罪事件」とも評されている。参照、伊部正之『松川裁判から、いま何を学ぶか』（岩波書店、2009年）。

22) 第13回国会昭和27年3月3日衆議院法務委員会19号28頁。

23) 東京地判昭和29年5月11日判時26号3頁。

決[24]も、「大学自治保全の法的価値と」学生たちの暴力行為によって「損害を被った右警察官の個人的法益の価値とを……勘接考量すると、前者の著しき優越は自ら明白」として無罪判決を下した。

判　旨

①憲法 23 条の意義（学問の自由と大学の自治の保障）

　憲法 23 条が保障する「学問の自由は、学問的研究の自由とその研究結果の発表の自由とを含むものであって、同条が学問の自由はこれを保障すると規定したのは、一面において、広くすべての国民に対してそれらの自由を保障するとともに、他面において、大学が学術の中心として深く真理を探究することを本質とすることにかんがみて、特に大学におけるそれらの自由を保障することを趣旨としたものである。教育ないし教授の自由は、学問の自由と密接な関係を有するけれども、必ずしもこれに含まれるものではない。しかし、大学については、憲法の右の趣旨と、これに沿つて学校教育法 52 条が「大学は、学術の中心として、広く知識を授けるとともに、深く専門の学芸を教授研究」することを目的とするとしていることとに基づいて、……教授その他の研発者は、その研究の結果を大学の講義または演習において教授する自由を保障されるのである。そして、以上の自由は、すべて公共の福祉による制限を免れるものではないが、大学における自由は、右のよう

---

24)　東京高判昭和 31 年 5 月 8 日高刑集 9 巻 5 号 425 頁。

な大学の本質に基づいて、一般の場合よりもある程度で広く認められると解される。

　大学における学問の自由を保障するために、伝統的に大学の自治が認められている[25]。この自治は、とくに大学の教授その他の研究者の人事に関して認められ、大学の学長、教授その他の研究者が大学の自主的判断に基づいて選任される。また、大学の施設と学生の管理についてもある程度で認められ、これらについてある程度で大学に自主的な秩序維持の権能が認められている。」

②学生に保障される学問の自由と大学の自治の性質

　「このように、大学の学問の自由と自治は、大学が学術の中心として深く真理を探求し、専門の学芸を教授研究することを本質とすることに基づくから、直接には教授その他の研究者の研究、その結果の発表、研究結果の教授の自由とこれらを保障するための自治とを意味すると解される。大学の施設と学生は、これらの自由と自治の効果として、施設が大学当局によって自治的に管理され、学生も学問の自由と施設の利用を認められるのである。もとより、憲法23条の学問の自由は、学生も一般の国民と同じように享有する。しかし、大学の学生としてそれ以上に学問の自由を享有し、また大学当局の自治的管理による施設を利用できるのは、大学の本質に基づき、大学の教授その他の研究者の有する特別な学問の自由と自治の効果としてである。」

25) この一文のみを見ると、「伝統的に」しか大学の自治が認められないかのようにも読めるが、次の②の段落における「大学の学問の自由と自治は、大学が学術の中心として深く審理を探究し、専門の学芸を教授研究することを本質とすることに基づく」との一文から、憲法上の学問の自由と大学の自治の密接不可分性が明らかにされる。なおこの点について第一審は「慣行として」の「制度的乃至状況的保障」、控訴審は「自然醸成せられた観念」と説明している。

③学生の集会と学問の自由・大学の自治

「<u>大学における学生の集会も、右の範囲において自由と自治を認められるものであって</u>、大学の公認した学内団体であるとか、大学の許可した学内集会であるとかいうことのみによって、<u>特別な自由と自治を享有するものではない。学生の集会が真に学問的な研究またはその結果の発表のためのものでなく、実社会の政治的社会的活動に当る行為をする場合には、大学の有する特別の学問の自由と自治は享有しないといわなければならない</u>。また、その集会が学生のみのものでなく、とくに一般の公衆の入場を許す場合には、むしろ公開の集会と見なされるべきであり、すくなくともこれに準じるものというべきである。」

◆ 教育学からのポイント解説 ◆

　現代の学生は、キャンパス・ライフにおいて、「模索」し、「生活」し、「活動」し、「苦悩」し、その学生像は「多様化」している[26]。では、大学にとって学生はどのような存在と言えるだろうか。

　「学生の自治」と関わって、大学の管理運営に学生がどの程度参加しうるかについては、現在も学説上一致を見ていない。事実、有倉遼吉は、過去に次のように述べていた[27]。すなわち、「（東大ポポロ事件判決では─筆者）学生に認められる『学問の自由と施設の利用』は大学の自治（これ自体も本判決では制限的にとらえられているが）の単なる『効果』としてとらえられ

---

[26] 橋本鉱市編『大学生──キャンパスの生態史（リーディングス　日本の高等教育3）』（玉川大学出版部、2010年）の目次より。

[27] 有倉遼吉「学問の自由と学生の自治──ポポロ事件」『教育判例百選〔第二版〕』（有斐閣、1979年）21頁。なお、引用中の中教審答申は、中央教育審議会答申『大学教育の改善について』（昭和38年1月28日）を指す。

ているのである。学生の地位を営造物利用者とみる見解においてさえ学生には施設利用『請求権』が認められているのに、ここでは『権利性』さえも希薄なのである。しかし、本判決が営造物利用者説の系譜に属することは疑いない。同様のものとして中教審答申（昭和三八・一・二八）をあげることができる。……そこにみられる学生の地位の受動的把握、大学側の一方的な規則定立権とこれに対する学生の服従義務の強調は、営造物利用者説の典型的特質である」。そして、大学における「学生の自治」の憲法的位置をめぐっては、少なくとも、①学生の学ぶ自由が憲法23条の「学問の自由」に入るとする見解、②学問の自由及び大学の自治の保障は、教育研究の送り手の利益だけでなくその受け手の利益を擁護しようとするものとする見解、③学生が学問・研究のみならず教育の担い手として（教育は教育する者と受ける者との相互作用と考える）保障を受けるとする見解、④憲法26条「教育を受ける権利」の観点から論じるものなど複数存在しており、「なお定説をみない」ことをすでに指摘していた。また、杉原泰雄は、同じく「学生の自治」と関わって、最高裁判決は「学生の自治」を「大学の自治」との関係性の中で捉える視点を軽視しているとして、次のように批判していた[28]。「本件大法廷判決は、第一審判決と異なって、学生の学内集会が政治性をもち、公開のものである場合には、直ちに大学の自治の保障外としている。加えて、それらの点についての第一次的判断権さえも大学から奪ってしまっている。政治的な活動であるか否か、教育的にみて必要な活動であるか否かの判断権を大学から大きく奪ってしまっている。大学における研究・教育・学習の活動が警察官のたえまなき監視のもとにおかれ、本件第一審判決がいうように『警察国家的治安』状態をもたらしかねない。」

　読者の多くが学生の立場を有すると思われるが、現代の学生にとって、大学の管理運営と学生の関係はどのように考えたらよいだろうか。

---

[28] 杉原泰雄「学問の自由と学生の自治——ポポロ事件」『教育判例百選〔第三版〕』（有斐閣、1992年）15頁。

④本件演劇発表会の政治性・公開性

「本件のA演劇発表会は、原審の認定するところによれば、いわゆる反植民地闘争デーの一環として行なわれ、演劇の内容もいわゆる松川事件に取材し、開演に先き立って右事件の資金カンパが行なわれ、さらにいわゆる渋谷事件の報告もなされた。これらはすべて実社会の政治的社会的活動に当る行為にほかならないのであって、本件集会はそれによってもはや真に学問的な研究と発表のためのものでなくなるといわなければならない。また、ひとしく原審の認定するところによれば、右発表会の会場には、B大学の学生および教職員以外の外来者が入場券を買って入場していたのであって、本件警察官も入場券を買って自由に入場したのである。これによって見れば、一般の公衆が自由に入場券を買って入場することを許されたものと判断されるのであつて、本件の集会は決して特定の学生のみの集会とはいえず、むしろ公開の集会と見なさるべきであり、すくなくともこれに準じるものというべきである。そうして見れば、本件集会は、真に学問的な研究と発表のためのものでなく、実社会の政治的社会的活動であり、かつ公開の集会またはこれに準じるものであって、大学の学問の自由と自治は、これを享有しないといわなければならない。したがって、本件の集会に警察官が立ち入ったことは、大学の学問の自由と自治を犯すものではない。

④ 結　論

　これによって見れば、大学自治の原則上本件警察官の立入行為を違法とした第一審判決およびこれを是認した原判決は、憲法23条の学問の自由に関する規定の解釈を誤り、引いて大学の自治の限界について解釈と適用を誤った違法があるのであって、この点に関して論旨は理由があり、その他の点について判断するまでもなく、原判決および第一審判決は破棄を免れない[29]。

29) なお、差戻第一審判決（東京地判昭和40年6月26日刑集7巻6号1275頁）により、学生たちには執行猶予付きの有罪判決が下され、差戻上告審（最判昭和48年3月22日刑集27巻2号167頁）は再上告を棄却したため、事件発生から21年たって漸く判決が確定した。

◆ 教育学からのポイント解説 ◆

　同じ「学校」[30]でありながら、高等教育機関である大学とその他の学校（幼稚園、小学校、中学校、義務教育学校、高等学校、中等教育学校、特別支援学校、高等専門学校）の違いは何だろうか。また同じ教員でありながら、大学教員と、初等中等教育段階（小学校、中学校、高等学校など）の教員の違いは何だろうか。

　既述の通り、「学問の自由」は、広く国民一般に対して、「学問研究の自

30) そもそも「学校」とは何だろうか。実定法上、教育基本法第6条第1項は、幼稚園から大学までを通じた学校教育の基本的性格と共に、「法律に定める学校」として日本における正規の学校の範囲を定めている。すなわち、正規の学校とは、学校教育法第1条のいう学校、具体的には、幼稚園、小学校、中学校、義務教育学校、高等学校、中等教育学校、特別支援学校、大学、高等専門学校を指し、これらは「1条校」と呼称されている。ちなみに、2015年4月以降、幼保連携型認定こども園も正規の学校に位置づけられている。とはいえ、学校の捉え方はもっと多様であってしかるべきである。例えば、教育といっても学校教育のほか、家庭教育、社会教育、地域教育などがあり、学校教育に焦点を当てても学校が果たす役割や機能（平等化装置、官僚制的装置、ジェンダー装置、再生産装置）はアプローチにより異なるものとなる。さらに、学校を理解するためには、学校や学級のあり方を方向付けるサブ・システムとしての学校文化（教員文化や子ども文化：向学校文化、反学校文化、非学校文化）の存在も踏まえる必要もあろう。こうした多様な学校論を紹介するものとして、荒井英治郎「制度としての学校」末松裕基編『現代の学校を読み解く――学校の現在地と教育の未来』（春風社、2016年）253-296頁。

由」と「研究発表の自由」を保障しているのに対して、「教授の自由」は必ずしも保障していない。「教授の自由」は、歴史的経緯とその本質（学術の中心として真理を追究すること）に鑑みて、大学に対して特権的に保障されていると理解されてきた。これに対して、教育学分野（特に教育法学）では、普通教育機関の「教授の自由」、換言すれば、学校教師、とりわけ初等中等教育段階の教員に「教育の自由」が憲法上保障されうるのか、その根拠と範囲が理論的・実践的課題として提起・検討されてきた[31]。

東大ポポロ事件判決では普通教育機関の「教育の自由」に関して「消極説」が展開されたが、いわゆる「杉本判決」（第二次教科書検定訴訟第一判決）では、学問と教育という営みが本質的に不可分一体である点を根拠に、普通教育機関にも「教育の自由」を認める「積極説」が展開されたことは注目に値する（東京地判昭和45年7月17日判時604号29頁）。すなわち、杉本判決では、発達可能態としての子どもに対する教育は、「全面的な発達を促す精神的活動であり、それを通じて健全な次の世代を育成し、また文化を次代に継承するいとなみであるが、児童、生徒の学び、知ろうとする権利を正しく充足するためには、必然的に何よりも真理教育が要請される」とした上で、その場合、「児童、生徒の心身の発達、心理、社会環境との関連等について科学的な知識が不可欠であり、……こうした教育的配慮をなすこと自体が一の学問的実践であり、学問と教育とは本質的に不可分一体というべきである」と、普通教育機関の「教育の自由」は「学問の自由」によって根拠づけられるとしたのである。

他方、旭川学力テスト事件最高裁判決では、普通教育機関にも一定の「教育の自由」を認めたものの、完全な「教師の自由」を認めることは許されない旨を明らかにしている（最大判昭和51年5月21日刑集30巻5号615頁）。すなわち、最高裁判決では「自由な学問的探究と勉学を旨とす

---

31) 教師の「教育の自由」を取り巻く基本的論点と理論的構図を概括したものして、今野健一「教師の教育権と市民的自由」日本教育法学会編『教育法の現代的争点』（法律文化社、2014年）50-55頁を参照のこと。本書は、原理・法制・訴訟の3側面に即しながら教育法をめぐる現代的争点を論じる構成をとっており、「権利としての教育」という視座から現代教育法の展望を提示している。

る大学教育に比してむしろ知識の伝達と能力の開発を主とする普通教育の場においても、例えば教師が公権力によって特定の意見のみを教授することを強制されないという意味において、また、子どもの教育が教師と子どもとの間の直接の人格的接触を通じ、その個性に応じて行わなければならないという本質的要請に照らし、教授の具体的内容及び方法につきある程度自由な裁量が認められなければならない」ことを根拠に、一定の範囲の「教育の自由」を認めた上で、「大学教育の場合には、学生が一応教授内容を批判する能力を備えていると考えられるのに対し、普通教育においては、児童生徒にこのような能力がなく、教師が児童生徒に対して強い影響力、支配力を有することを考え、また、普通教育においては、子どもの側に学校や教師を選択する余地が乏しく、教育の機会均等をはかる上からも全国的に一定の水準を確保すべき強い要請があること等に思いをいたすときは、普通教育における教師に完全な教授の自由を認めることはとうてい許されない」とし、教育の中立性、教育の機会均等と教育水準の確保の観点から、教師の「教育の自由」に一定の制限を付した。

　判決内容を左右したものは、教育という営みの本質と社会的機能、大学教育と普通教育の性格の相違点と共通点、被教育者の批判的能力と学校・教師の選択可能性の程度・有無、「公共の福祉」の実現を前提とする教育の機会均等や水準確保の要請に対する認識の如何であるといってよい。なお、教師の「教育の自由」の根拠は、「学問の自由」にのみ求められてきたわけではなく、教育法学説においても、①「学問の自由」(憲法第23条)、②「教育を受ける権利」(憲法第26条)、③「幸福追求権」(憲法第13条)、④「表現の自由」(憲法第21条)、⑤複合説、など多種多様な説が示されてきたことはより知られてよい[32]。教育には、個人の基本的要求（自

---

[32]　とはいえ、教育法学説は共通して教師の教育権を「複合的性格」を有するものとして捉え、教育人権性を前提とした立論が多い。例えば、兼子仁は、教師の教育権を、「公教育組織内において自治的権限としての独立な『教育権限』を保障されている」ものとして捉え、教育条理的根拠として教師の人間活動を通じた「人間的主体性」を挙げながら、子どもの「発達の法則性」に見合う教育的専門性に基づいた教師の「教育の自由論」を展開している（兼子仁『新版教育法』〔有斐閣、1978年〕273-299頁）。

己実現・幸福）に寄り添いながら目的意識的な営みにより自己形成を促す側面と、社会の文化的要求（次世代を担う人材育成、伝統・慣習の継承）を汲み取りながら社会の存続・発展の基盤を下支えし社会の再生産に貢献していく側面がある。このことは、教育は、文化伝達を通じて社会の再生産を志向する意味において「過去性」を有するだけでなく、社会の基本的機能である個人形成と社会形成への関与を通じて社会の問題解決を求める意味において「現在性」や「未来性」を有する営みであると定式化することも可能である[33]。改めて「教育」という営為はどのような性格を有し、その教育には何が期待され、何を期待すべきか。そして、人格的接触を通じて精神的活動としての教育を行う教師はどのような存在であり、いかなる存在であるべきか。考えてみてもらいたい。

憲法上の意義

　本判決は、学問の自由および大学の自治の領域において、長年先例として君臨し続けている唯一の大法廷判決である。

　最高裁は、憲法23条が保障する学問の自由は「広くすべての国民に対して」保障されるとした上で、特に大学における学問の自由については、「学術の中心として深く真理を探究する」という大学の本質に基づいて「一般の場合よりもある程度で広く認められる」とした。そしてその自由は、①学問研究の自由、②研究発表の自由、③教授の自由から構成されるとした。このような大学の「特別な」学問の自由という位置づけは、批判と創造の営為たる学問に「特に高い程度の自由が保障される必要」を認める特権説[34]の影響を見て取ることができる。

　これに対して、後に学問の自由の特権性を否定して有力説となったのが、市

---

[33]　黒崎勲『教育行政学』（岩波書店、1999年）v頁。
[34]　宮沢俊義『日本国憲法』（日本評論社、1955年）256頁。本書における宮沢の憲法23条解釈は、本件についての結論は異なるものの、本判決の論理構成に少なくない影響を与えたものと思われる。

民的自由説である[35]。この立場からすれば、大学の教員研究者は、既に一般市民と同等の真理探究の自由を保障された存在である。しかし同時に、他人の設置した教育研究機関に雇われた「使用人」たる地位にある。したがって、その設置者による人事権（職務命令権、懲戒権、解雇権等）の行使を通した恣意的な干渉から研究者の自由を確保する点にこそ、学問の自由を保障する「根幹」があるという[36][37]。だからこそ市民的自由説は、最高裁が学問の自由を保障するために「伝統的に」認められるとする大学の自治の内容について、①人事の自治と②大学施設・学生の管理の自治に加えて、③財政自治権をも認めるべきだと考えるのである[38][39]。

他方で本判決によると、学生には一般国民以上の特別な学問の自由の保障は認められず、学生の集会も、特に「実社会の政治的社会的活動に当たる行為」に当たる場合には、特別の自由と自治を享有しないとされた。本件演劇発表会についても、政治的社会的活動に当たる公開の集会であって、大学の自由と自治を享有せず、警察官も大学の自由と自治を犯すものではないと判断された。すなわち、憲法23条が保障する学問の自由と大学の自治の保護範囲は限定的に解釈され、本件においてはそもそも憲法上の権利に対する制限が存在しない、と判断されたのである[40]。

このような最高裁の判断に対しては、学説から厳しい批判が加えられた。特に、①学生を大学における自由および自治の担い手とは認めなかったこと[41]、

---

35) 高柳信一『学問の自由』（岩波書店、1983年）43頁以下。
36) 同、65-66頁。
37) この市民的自由説については、一方で「日本国憲法の普遍的人権観に適合した卓抜な理論構成」とする論者（杉原泰雄編『新版体系憲法辞典』（青林書院、2008年）545頁〔松田浩〕）もいれば、他方で「制度体保障としておかれた折角の憲法23条を、初期の段階で無化してしまう企て」であり「大学の立場を著しく弱くする効果をもった」とする論者（石川・前掲注18）120頁）もおり、特に現在その評価は分かれている。
38) 高柳信一・大浜啓吉「学問の自由」有倉遼吉・小林孝輔編『基本法コンメンタール憲法〔第三版〕』（日本評論社、1986年）103頁。
39) 通説は、このような自治の内容を大学制度の「核心」とする制度的保障説をとった。参照、芦部・前掲注2）171頁。
40) なお、差戻審第一審判決（前掲注24）は、集会の自由に対する侵害を認めている。

②警察による日常的な警備情報収集活動の重大性を考慮せずに判断したこと、③本件集会に許可を出した大学の自律的・専門的判断を尊重せず、判決の挙げた理由だけで非学問的な政治的社会的活動だと割り切ったことへの批判・疑問である[42]。すなわち学説は、対内的には、①学生が学問研究・学習の主体であり、大学の不可欠の構成員であること[43]、そして対外的には、②大学側の要請に基づいて初めて警察権の発動が行われるという原則が妥当すべきこと[44]を強調したのである。

　しかしながら現在、学問の自由と大学の自治は重大な再検討を迫られている。特に国立大学については、2004年の国立大学法人化以降、①国から交付される運営費交付金の削減、②中期計画に基づく大学運営と達成度に応じた予算配分、③学長の権限強化によるトップダウン型の管理運営、③大学経営・学長選考への学外者の参加といった大きな変化がもたらされた[45]。これらの変化については、社会的責任や機動的運営の確保を目指すものではあるものの、対内的には大学と教員および大学と教授会の衝突となり得る危険性、そして対外的には予算配分による形を変えた「国からの圧力」となり得る危険性が指摘されている[46]。また、学生についても、自治の主体どころか「完全に大学……の利用者」、「いわば注文の多い消費者という位置づけ」と評されている[47]。

　そこで、学説においては学問の自由および大学の自治の再構築が、様々な形

---

41) 佐藤司「学問の自由と大学の自治——ポポロ事件」芦部信喜・高橋和之編『憲法判例百選Ⅰ〔第3版〕』(有斐閣、1994年) 171頁。
42) 芦部信喜『憲法学Ⅲ　人権各論(1)』(有斐閣、2000年) 211、231-232頁。
43) 竹内俊子「学問の自由と大学の自治——ポポロ事件」長谷部恭男・石川健治・宍戸常寿編『憲法判例百選Ⅰ〔第6版〕』(有斐閣、2013年) 194頁。なおこの点について、仙台高判昭和46年5月28日判時645号55頁は、学生を「大学における不可欠の構成員」として位置づけ、「大学自治の運営について要望し、批判し、あるいは反対する当然の権利」を有すると判示している。
44) 佐藤幸治『日本国憲法論』(成文堂、2011年) 247頁。
45) 中富公一「国立大学法人化と大学自治の再構築——日米の比較法的検討を通して」立命館法学333＝334号 (2010年) 1039頁以下。
46) 齊藤愛「B准教授の生活と意見とため息」宍戸常寿編著『憲法演習ノート——憲法を楽しむ21問』(弘文堂、2015年) 254-255頁。
47) 塩野宏『行政法概念の諸相』(有斐閣、2011年) 434頁。

で試みられている。しかし、教員および同僚教員団の「職責」に対する厳しい自覚と自己規律に賭ける方向性[48]が示される一方、同僚制の重要性を認めつつもその非効率性・独善性・現状維持的傾向を補うための一定の変革（社会の要求に柔軟に対応しうる法人制および学生等の顧客満足を重視する企業制の文化の導入）を前提とした再検討の方向性[49]も提示されており、定説を得るには至っていないように思われる。むしろ、憲法上の大学の自治から「なんらかの一義的な法的要請を導き出すことは困難」であり、それぞれの大学の主体的な模索・選択が社会一般に示されていくべきとする指摘[50]や、単なる経済界への人材供給源へと変質し、官僚層の形式主義的指導に諸々と従う日本の大学に「大学の自治を語る基盤があるのか」という厳しい疑問[51]が突き付けられているのが現状である。今求められているのは、正に「大学の再定義」[52]なのである。

この判例から見えるもの──教育学の立場から

東大ポポロ事件判決は、次のような論点を提起するものであった。すなわち、「（学問の自由や大学の自治は─筆者）大学の研究者によって一義的に担われるか、それとも学生・職員等もこれを担うのか。『公共の福祉』による一般的制限を免れえないのか否か。大学内における学生の活動に、『実社会における政治的社会的活動に当る行為』と然らざる行為の別があるのか否か」というも

---

48) 蟻川恒正「国立大学法人論」ジュリスト1222号（2002年）は、「『職責』を果たさない教員は、自ら教員団を去らなければならない」とする（同66頁）。樋口陽一「学問と大学」社会科学の方法1巻1～6号（1968年）も、「大学自治の正当性を主張するものは、あえて現実離れした要求を大学人自身につきつけるべきである。そしてそのような要求に耐えることのできない大学人は、大学人であることをやめるべきだというほかない」という。
49) 常本照樹「大学の自治と学問の自由の現代的課題」公法研究68号（2006年）7頁。大学の実質性に応じて憲法上の自治の保障の程度を区分しようとする試みとして参照、本郷隆「『大学の自治』に関する試論──社会・正当性・構造」東京大学法科大学院ローレビュー7号（2012年）66頁以下。
50) 山元一「大学の自治」小山剛・駒村圭吾編『論点探求憲法〔第2版〕』（弘文堂、2013年）213頁。
51) 辻村みよ子編著『ニューアングル憲法』（法律文化社、2012年）153頁［西原博史］。
52) 吉見俊哉『「文系学部廃止」の衝撃』（集英社新書、2016年）171頁。

のである[53]。

　学問的活動の自由を意味する「学問の自由」は、3つの構成要素（学問研究の自由、研究発表の自由、教授の自由）から成り立ち、とりわけ学問研究の自由は「思想・良心の自由」（憲法第19条）から、また研究発表の自由は「表現の自由」（憲法第21条）からも一部根拠づけられる[54]。そして、こうした憲法原理は、「聖域」（サンクチュアリ）としての意義を有し、戦後以降の国家権力の対抗原理足りえた。他方で、現代日本の教育改革の特徴は、戦後形成された教育制度のみならず、その制度を支える原理それ自体の再編を企図している点にある。憲法原理でさえも、もはや例外ではない。

　周知の通り、「教育の憲法」とも称される教育基本法が2006年12月に法律120号として全面的に改正された。同法改正の政策過程では、①旧法押し付け論、②規定不備論、③規範欠落論、④原理的見直し論、⑤時代対応論など多種多様な改正論が合流する形となったが[55]、憲法＝教育基本法体制を重視する立場からは、改正教育基本法は旧法同様、「教育憲章・準憲法的性格」を有すると解されている。

　ここで大学の役割の重要性・特殊性等に関する規定を定めた教育基本法第7条に着目すれば[56]、第1項で大学を「学術の中心」と位置づけ、①教育機能（教養と専門的能力の育成）、②研究機能（真理の探究と知見の創造）、③社会貢献機

---

53) 海後宗臣・寺崎昌男『大学教育』（東京大学出版会、1969年）39頁。
54) 憲法第23条については、松田浩「〔学問の自由〕憲法第23条」芹沢斉・市川正人・阪口正二郎編『新基本法コンメンタール　憲法』（日本評論社、2011年）205-210頁も参照のこと。
55) 市川昭午『教育基本法改正論争史』（教育開発研究所、2009年）33-48頁。
56) 以下の記述は、拙稿「学校教育と教育基本法」『新教育基本法のフロンティア』（晃洋書房、2010年）54-55頁に多くを負う。なお、その後、象徴的な法改正として、2014年に学校教育法第93条が改正され、教授会の「諮問機関化」、学長選考会議による基準設定、基準と選考結果の公表等が規定されたが、国立大学設置法や教育公務員特例法の改正に伴う影響についてもより注意を払うべきである。国立大学が法人化して10年以上が経過したが、「意思決定機能の集権化」は、実定法上のみならず実態としても顕著となっている（大桃敏行「学校と大学のガバナンス改革について考えるにあたって」日本教育行政学会研究推進委員会編『学校と大学のガバナンス改革』（教育開発研究所、2009年、17頁）。国立大学法人の制度運用を踏まえた欠点を指摘するものとして、羽田貴史「再論・国立大学法人制度」『東北大学高等教育研究推進センター紀要』（第4号、2009年）1-12頁も参照のこと。

能という3種の基本的役割を確認している[57]。また、第2項では、上記の役割を発揮し得るよう大学の自主性・自律性や教育・研究の特性を踏まえた公的関与の基本原則を規定している。こうして大学に関する規定は旧法に存在していなかったが、大学の公的位置づけやその権威を明確にする意味において今次新設されたわけである。大学には、世界最先端の学術研究による新たな知の創造と活用を通じて、社会や人類の将来の発展に貢献する人材育成に重要な役割を担うこと、そして「知識基盤社会（knowledge-based society）」における「知の世紀」をリードしていくことが要請されている。ここでは、①教育と研究を一体的に行うこと（教育と研究の一体性）、②大学の自治に基づく特段の配慮を必要とすること（自主性・自律性）、③大学は国際的にも一定の共通性が認められる存在であること（国際的通用性）など、大学の固有の特性が確認され、本条は教育と研究の一体化を通じて社会貢献を果たしていく大学の社会的機能の重要性を喚起するものとして位置付けられている。

さて大学の「レジャーランド化」や「職業訓練校化」という揶揄も存在している中で、1991年の大学設置基準の大綱化以降の高等教育政策は、大学教育の高度化・個性化・活性化、自己点検・自己評価・外部評価・第三者評価、そして国際化・グローバル化というキーワードを軸に展開されていることは多言を要しまい[58]。とりわけ各大学の「自主性」を尊重して推進されていると喧伝される大学の「ガバナンス改革」[59]には、競争的資金という手段を駆使した政

---

[57] 一般的に、大学の機能としては、①世界的研究・教育拠点、②高度専門職業人養成、③幅広い職業人養成、④総合的教養教育、⑤特定の専門的分野（芸術、体育等）の教育・研究、⑥地域の生涯学習機会の拠点、⑦社会貢献機能（地域貢献、産学官連携、国際交流）等が挙げられるが（中央教育審議会答申『我が国の高等教育の将来像』2005年）、必ずしも社会貢献に還元されない教育・研究の独自領域をどう確保し得るか、既述の3つの機能の間にはトリレンマが発生し得ることは自覚しておいてよい。他方で、「『社会のニーズに応える』ではなくて、『社会をより良きものにする』という目標……は似ているようでまったく違う。『ニーズに応える』と言ったとき、考える主体は社会にあり、大学はその手足になる。しかし『社会をより良きものにする』と言った途端、『では良いとはいかなることなのか？』と、大学は社会のあるべき姿を定義しなければならなくなる。……『すぐに役に立つ』のもいいが、『より良き社会のあり方を探求し、提示する』ことも優れて大きな『社会的貢献』なのではないか」という提起は、今後の大学の社会的機能を考える上ですぐれて理論的かつ実践的な問いである（上田紀行「大学が担う役割とは」『信濃毎日新聞』2016年4月18日、7面）。

策誘導的側面が顕著となりつつあり、競争原理を旋回軸とした評価や予算配分によって、「他律的」に「自律的」な改革が促されているのが実態である[60]。これら国公私立を通じた大学教育改革の「支援策」は、果たして「大学の自治」原則に基づく大学の自主性・自律性を踏まえた上でなされていると言われれば、大学関係者は疑問なしとしないであろう。また、2015 年の国立大学長会議における文部科学大臣による入学式・卒業式等での国旗掲揚・国歌斉唱の要請発言に対して、憲法問題として抗議・撤回を求める動きが相次いだことは記憶に新しい[61]。これに対して、本判決は「学問の自由」に連なる、現時点で唯一無二の大法廷判決であり、①教員人事の自治、②大学の施設管理の自治、③学生管理の自治に関する一定程度の自主的な秩序維持機能を現実に果たし、国家権力に対する障壁原則となりえた。とはいえ、昨今推進されるネオリベラルな大学改革（とそこで声高に主張される大学像）は、こうした原則を無効化する方向で展開されているのであり[62]、学問の自由や大学に自治を「金科玉条」視し、それだけをもって政策のあり方を規律させ、基礎づけ、法的要請を迫ることは現実的に困難となりつつある。すなわち、「大学が『象牙の塔』とし

---

58) 戦後以降の大学改革の内容と政策選択の分岐点を描いたものとして、天野郁夫『日本の高等教育システム—変革と創造』（東京大学出版会、2003 年）がある。

59) 国立大学は、文部科学省が設定した 3 つの選択肢（①世界トップ大学と伍して教育研究を推進する「世界水準」型大学、②特色のある分野での教育研究拠点やネットワークの形成を推進する「特定分野」型大学、③地域のニーズに応える人材育成・研究を推進する「地域貢献」型大学）の中から、各大学が志向する大学像に基づいて「自主的に」選ぶことになっている。

60) 日本の高等教育政策が、外国の専門家からどのように捉えられているのかを概観するのに有益なものとして、OECD 編（森利枝訳）『日本の大学改革——OECD 高等教育政策レビュー：日本』（明石書店、2009 年）がある。

61) これについては、広田照幸・石川健治・橋本伸也・山口二郎『学問の自由と大学の危機』（岩波書店、2016 年）を参照のこと。

62) 教育分野では、近年の改革を「新自由主義」的改革として定式化し批判的検討を加えている。一例として、デヴィッド・ハーヴェイ（渡辺治監訳）『新自由主義——その歴史的展開と現在』（作品社、2007 年）、佐貫浩・世取山洋介編『新自由主義教育改革——その理論・実態と対抗軸』（大月書店、2008 年）、細井克彦・石井拓児・光本滋編『新自由主義大学改革——国際機関と各国の動向』（東信堂、2014 年）、光本滋『危機に立つ国立大学』（クロスカルチャー出版、2015 年）を参照のこと。

て、大学の外の動きに対して超然としていることは、もはやできない。しかし同時に、『知識基盤型社会への対応』『学習者本位の教育のサービス』『ガバナンスの必要性』『効率化の必要性』など、近視眼的なキイ・ワードに振り回されるだけでは、大学がもつ多様な発展可能性が見失われてしまう」のである[63]。こうした現状認識に基づく警鐘を、これまで学説上「特権的地位」を強調してきた「大学人」は、より真摯に受け止める必要があるであろう[64]。

「大学の自治」を揺るがす今日の状況下において、本判決は、「学問の自由」の制度的保障としての性格を有する「大学の自治」の原則の重要性を通時的に喚起させるという意味で現在もなおその重要さは失われていない。他方で、本判決は、結節点としての大学が高等教育・学術研究・社会貢献という要請に向き合いながら政府・(地域)社会・市場といかなる関係を取り結んでいくことができるのか、新たな政策環境に置かれた相互関係のあり方を問い直し、改めて未来の大学像を構想していく必要性も逆説的に喚起するものだと言えよう。

読者のみなさんへ

以上のように、東大ポポロ事件判決は、学問の自由と大学の自治の内容と重要性を明らかにしつつ、大学の自治の性質、自治の担い手、初等中等教育機関の位置づけ等に関する様々な議論を誘発していった。その意味では、中世から近代および戦前と戦後の大学史の結節点として、そして広く教育の自由と教育機関の自治に関する豊かな議論の出発点として、繰り返し参照されてきた判決ということができるであろう。

---

63) 広田照幸「刊行にあたって」広田照幸・吉田文・小林傳司・上山隆大・濱中淳子編『シリーズ 大学(全7巻)』(岩波書店、2013-2014年)ⅴ頁.

64) 大学史を専門とする松浦良充は、次のように大学人に対する厳しい論点を提示していた。「大学が存続に値する社会的価値を持つのだとすれば、それは社会の変化に応じて変革を遂げてゆかねばならないはずである。そしてその変革を中心的に担うのは、大学『自治』の担い手を自認する大学教員であるはずだ。だが、実際にはその大学教員自身が『自治』を隠れ蓑に、変革の努力を放棄している。だとすれば、それは大学の自殺行為以外のなにものでもない。」松浦良充「『自治』という名のもとに――体験から考える大学改革問題」藤田英典・黒崎勲・片桐芳雄・佐藤学編『大学改革(教育学年報9)』(世織書房、2002年)160頁.

一方、東大ポポロ事件が発生してから60年以上が経過した。その間、大学は国や社会から継続的に変革を要請され、一定の危惧を抱きつつも自らの姿を少しずつ変えてきた。いつの時代においても、大学に改善しなければならない点があることは確かであろう。
　しかし、現在の大学改革は「学術の中心として深く真理を探究する」とされた大学の本質をも、大きく揺るがしかねない可能性を含んでいるように思われる。「大学の危機」とも言える現状から、新たな大学像がより魅力的な形で生み出されていくのであろうか。中世ヨーロッパ、近代ドイツを経て、我々は大学の「第三の誕生」を目にすることができるのであろうか。読者のみなさんにもぜひ、大学の将来像を考え、実際の大学の行く末を見守って頂きたい。

より深く学びたい方へ——参考文献

①高柳信一『学問の自由』（岩波書店、1983年）は、学問の自由・大学の自治に関する包括的な研究業績であり、特に大学設置者・管理者からの自由を強調する点は、トップダウン型となりつつある現在の大学の状況を考える上で意義深い。

②吉見俊哉『大学とは何か』（岩波新書、2011年）は、中世から現代までの大学の歴史を再検討し、国民国家退潮後の未来の大学像として、移動性・共通性・普遍性を特徴とする「ポスト中世的大学モデル」を提示しており示唆に富む。

③石川健治「制度的保障論批判『大学』の国法上の身分を中心に」現代思想43巻17号（2015年）は、カール・シュミットの制度体保障論の元来の意義と日本における受容の問題を検討した上で、高柳信一の市民的自由説に対する疑問を投げかける。

④オルテガ・イ・ガセット（井上正訳）『大学の使命』（玉川大学出版部、1996年）、リチャード・ホフスタッター（井門富二夫・藤田文子訳）『大学の自治の歴史Ⅰ——カレッジの時代』（東京大学出版会、1980年）、ウォルター・メツガー（新川健三郎・岩野一郎訳）『大学の自治の歴史Ⅱ——ユニバーシティの時代』（東京大学出版会、1980年）、クラーク・カー（茅誠司監訳）『大学の効用』

（東京大学出版会、1966年）、ジョセフ・ベン＝デビッド（天城勲訳）『学問の府――原点としての英仏独米の大学』（サイマル出版会、1982年）は、大学の社会的機能や存在意義など、古くて新しい「問い」を改めて考え直す際に、比較・歴史的視座を与えてくれる。

⑤天野郁夫『大学の誕生（上）（下）』（中公新書、2009年）、天野郁夫『高等教育の時代（上）（下）』（中央公論新社、2013年）、天野郁夫『新制大学の誕生（上）（下）』（名古屋大学出版会、2016年）は、明治・大正に誕生し、戦間期に大衆化した日本の高等教育の生成・発展過程を通観するのに最適である。

⑥橋本鉱市・阿曽沼明裕企画編集『リーディングス　日本の高等教育』全8巻（玉川大学出版部、2010-2011年）、広田照幸・吉田文・小林傳司・上山隆大・濱中淳子編『シリーズ　大学』全7巻（岩波書店、2013-2014年）、塚原修一編『リーディングス日本の教育と社会12　高等教育』（日本図書センター、2009年）などは、これまでの高等教育研究の成果を俯瞰するのに有益リーディングスである。

中島　宏（山形大学准教授、憲法学）
荒井英治郎（信州大学准教授、教育学）

第 10 章

「最低限度の生活」を求めて

朝日訴訟
最大判昭和 42 年 5 月 24 日民集 21 巻 5 号 1043 頁

> この憲法条文に注目！
> 第 25 条 1 項　すべて国民は、健康で文化的な最低限度の生活を営む権利を有する。
> 2 項　国は、すべての生活部面について、社会福祉、社会保障及び公衆衛生の向上及び増進に努めなければならない。

あらすじ

　平成に入り長期にわたる不況を経験した日本では、「格差社会」や「貧困」といった言葉をよく耳にするようになった。貧富の格差は、かなり以前から議論されてきたテーマであり、古くて新しい問題ということができる。20 世紀に入って制定された憲法では、「社会権」と呼ばれる権利が保障されるようになった。日本国憲法 25 条が保障する「生存権」も、そのような権利のひとつである。

　この事件では、結核で療養を余儀なくされ生活保護を受給していた原告が、厚生大臣（当時）によって決定された保護基準が「健康で文化的な最低限度の

生活を営む」ために十分なものではなく、違憲であると主張した。しかし、原告は、最高裁判決を聞くことなく、この世を去る。

最高裁は、原告の死亡により、訴訟は終了すると結論した上で、保護基準の決定が厚生大臣の裁量に委ねられることを、わざわざ括弧書きの中で判示した。

> **この判例から考えてほしいこと**
> ●生活保護処分に係る取消訴訟は、被保護者の死亡により終了するのか。
> ●「健康で文化的な最低限度の生活」とは何を意味するのか。

判例を読む前に

憲法学習者のみなさんへ

生存権とは、「健康で文化的な最低限度の生活を営む権利」である。この権利を保障するためには、いったい何が必要なのだろうか。別な言い方をすれば、国が何をすれば、生存権の保障は実現するのだろうか。

「国家からの自由」と呼ばれる自由権は、国が邪魔をしなければ（何もしなければ）保障される。これに対して、社会権の場合には、国が何かをすることによってその保障が実現されるため、「国家による自由」と呼ばれている。「健康で文化的な最低限度の生活を営む」ことを「権利」として保障するためには、国民がこのような生活を営むことを国が邪魔しないだけでは不十分であり、このような生活水準が維持できるように、国が積極的な活動を行う必要がある。

例えば、食べ物を買うお金がなく、住む家がない人がいる場合、お金を稼ぐことや住む家を探すことを邪魔しなければ、「健康で文化的な最低限度の生活」を送ることができるわけではない。むしろ、食べ物を買うお金がなく、住む家がない人が憲法によって保障された生活水準を営むことができるように、国が積極的な活動を行わなければ、生存権の保障を実現することはできないのである。

問題は、国が何を、どの程度まで行わなければならないのか、という点である。まず、国民に何らかの給付を行う際にも、その方法が決まらなければ、役所が勝手にお金や食べ物を配ることはできない。そこで、食べ物を買うお金が

ない人がいる場合に、現金を支給するのか、それとも現物を支給するのかなど、国の活動に関するルールを決める必要がある。生存権を保障するために、具체的に何をしなければならないのかについて、憲法の中には明確な答えが書き込まれていない。そこで、具体的にどのような施策を通じて生存権を実現するのかは、法律によって定めることになる[1]。このような法律が制定されることで、国が何を行うのか、国民の側から見れば、国に何を請求することができるのかがはじめて決まることになる。

次に問題となるのは、「健康で文化的な最低限度の生活」の具体的な内容である。そもそも、憲法が保障している「最低限度の生活」とは、どれくらいの生活水準なのだろうか。多くの人々が、できればもう少し経済的にゆとりのある生活をしたいと考えるものであろう。どの程度の生活を「最低限度である」と考えるのかは、人によって異なってくるのではないだろうか。さらに、日本国憲法が制定された当時の日本と、目覚ましい経済発展を経験した現在の日本では、国民の生活水準は当然、異なっている。そうであれば、憲法が保障する最低限度の生活水準とは、どのような水準の生活と考えるべきなのだろうか。また、憲法が保障することを求めている生活水準についても、時代や社会の状況によって、その内容が異なるのだとすれば、「健康で文化的な最低限度の生活」の内容は誰がどのようにして決定すべきなのか。生存権は、このような不確定性を有する権利なのである[2]。

本件で争われたのは、生活保護法に基づいて原告に支給されていた生活扶助が、「健康で文化的な最低限度の生活」を実現するのに、十分なものであったのかどうか、という問題であった。

◆ 社会保障法学からのポイント解説 ◆

「健康で文化的な最低限度の生活」の具体的な中身は、生活保護法8条1項に言う「厚生労働大臣の定める基準」、すなわち保護基準によって決

---

1) 木村草太『憲法の急所——権利論を組み立てる』(羽鳥書店、2011年) 5頁。
2) 小山剛『「憲法上の権利」の作法〔新版〕』(尚学社、2011年) 116頁。

定される[3]。まず、保護基準の定める数値および計算方法をもとに、保護を受けたいと考えるある個人にとっての「最低生活費」が算出される。そして、当人の有する資力が、当人にとっての最低生活費の額に達していない場合に、達していない分（差額）だけが保護費として給付される[4]。つまり、保護基準は、保護を実施するか否かを決定する基準として作用すると同時に、どれだけの保護を実施するかを決定する基準としても作用する[5]。

保護基準が高く設定されれば、個々人がより手厚い保護を受けられることになる（それと同時に、より多くの人が生活保護の対象となる）。他方で、保護基準が低く設定されれば、より少ない給付しか受けられなくなる（同時に、対象者の範囲もより狭くなる）。

本件訴訟当時の保護の種類は、生活扶助・教育扶助・住宅扶助・医療扶助・出産扶助・生業扶助・葬祭扶助の7種類であった[6]。本件原告の朝日茂氏に関係するのは、生活扶助の中に（しかし一般的な生活扶助基準とは別個に）設けられている入院患者の日用品費[7]と、医療扶助（病院等への入院及びその療養に伴う世話等に関する現物給付[8]：同法15条）である。

なお、かつて、医療扶助によって入院中の者に対して、生活扶助の内容として補食費（栄養不足を補うための食物の費用）が給付されていた時期があった。しかし、医療扶助が治療に加えて、「患者の側で補食する必要のない程度の給食」[9]を含むとされたことから、補食費を生活扶助として給付することは二重支給となると考えられ、1950年5月に補食費は廃止さ

---

3) 具体的には「告示」の法形式が用いられる。当該告示の名称は、「生活保護法による保護の基準（昭和38年厚生省告示第158号）」である。
4) 生活保護法4条（補足性の原理）、同8条1項（基準及び程度の原則）。
5) 阿部和光『生活保護の法的課題』（成文堂、2012年）236頁。
6) 同法11条1項。現在はこれに介護扶助が加わり、保護の種類は8種類となっている。
7) 現行の生活保護法において当該費目が設けられた経緯に関しては、参照、小山進次郎『改訂増補　生活保護法の解釈と運用』（中央社会福祉協議会、1951年）241-242頁。なお、1960年度までは、この入院患者の日用品費は「入院患者加算」という費目だった。
8) 現物給付とは、金銭ではなくサービスや財そのものを給付する方式である。医療扶助（および現在の介護扶助）のみが現物給付原則をとる（他は原則として金銭給付）。

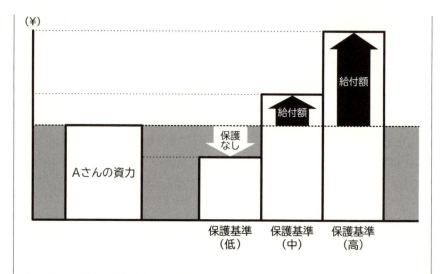

れた[10]。下記の「事案」で説明されるとおり、本件においてはこの補食費の扱いも一つのポイントになっている。

憲法に関心のあるみなさんへ

　「人間裁判」[11]——日本国憲法が誕生してから10年の時を経て、朝日訴訟は提起されることになった[12]。

　私たちは、「社会国家」や「福祉国家」という言葉を耳にすることがある。最高裁判所は、ある判決の中で、「憲法は、全体として、福祉国家的理想のもとに、社会経済の均衡のとれた調和的発展を企図しており、その見地から、すべての国民にいわゆる生存権を保障し、その一環として、国民の勤労権を保障する等、経済的劣位に立つ者に対する適切な保護政策を要請していることは明らかである」[13]という判断を示している。

---

9) 黒木利克編『生活保護の諸問題——生活保護百問百答第9輯』(生活保護制度研究会、1956年) 58頁。
10) 小山・前掲注7) 242頁。
11) 朝日訴訟記念事業実行委員会編『人間裁判　朝日茂の手記』(大月書店、2004年)。
12) 朝日訴訟が提起されたのは、1957年 (昭和32年) のことであった。

このように福祉国家的理想を採用した日本国憲法において、社会権の総則的規定と考えられてきたのが、生存権を保障した25条である。日本国憲法の制定は、敗戦後の占領統治下で行われたため、連合国軍総司令部の意向が強く反映されたといわれているが、実は25条1項については、日本側の発案であったことはあまり知られていない[14]。衆議院において新憲法の内容が議論された際に、当時の社会党の提案に基づいて、現在の25条は誕生することになった。

　「福祉国家的理想」に基づく生存権の保障は、日本国憲法の先進性を示すひとつの重要な要素ということもできよう。しかし、この権利を実現するためには、単にそれが権利として規定されているというだけでは、不十分である。実際に、生存権の保障を実現するためには、この権利の内容を実現するための国の積極的な施策が必要となる。そして、私たち国民が、ただ黙っているだけでは、国の施策が変わることはなく、権利が実現されないままになってしまう。

　朝日訴訟を継承することになった、朝日健二は、朝日茂の遺品として彼が使用していた万年筆とともに、R・イエーリングの『権利のための闘争』を譲り受けた[15]。今日、私たちが当然のことと思っている生存権の保障は、実は権利のために戦った人々がいたからこそ実現したものにほかならない。「権利はたたかう者の手にある」――日本国憲法の中に書き込まれた、わずか一文の権利は、それを実現しようとする人々の活動によって、まさしく「権利」としての性格を手にしたといってよいであろう。

事　案

　原告の朝日茂は、肺結核のため、10年以上の間、国立岡山療養所に入所していた。単身で収入がなかったことから、生活保護を受給し、日用品費として月額600円の生活扶助と、現物給付による給食付医療扶助を受けていた。昭和

---

13)　小売市場判決（最大判昭和47年11月22日、刑集26巻9号586頁）
14)　歴史的な経緯については、葛西まゆこ『生存権の規範的意義』（成文堂、2011年）12頁以下を参照。
15)　朝日健二「朝日訴訟から生存権裁判へ――養子になって裁判を承継した体験から」奥平康弘ほか『憲法裁判の現場から考える』（成文堂、2011年）83頁。

31年8月以降、実兄である敬一から扶養料として月額1,500円の仕送りを受けることになったため、社会福祉事務所長は保護変更決定を行った。その内容は、仕送りの1,500円のうち、600円を日用品費に充当して生活扶助を廃止し、残りの900円を医療費の一部として充当し、それ以外の医療費について医療扶助を行うというものであった[16]。

原告は、このような保護変更決定について、岡山県知事に不服申立を行ったが、これを却下する決定が下されたため、厚生大臣に対して不服申立をしたところ、これを却下する裁決が行われた。そこで、原告は厚生大臣による裁決の取消しを求めて出訴した。原告の主張は、①月額600円では最低限度の生活に必要な費用を著しく下回ること、②療養所の給食では、厚生大臣によって設定された完全給食の基準にすら達しておらず、補食によって栄養不足を補うことが必要であるにもかかわらず、保護変更決定において補食費が考慮されていないこと、③仮に補食費が日用品費としてではなく、医療扶助の現物給付の問題として取り上げるべきものであるとしても、補食のための栄養品などの費用が必要である以上、医療扶助の金銭給付として支給する義務があることから、本件の保護変更決定が違法であるというものであった。

第一審の東京地裁は、原告勝訴の判決を言い渡した[17]が、控訴審の東京高裁では、原告敗訴の判決を下した[18]ことから、原告側は最高裁に上告した。ところが、最高裁判決が出る前に、朝日茂が1964年（昭和39年）2月14日に永眠する。朝日訴訟を承継するために養子縁組を行った朝日健二と君子の両名によって、この裁判は引き継がれることになった[19]。

◆ **社会保障法学からのポイント解説** ◆

本件における日用品費月額600円の内訳は、肌着が2年に1枚、パン

---

16) その後、兄からの仕送りが途絶えたことから、再び月額600円の生活扶助を受けることになった。
17) 東京地方裁判所判決昭和35年10月19日。
18) 東京高等裁判所判決昭和38年11月4日。
19) 訴訟承継の経緯については、朝日・前掲注15) 63頁以下を参照。

ツと足袋がそれぞれ1年に1枚・1足、チリ紙が1か月に1束などとされていた[20]（なお、当時の600円は2014年の3468円に相当する[21]）。本件1審判決では約30人の証人（社会学者、医師、調理師、国会議員など）が採用されたが、保護基準の定めた月額600円という金額が「常識的な観点からして決して十分でないことは、おそらく異論がなかった」という[22]。

　生活扶助基準は、基本的には1年ごとに改定される。本件1審判決が出された1960年度までは、生活扶助の基準の算定方式として「マーケット・バスケット方式」が採られていた。これは、「最低生活を営むのに必要な個々の品目の価格を積み上げて基準額を計算する」[23]算定方式である。しかし、本件1審判決の翌（1961）年4月1日に実施された生活扶助基準第17次改定からは、算定方式が「エンゲル方式」[24]に変更され、同時に、保護基準が大幅に増額された（入院患者日用品費については、1960年度の705円から1315円へと47％も増額され、一般的な生活扶助基準も前年度比16％ないし18％増となった）。この第17次改定に対しては、本件1審判決が多大な影響を与えたと指摘する学説が多く見られる[25]。しかし他方で、同改正は（当時の）「池田内閣の所得倍増政策と厚生官僚たちの長年にわたる政策的宿願の合作であ」り、本件1審判決は「副次的要因の一つ

---

20) より詳しくは、四位直毅「訴訟過程にあらわれた生活保護基準」法律時報39巻8号（1967年）50頁参照。
21) 消費者物価指数による比較。
22) 小中信幸「「朝日訴訟」を顧みて」法学セミナー674号（2011年）41頁。同論文の著者は、朝日訴訟一審を担当した元裁判官である。
23) 菊池馨実『社会保障法』（有斐閣、2014年）227頁。同方式は、旧生活保護法時代の1948年から、（1950年の現行生活保護法制定を経て）1960年まで用いられた。
24) エンゲル方式とは、「消費における飲食物費を積み上げ、その他の生活費についてはこれと同程度の飲食物費を支出している一般所得階層のエンゲル係数を用いて消費支出総額を求めこれをもとに計算する方式」である。菊池・前掲注23）227頁。同方式は、1961年から1964年まで用いられた。
25) 例えば、坂本重雄『社会保障の立法政策』（専修大学出版局、2001年）97頁［初出1969年］は、「この第1審判決以前にはそれほど大きな関心を示さなかったマスコミや世論にも支持され、勤労者大衆による社会保障闘争の高まりと相まって、厚生省当局も、この判決を契機に、生活保護基準を早急に是正せざるを得なくなった」と指摘する。

であったと見るべきである」[26]との指摘もある。

なお、生活扶助の基準の算定方式は、エンゲル方式の後、「格差縮小方式」[27]を経て、1984年以降現在まで「水準均衡方式」[28]が採られている。

判　旨

①被保護者の死亡と生活保護処分に関する取消訴訟の承継の成否

「生活保護法の規定に基づき要保護者または被保護者が国から生活保護を受けるのは、単なる国の恩恵ないし社会政策の実施に伴う反射的利益ではなく、法的権利であって、保護受給権とも称すべきものと解すべきである。しかし、この権利は、被保護者自身の最低限度の生活を維持するために当該個人に与えられた一身専属の権利であって、他にこれを譲渡しえないし…、相続の対象ともなり得ない[29]とうべきである。…されば、本件訴訟は、上告人の死亡と同時に終了し、同人の相続人朝日健二、同君子の両名においてこれを継承しうる余地はない[30]もの、といわなければならない。」[31]

②憲法25条の意義

「憲法25条1項は、……すべての国民が健康で文

---

29) 本件で問題となった生活保護法に基づく保護受給権は、被保護者だけに与えられる権利であり、本人以外の誰かに譲渡したり相続させたりすることはできない性質の権利である。したがって、被保護者の死亡によって、この権利は当然に消滅すると考えられる。

30) このような権利の性質から、原告（上告人）の死亡によって、訴訟は終了すると判断された。判決の主文は、「本件訴訟は、昭和39年2月14日上告人の死亡によって終了した。」というものであった。

---

26) 副田義也『生活保護制度の社会史〔増補版〕』（東京大学出版会、2014年）162頁。
27) 格差縮小方式とは、「一般国民の生活水準の伸びを基礎とし……、これに一般国民と被保護世帯との消費水準の是正分を見込んで算定する方式」である。菊池・前掲注23) 227頁。同方式は、1965年から1983年まで用いられた。
28) 水準均衡方式とは、「現行生活扶助の水準を妥当と評価した上で、一般国民の生活水準の伸びと均衡させる形で算定する方式」である。菊池・前掲注23) 227頁。

化的な最低限度の生活を営み得るように国政を運営すべきことを国の責務として宣言したにとどまり、直接個々の国民に対して具体的権利を賦与したものではない[32]……。具体的権利としては、憲法の規定の趣旨を実現するために制定された生活保護法によって、はじめて与えられているというべきである[33]。生活保護法は、『この法律の定める要件』を満たす者は、『この法律による保護』を受けることができると規定し（2条参照）、その保護は、厚生大臣の設定する基準に基づいて行なうものとしているから（8条1項参照）、〔上記〕の権利は、厚生大臣が最低限度の生活水準を維持するにたりると認めて設定した保護基準による保護を受け得ることにあると解すべきである。もとより、厚生大臣の定める保護基準は、法8条2項所定の事項を遵守したものであることを要し、結局には憲法の定める健康で文化的な最低限度の生活を維持するにたりるものでなければならない[34]。」

③「健康で文化的な最低限度の生活」に関する判断

「しかし、健康で文化的な最低限度の生活なるものは、抽象的な相対的概念であり、その具体的内容は、文化の発達、国民経済の進展に伴つて向上するのはもとより、多数の不確定的要素を綜合考量してはじめて決定できるものである。したがつて、何が健康で文化的な最低限度の生活であるかの認定判断は、いちおう、厚生大臣の合目的的な裁量に委されており、その判断は、当不当の問題

31) 憲法学の通説によれば、裁判所の違憲審査は、具体的事件の解決に必要な限度で行われる（必要性の原則）。このため、裁判所は憲法上の争点について判断を行うことなく事件を解決できるのであれば、憲法判断を行うべきではないと考えられている（憲法判断回避準則）。

この判決では、「なお、念のために、本件生活扶助基準の適否に関する当裁判所の意見を付加する。」と述べて、25条に関する判断も行われている。ちなみに、以下の引用部分は、すべて判決文では括弧の中に括られた部分である。

32) 憲法学の通説によれば、25条を直接の根拠として、生活扶助などの給付を請求することはできないと考えられている。

33) 憲法学の通説によれば、生存権が裁判所において実現される具体的な権利となるためには、法律によって内容が具体化される必要があると考えられている。

として政府の政治責任が問われることはあつても、直ちに違法の問題を生ずることはない[35]。ただ、現実の生活条件を無視して著しく低い基準を設定する等憲法および生活保護法の趣旨・目的に反し、法律によって与えられた裁量権の限界をこえた場合または裁量権を濫用した場合には、違法な行為として司法審査の対象となることをまぬかれない。」

④本件生活扶助基準に関する具体的検討

「生活保護法によって保障される最低限度の生活とは、健康で文化的な生活水準を維持することができるものであることを必要とし（3条参照）、保護の内容も、要保護者個人またはその世帯の実際の必要を考慮して、有効かつ適切に決定されなければならないが（九条参照）、同時に、それは最低限度の生活の需要を満たすに十分なものであつて、かつ、これをこえてはならないこととなつている（8条2項参照）。」

「本件生活扶助基準という患者の日用品に対する一般抽象的な需要測定の尺度が具体的に妥当なものであるかどうかを検討するにあたつては、日用品の消費量が各人の節約の程度、当該日用品の品質等によつて異なるのはもとより、重症患者と中・軽症患者とではその必要とする費目が異なり、特定の患者にとつてはある程度相互流用の可能性が考えられるので、単に本件基準の各費目、数量、単価を個別的に考察するだけではなく、その全体を統一的に把握すべきである。また、入院入所中の患者の日用品であつても、経常的に必要

---

34) 25条は、どのような具体的手段を採用するかについては、明示的に規定していないが、「健康で文化的な最低限度の生活」という水準を維持することは明示的に要求しているということができる。このため、生活保護法においても、保護「の基準は、要保護者の年齢別、性別、世帯構成別、所在地域別その他保護の種類に応じて必要な事情を考慮した<u>最低限度の生活の需要を満たすに十分なものであつて、且つ、これをこえないものでなければならない。</u>」（8条2項）と規定されている。

35) 最高裁は、「健康で文化的な最低限度の生活」について、その内容を具体的に特定することができない（抽象的な）概念であり、時代や社会経済の状況に応じて変化しうる（相対的な）ものであること指摘し、「健康で文化的な最低限度の生活」の具体的内容については、厚生大臣（今日の厚生労働大臣）の判断に委ねられると判断した。厚生労働大臣の判断に委ねられる以上、裁判所はその判断を尊重することになり、裁量権を逸脱した場合、またはそれを濫用した場合でないとその違法性を判断すべきでないことになる（いわゆる裁量論）。

とするものと臨時例外的に必要とするものとの区別があり、臨時例外的なものを一般基準に組み入れるか、特別基準ないしは一時支給、貸与の制度に譲るかは、厚生大臣の裁量で定め得るところである。」

⑤ **結 論**
「本件生活扶助基準が入院入所患者の最低限度の日用品費を支弁するにたりるとした厚生大臣の認定判断は、与えられた裁量権の限界をこえまたは裁量権を濫用した違法があるものとはとうてい断定することができない。」

憲法上の意義

　本判決は、生存権の法的性格を明らかにしたリーディングケースの1つである。朝日訴訟が提起される以前の憲法学では、国家権力の積極的な行使によって保障される「生存権的基本権」の誕生によって、人権保障が量的にも質的にも拡張された点を高く評価する一方で、国が生存権を実現するための積極的な施策を講じない場合であっても、憲法から具体的な請求権を導くことはできないと考えていた（いわゆる「プログラム規定説」と呼ばれる見解である）[36]。日本国憲法が施行された翌年に下された、食糧管理法違反事件の最高裁判決[37]も、25条の法的性格について同様の判断を示したものと考えられている[38]。

　朝日訴訟を1つの契機として、25条の解釈は、大きな学問的課題となった。本判決のポイントは、(1) 25条1項が直接個々の国民に対して具体的権利を賦与したものではなく、憲法の趣旨を実現するための立法措置によって、は

36）　代表的な見解として、我妻栄「基本的人権」同『民法研究Ⅷ　憲法と民法』（有斐閣、1970年）所収。
37）　最大判昭和23年9月29日刑集2巻10号1235頁。

じめて具体的な権利が与えられること（判旨②）、そして、(2)「健康で文化的な最低限度の生活」が抽象的な相対的概念であることから、それが何を意味するかの具体的な判断は厚生大臣の裁量に委ねられること（判旨③）である。この部分だけを捉えれば、生存権の具体的な権利性を否定し、プログラム規定説を採用した判決であるということもできそうである。しかし、本判決が「現実の生活条件を無視して著しく低い基準を設定する等憲法および生活保護法の趣旨・目的に反し、法律によって与えられた裁量権の限界をこえた場合または裁量権を濫用した場合には、違法な行為として司法審査の対象となる」（下線は著者が追加した。）と述べていることを考えると、少なくとも、最低限度の生活を下回る基準が、違法＝違憲と判断される[39]可能性は認めているように思われる。

憲法学の通説は、生存権が具体的権利なるためには、それを実現する法律の制定が必要であることは承認しつつ（判旨②）、「健康で文化的な最低限度の生活」の決定が厚生労働大臣の裁量に委ねられると判断し、広範な行政裁量を認めた点（判旨③）を批判している[40]。すなわち、生活保護法に基づいて、生存権が具体化された場合には、その法律に基づく国の施策によって、憲法の要求する「健康で文化的な最低限度の生活」が実現されるかどうかについて、一定の範囲で裁判所が審査することが可能であると考えられている。

もちろん、学説も具体的な保護の基準や生活扶助の金額を裁判所が決定できると主張しているわけではない。憲法の趣旨を実現するために制定された生活

---

[38] この事件の最高裁判決は、25条1項について「すべての国民が健康で文化的な最低限度の生活を営み得るよう国政を運営すべきことを国家の責務として宣言したものである」との理解を示したうえで、「この規定により直接に個々の国民は、国家に対して具体的、現実的にかかる権利を有するものではない。社会的立法及び社会的施設の創造拡充に従つて、始めて個々の国民の具体的、現実的の生活権は設定充実せられてゆくのである」との判断を示した。最後の一文の意味するところをどのように理解するかは、難しい問題であるが、文面からすると、後の「抽象的権利説」の考え方を排除していないものと理解することが可能であろう。

[39] 生活保護法8条2項が要求する「最低限度の生活の需要を満たすに十分なもの」という水準を下回る場合には、憲法25条1項にいう「健康で文化的な最低限度の生活」という水準を下回ることになり、違法＝違憲という判断がなされる可能性がある。実際には、違法と判断すれば事件の解決には十分なため、憲法判断が行われない可能性も高いであろう。

[40] 現在の憲法学における「抽象的権利説」の理解については、尾形健「生存権保障」曽我部真裕ほか『憲法論点教室』（日本評論社、2012年）145頁を参照。

保護法は、憲法に適合するように解釈されるべきであり[41]、憲法の要求する「健康で文化的な最低限度の生活」を下回る保護しか行うことができないような基準が設定されれば、そのことを違憲と判断することは可能であると主張されている[42]。

この判例から見えるもの――社会保障法学の立場から

[1] 現行生活保護法の成立と保護基準の設定

(1) 判決から半世紀近くを経た今もなお、本判決は、(特に保護基準について判断を示した傍論のインパクトにおいて)間違いなく社会保障法学における最重要判例の一つであり続けている。ただし、判決時から現在に至るまでの長い時間を経て、経済の発展状況、人々の考え方や権利意識、そして生活保護法の法的・社会的位置づけなど、多くのものが判決時とは変わっている。そうすると、現代に生きる私たちが本判決の意味を読み解こうとする場合には、その前提として、本判決を歴史的な文脈に適切に位置づける作業が重要な意味を持つ。

(2) 第一に、本判決がどのような時代背景のもとで出されたものであったか、という点に注意する必要がある。

1874 (明治7) 年の恤救規則、1929 (昭和4) 年の救護法といった前近代的な公的扶助制度を経て、第2次世界大戦後の1946年に、旧・生活保護法 (以下「旧法」という) が制定された[43]。しかしながら、旧法は保護実施にかかる国家の責任を認める建前を採りながら、要保護者における権利 (保護受給権) の存在は認めないなど、依然として問題をはらんでいた。1949 (昭和24) 年の社会保障制度審議会勧告を経て、旧法は1950 (昭和25) 年に全面改正され、現行生活保護法 (以下「現行法」という) が成立した。ここにおいてようやく、法律上、保護を受ける権利が確立する。

---

41) 木村・前掲注1) 24-25頁は、「憲法適合解釈請求権」という用語に基づく説明を行っている。
42) 芦部信喜『憲法〔第6版〕』(岩波書店、2014年) 270頁は、「何が最低限度の生活水準であるかは、特定の時代の特定の社会においては、ある程度客観的に決定できるので、それを下回る厚生[労働]大臣の基準設定行為は、違憲・違法となる場合がある」と主張している。
43) 以下、この段落については、菊池・前掲注23) 204-205頁。

本件訴訟において争いを生じた、福祉事務所長による保護変更決定は、現行法が制定されてから6年後の1956年に実施された。当時の日本は依然として「貧乏」[44]であったとはいえ、戦後10年を経て「目覚ましい復興」を遂げ、国民所得は戦前の5割増（1人あたりにしても戦前の最高記録を超える）という水準に達していた[45]（この年の経済白書において、「もはや戦後ではない」[46]という有名なフレーズが登場する）。しかしそこでは、「いまだこの経済繁栄の恩恵に浴していなかった国民の一部の人々」が存在すること、「社会保障の充実等になすべきことが多い」ことが指摘されていた[47]。

(3)　現行法の立法過程においては、保護基準の水準の設定について、国会で激しい議論が交わされた。現行法の立案担当者らが示した保護基準草案に対しては、憲法25条の規定に基づく「画期的な法律の改正に伴うものとしては……まだ非常に不十分だ」[48]との指摘がなされた。これを受けて厚生省社会局長（当時）は、「理想といたしましたならば、きわめて不十分であるという……ほかはない」と認めたうえで、現在の国内状況からは「やむを得ない」のであり、「財政状況等をにらみ合せ……逐次これが改善をして参る」[49]と答弁している。このように、当時設定された保護基準は、厚生省自身にとっても満足のいく水準ではなかった。

　また、保護基準を法律で定めず、厚生大臣に委ねるという生活保護法の制度設計の理由として、現行法の立案担当者は「技術的」問題と、「財政支出の激増に対する不安」を掲げている[50]。さらに、立案担当者らの後年の回顧録によると、現行法制定当時の異常なインフレと食糧事情から、「生活困窮者の生活実態に即応するためには、必要なつど適切な基準改定をしなければならない。

---

44) 小中・前掲注22) 40-41頁、経済企画庁『昭和31年度経済白書――日本経済の自立と近代化』（至誠堂、1956年）42頁。
45) 経済企画庁・前掲注44) 経済企画庁長官声明［巻頭・頁数なし］。
46) 経済企画庁・前掲注44) 42頁。
47) 経済企画庁・前掲注44) 経済企画庁長官声明［巻頭・頁数なし］。
48) 第7回国会衆議院厚生委員会議録第20号（昭和25年3月30日）3頁［苅田アサノ委員発言］。
49) 同会議録3頁［政府委員（木村忠二郎）発言］。
50) 小山・前掲注7) 167頁。

法律事項として別表に掲げてしまうと、国会開会中でなければ改定ができない。国会では、基準の在り方や改定の内容の細部についてあれこれと議論され、時間もかかる。それではとても時宜にかなった改定は望めない」[51]との考慮があったという。

以上を要するに、当初の保護基準が非常に低い水準に抑えられたこと、保護基準が法律事項ではなく行政基準（告示）事項とされたこと、厚生大臣が適時に適切な保護基準引上げをなすべきこと、という3つのことがらは、分かち難く関連していたと言えよう。

(4) これまで論じたことを念頭に置きつつ本件事案を捉え直すとすれば、厚生大臣が本来なすべき適時・適切な保護基準の引上げを実施せず、低いままに止めていたため、経済繁栄に浴する世間とそこから取り残された保護受給者の生活水準の乖離が深刻化し、その結果生じた事案であった、と表現できるかもしれない。

[2] 本判決の現代的意義

(1) 第二に、本判決を参考にして、後続する同種事案を検討しようとする際にも、歴史の視点は重要である。

本判決と同じく保護基準の内容が争われた事案として、近年一つのトピックとなった「老齢加算廃止訴訟」[52]（70歳以上の高齢者に対する加算として生活扶助基準の中に設けられていた「老齢加算」の項目が、2004年度からの3年間で段階的に廃止された）が挙げられる[53]。さらに、2013年8月からの3年間で、生活扶助基準本体の段階的引き下げが実施されることとなり、これについても数多くの法的

---

51) 高橋三男「生活保護拾遺（その8）──新法法案の条文をめぐる想い出のいくつか」生活と福祉314号（1982年）15頁。
52) 最高裁判決として、最判平成24年2月28民集66巻3号1240頁、最判平成24年4月2日民集66巻6号2367頁。
53) 葛西まゆこ「生存権の性格──朝日訴訟」憲法判例百選Ⅱ〔第6版〕（別冊ジュリスト218号）（2013年）293頁は、老齢加算廃止訴訟の最高裁判決で引用されたのは本判決ではなく堀木訴訟であり、その点において、本判決が保護基準に関して示した判断はあくまで傍論に過ぎないことを指摘する。

紛争が生じるものと考えられる。

　しかしながら、本判決と現代における保護基準に関する訴訟の中身には、以下のように異なる点もある。すなわち本判決は、適時・適切な保護基準の引上げが実施されず、低いままに止まっていた（それによって経済繁栄に浴する世間とそこから取り残された保護受給者の生活水準の乖離が深刻化した）という点が、法的紛争を生じさせた。これに対して、老齢加算廃止訴訟をはじめとする、保護基準を巡る現代的な争いでは、一旦設定された保護基準を「切り下げる」ことの是非が争われている（生活扶助基準について言えば、そもそもその切下げという事象自体が、2000年代以降にはじめて現れた極めて現代的な問題状況である[54]）。

(2)　このことは、現在に生きる読者諸氏が本判決を読み解く場合、その読み解き方に次のように影響する可能性がある。すなわち、保護基準を引き上げるか否かに関する行政裁量と、一旦決まった保護基準を切り下げるか否かの判断において発動する行政裁量は、性質およびその範囲において同じものなのか、それとも異なるのか。そもそも、現行法制定時においては、保護基準の切り下げが将来行われるということすら想定されていなかった可能性がある（現行法制定時の議事録を見る限り、将来の切下げを念頭に置いた議論は見当たらないし、当時の厚生大臣は保護基準を切り下げる意思がないことを繰り返し明言している[55]）。このことを念頭に置いた場合、本判決の議論が、現代における保護基準を争う訴訟にどこまで当てはまると言えるのか。

　このように、同じく保護基準を問う訴訟であっても、歴史の流れを反映してその中身が変容している。1960年代に出された本判決の現代的意義を探る際には、この点に注意を払う必要がある。

(3)　先述したとおり、憲法上の「健康で文化的な最低限度の生活」は保護基準によって具体化される。そして法8条によると、この保護基準は、厚生労働大

---

54)　以下、(2)について同旨を述べるものとして、木下秀雄「生存権と生活保護基準——朝日訴訟」社会保障判例百選〔第5版〕（別冊ジュリスト227号）（2016年）5頁。生活扶助基準の年次推移に関しては、参照、生活保護制度研究会『保護のてびき　平成24年度版』（第一法規、2012年）64-65頁。

55)　第7回国会参議院厚生委員会議録第28号（昭和25年4月12日）3頁、同第35号（昭和25年4月28日）3頁［いずれも国務大臣（林讓治）発言］など。

臣、すなわち行政権が定めることとされる。このような制度設計からは、厚生労働大臣に一定の専門技術的裁量が発生することは当然であるとも言える。この点につき、実質的に生活保護法の内容を規定する保護基準の重要性に鑑み、同基準の設定を立法権に委ねるべきではないかという議論も見られる[56]。しかし、保護基準の設定権限を行政権から奪い去り、立法権に委ねたとしても、それによって本判決の投げかけてきた問題がすべて解消されるわけではない[57]。

このように考えると、保護基準の設定につき、現行方式をどう評価するか、あるいはどのようにすればより良い仕組みが作れるかという問いに対しては、簡単には答えを出すことができない。読者諸氏も、「通説」と違った見解を持つことを恐れずに、それぞれの考えを深めてほしい。

読者のみなさんへ

生存権は、それを具体化する法律の制定と、その解釈・適用によって実現される権利である。このように、立法府と行政府の活動に依存する生存権の保障をめぐって、司法府は何をなすべきなのか。最近の学説の中には、「国家機関による相互の『協働』による実現」[58]という視点を導入する見解もある。生存権を実現する政策遂行を、裁判を通じて司法府が統制することによって、生存権の実現は前進する。その時々の判例や通説を疑い、それと違った理解を提示することで、新たな規範が生み出され、権利の実現を前進させることにつながっていく。これこそ、私たちが憲法を――憲法判例を通じて――学ぶ意義であ

---

56) この点に関しては、参照、山下慎一「生活保護基準の設定に対する法的コントロール」季刊社会保障研究 50 巻 4 号（2015 年）389-400 頁。
57) 第一に、保護基準を立法権に委ねることは、保護基準の内容が正当なものになることを必ずしも保証しない。民主主義による立法過程において、生活保護を必要とするような「社会的弱者」の声が適切に反映されるかという点について疑問があるためである。第二に、保護基準を立法権に委ねる場合、本判決の示す「行政の裁量」という問題が、単に「立法の裁量」の問題に姿を変えるだけの可能性がある。
58) 尾形健「『社会改革（social revolution）』への翹望――生存権の憲法的保障をめぐって」南野森編『憲法学の世界』（日本評論社、2013 年）所収 256 頁。また、同「生存権保障の現況」論究ジュリスト 13 号（2015 年）も参照。

るように思われる。

より深く学びたい方へ──参考文献

西原博史『自律と保護──憲法上の人権保障が意味するものをめぐって』(成文堂、2009 年)。

尾形健『福祉国家と憲法構造』(有斐閣、2011 年)。

髙橋和之「生存権の法的性格論を読み直す──客観法と主観的権利を区別する視点から」明治大学法科大学院論集 12 号 (2013 年) 1-25 頁。

丸谷浩介「生活保護法研究における解釈論と政策論」社会保障法研究 1 号 (2011 年) 139-164 頁。

武田芳樹(山梨学院大学准教授、憲法学)

山下慎一(福岡大学准教授、社会保障法)

第 11 章

私のものは「私だけのもの」か？

森林法事件
最大判昭和 62 年 4 月 22 日民集 41 巻 3 号 408 頁

> **この憲法条文に注目！**
> 第 29 条 1 項　財産権は、これを侵してはならない。
> 2 項　財産権の内容は、公共の福祉に適合するやうに、法律でこれを定める。
> 3 項　私有財産は、正当な補償の下に、これを公共のために用ひることができる。

あらすじ

　私たちの民法は、その 256 条で、共有物の分割請求を認めている。例えばあなたが、ある土地を共有している A さんや B さんと仲違いしても、この民法上の権利を行使して、共有している土地を分割し、その一部をあなただけの物にすることができる。しかし、本件当時の森林法 186 条は、「森林」を共有している者については、この分割請求権を制限していた。

　本件は、森林の共有者である兄と仲違いした弟が、分割請求権を制限するこの森林法 186 条は、憲法 29 条の保障する財産権を侵害し、違憲であると主張して、本件森林の現物分割等を請求したものである。

　最高裁は、弟の主張を受けいれ、森林法 186 条による分割請求権の制限は「憲法上、財産権の制限に該当」するとして、この条項を違憲無効とした。

> **この判例から考えてほしいこと**
> ●憲法29条にいう「財産権」は、いったい何を保障しているのか。
> ●共有森林の分割を制限する森林法の旧規定は、憲法29条に違反するのか。

判例を読む前に

憲法学習者のみなさんへ

　本件の原告（弟）は、森林法による共有物の分割請求権の制限を、憲法上の財産権制限に当たると考えていた。しかし、そもそも憲法上の財産権、あるいは財産権保障とはどのようなものなのだろうか。それは、「憲法の保障する表現の自由とは何か」などを問うよりも難しい問題を含んでいる。

　憲法29条は、1項で「財産権は、これを侵してはならない」と規定しておきながら、2項で「財産権の内容は、……法律でこれを定める」（圏点筆者）と規定している。2項を強調すると、憲法上の財産権が、法形式上は憲法より下位にある法律によって逆規定されるかのようにもみえ、そもそも法律から自立した憲法上の財産権など存在しないようにも思えるからである[1]。

　こうした考えを前提にすると、原告の"直感"とは異なり、森林法186条は憲法上の財産権を何ら制限していないことになる。2項を重く受け止めれば、森林法という「法律」が財産権の内容を「定める」ことになり、森林法以前に──そもそも森林法との矛盾が問題となる──憲法上の財産権は存在しないものと考えられるからである[2]。

　はたして、それでよいのだろうか。憲法が、上から財産権関連の法律を統制

---

1) かつては、憲法は法律によって内容形成された財産権を保障しているにすぎないと考える学説も存在した（法律上の権利保障説）。
2) ここで森林法186条との矛盾が明白なのは、実は民法であり、憲法ではない。民法256条1項は、「各共有者は、いつでも共有物の分割を請求することができる」と規定しており、はっきりと分割請求権を認めているからだ。もちろん、裁判所が、民法との適合性を審査する権限（違民審査権？）を有しているわけではない（法形式上は、民法と、特別法である森林法は同格である）。

できないとすると、法律を定めることのできる国会が、勝手気ままに財産法秩序、もっといえば経済秩序を構築できてしまう。憲法が29条を置いている意味、いいかえれば、憲法の財産権保障の意味をじっくり考える必要は、この点にある。

学説がこの意味をどう考えてきたかを整理したうえで[3]、森林法判決がそれに何をつけ加えたのか、検討してみてほしい。

憲法に関心のあるみなさんへ

作家・司馬遼太郎は、この日本で、この日本人たちが、土地を投機の対象としはじめた昭和30年代以降の「資本主義」を憂いて、昭和51年に『土地と日本人』と題する対談集を出版する。そのメッセージはまことに明快である。「空気が人類の共有のものであるように、海も山も川も、そして野や町も、景色としてはひとびとの共有のものである」ということ。このような、「法体系に一字一句も書かれていない思想を、テレビの教養番組に出てきそうな甘い説明(ナレーション)の位置から、地面にひきすえねばならない」ということ[4]。

司馬の誘発しようとした土地所有のあり方をめぐる議論は、一見、私たちの生活世界から遠く離れた「日本国憲法」の財産権解釈とは無縁のように思えるが、決してそうではない。私たち日本人が経済活動の基本とすべき財産権とはいったい何かを考えることは、この国のかたち（constitution）である憲法[5]が保障する財産権とはいったい何かを考えることでもあるからである。市民間にお

---

3) 通説は、①私有財産制度の核心（いわゆる制度的保障）と、②「個人の現に有する具体的な財産上の権利」（現存保障）の2つを、1項にいう憲法上の「財産権」の内容として読み込んできた。財産権の内容形成権限を有する立法府であっても、さすがに、①私有財産制度の核心を侵すことはできず、また、②原則として既得権的利益を侵害することはできないと考えてきたわけである。

4) 司馬遼太郎『土地と日本人——〈対談集〉』（中央公論社、1980年）290、292頁（ハードカバー版は1976年）。

5) もちろん、「この国のかたち」と「憲法（典）」とを等式で結んでよいかは色々と議論があるところである。両者の関係については、長谷部恭男編『「この国のかたち」を考える』（岩波書店、2014年）所収の論攷を参照してほしい。

共同体のみなが使うため池。日本では古くからこうした共同で利用する資源があった（写真はイメージです）。

ける、この、主体的で積極的な憲法論が、とりとめのない現実＝経済的諸活動を規制する憲法的枠組みとして結実することはありうる。森林法判決を読む社会実践的な意義は、まずこの点にある。

本件における具体的な論点は、この国において、〈私の物は、私だけの物である〉という考え[6]を〈基本（constitution）〉とするかどうか、である。本件で問題となっている森林の「共有」とは、いわば、私の物であるが、私だけの物ではない——共有者の物でもある——という所有形態である。そして、民法の認める——他方で、「林業経営には多大の資本が必要であるにもかかわらず、資本の回収は遅々としているため、多人数の共同事業のほうが得策であるという、林業の特殊性」[7]により当時の森林法が認めなかった——「分割請求権」とは、共有物を分割して、その一部を私だけの物にしようとする権利である。もし、日本の財産法秩序が〈私の物は、私だけの物である〉という考えを〈基本〉に構成されているとするならば、民法の認める分割請求権は、この国の憲法においても肯定的に評価されることになろう。

この論点に対する解答は、〈私の物は、私だけの物〉（単独所有）という状態を、どう評価するかにおそらくは依存している。農業や漁業のように、有限の自然資源を相手にする営みにおいては、私の物であるが、私だけの物ではない物がたくさんあった（近隣の農家が利用する農業用のため池や、地域で管理・利用している漁場など）[8]。私だけの物ではない物（みんなの物）は、管理や処分についてみんなで話し合わなければならず、物の管理等にストレスがかかる一方で[9]、その使用が抑制的になったり、話し合いの機会が必要となることで人間関係を豊かにすることがある。これに対し、私だけの物は、物の管理等にスト

---

6) 専門用語を使えば、「単独所有制」ということになる。この言葉は本判決を読み解く鍵となる。
7) 農林省大臣官房総務課編『農林行政史(5) 上』（農林協会、1963年）287頁。

レスがかからない一方で、その使用が独善的になったり、人間関係を稀薄化することがある。個人を団体的（共同体的）な拘束から解放し、「個人主義」を確立した「近代」的な社会では、もちろん、後者が〈基本〉とされた。こうしてみると、単独所有制に対する評価は、根本において「近代」という時代に対する評価にもかかわっている。

　共有森林を分割して〈私だけの物〉にしようという本件原告の請求を、日本国憲法の財産権解釈からどう診断するかは、このような社会的・政治的な問いとも接しているのである。

◆ 歴史学からのポイント解説 ◆

　「国民作家」として知られる司馬遼太郎が、同時代の社会状況を強く意識しながら執筆活動を行っていたことは良く知られている。「この国のかたち」にこだわりを持ちながら、歴史小説やエッセイなどの旺盛な執筆活動を続けた司馬は、昭和戦前期を批判的に踏まえた上で、近代社会と近代家族を自明の前提としながら「戦後」を描いた。しかしその一方で、司馬はいわゆる「戦後歴史学」とは距離をとり、ありうべき健全な「戦後社会」の担い手として、真面目でひたむきな、また勤勉で正直な人間像を理想とする「よき国民」像を提示しようともしていた。上述の対談集『土地と日本人』に頻出する「資本主義」への倫理的な観点からの批判と、その

---

8) その代表的なものが、民法263条、294条に「各地方の慣習」に委ねることを規定した「入会権」である。山林原野等において、共同体の規制に従って肥料の材料、薪炭材・建築用材等を採取し、更には放牧や植林等を行う「入会」は、とりわけ山間部において農業を営むためには不可欠の要素であり、何らかの理由でその権利が侵害されることは、当該農民にとって死活問題となる。このことが裁判として争われた著名な事件が、岩手県の山村において約50年にわたって続いた「小繋事件」である。その経緯については、東京都立大学教授の職を辞して当該事件の弁護に奔走した戒能通孝による著作『小繋事件』（岩波書店、1964年）に詳しい。

9) 例えば、民法251条は、「各共有者は、他の共有者の同意を得なければ、共有物に変更を加えることができない」と規定し、同252条は、「共有物の管理に関する事項は、……各共有者の持分の価格に従い、その過半数で決する」と規定する。変更についても管理についても、基本的には共有者間での協議が必要となる。

解決策としてやや極端な形で説かれた土地公有化の主張は、そのような問題意識の下でのものであったと理解することができよう[10]。

さて、『土地と日本人』の中で司馬遼太郎と対談している日本法制史家の石井紫郎は、1975（昭和50）年に「近代的土地所有権の基本問題」をテーマとする日本土地法学会のシンポジウムに登壇している。このシンポジウムでは、当時の日本社会における土地をめぐる問題状況を背景に、「日本の社会においては、「ごねどく」といったように、所有権は強いものだという観念が一般人の意識にあるようですけれども、はたしてそれはどこから来たのだろうか」といった問題が提起されたが[11]、シンポジウムに登壇した石井は、明治期の土地所有制度の転換や大日本帝国憲法の制定過程に引きつけて「わが国の伝統的な「私」という言葉、あるいは概念はネガティブなニュアンスを色濃く持っている」ことを説明し、明治以降においてこの「私」を規定していた「公」の概念がなくなったこと、そして、ヨーロッパにおいては当然に「所有権」に内包されている義務や制限といった観念を「落として」理解してきたことの結果、「ヨーロッパ的な所有とは違う所有というものが、日本の近代の中に成立してきたのではないか」と述べる。「公というものは私というものを監督していく、その監督が崩れると私というのは勝手な動きを示すものである。いわば公というものの日陰の存在として私というものがある」という石井の言は、司馬の問題意識と共鳴するものであろう[12]。

---

10) 成田龍一『歴史学のポジショナリティ——歴史叙述とその周辺』（校倉書房、2006年）282頁以下。同『司馬遼太郎の幕末・明治——『竜馬がゆく』と『坂の上の雲』を読む』（朝日新聞社、2003年）も参照されたい。

11) 「〈シンポジウム〉近代的土地所有権の基本問題」日本土地法学会編『近代的土地所有権・入浜権』（有斐閣、1976年）2頁以下［星野英一発言］。

12) 石井紫郎「日本法制史の立場から」日本土地法学会前掲『近代的土地所有権・入浜権』18頁以下。同「西欧近代的土地所有権概念継受の一齣——明治憲法第二七条成立過程を中心として」『日本国制史研究Ⅲ　日本人の法生活』（東京大学出版会、2012年）292頁以下。

事　案

　この事件は、ある兄弟げんかから始まる。

　この兄弟、1947（昭和22）年に父親から合計109町2反2畝2歩[13]の森林を2分の1ずつ生前贈与され、2人で共有していたのだが、あるときから、2人の間に「著しく感情の疎隔」が生じ[14]、森林の管理方法等についても激しく対立するようになったのである。弟は、ここで、兄と共有している森林を分割しようと考えた。つまり、兄の物と弟の物とをはっきり区別し、自分だけの物を、自由に——兄の干渉を受けずに——使用・管理・収益・処分できるようにしたいと考えたのである。しかし、この考えは、森林法の規定によって阻まれる。当時の森林法186条は、「森林の共有者は、民法……第256条1項（共有の分割請求）の規定にかかわらず、その共有者に係る森林の分割を請求することができない」[15]と規定していたからである。

　そこで弟が、兄に対する共有物分割等請求訴訟において、森林法186条が「財産権」を保障する憲法29条に違反し、無効であると主張したのが本件である。

◆ 歴史学からのポイント解説 ◆

　本件でその合憲性が争われた森林法186条は、本判決の約一か月半後に削除されているが、そもそも、この条文はどのような理由で規定されたのであろうか。その背景を二つ示しておこう。

　一つ目は、明治中期以降の山林・治山行政の動きである。1897（明治30）年の森林法と併せて、国有林野法、国有土地森林原野下戻法が制定されたが（共に1899〔明治32〕年、森林法と併せて「森林三法」と呼ばれる）、

---

13) ちなみに、東京ドーム約231個分に相当する面積である。
14) 本件1審（静岡地判昭和53年10月31日民集41巻3号444頁）の事実認定による。
15) 「ただし、各共有者の持分の価額に従いその過半数をもって分割の請求をすることを妨げない」と続く。

「自然」に見える森林も、その姿は時々の山林行政の政策を反映している（写真はイメージです）。

これらは主として森林の荒廃を防ぐ趣旨のものであった。しかし、日露戦争による木材需要の増進に伴い森林法の改正が図られ、1907（明治40）年に、同法は産業法としての性質のより強い内容となった[16]。森林法判決が違憲と断じた同法186条の共有林分割禁止規定は、この改正の際に同法6条として追加されたものであり、1951（昭和26）年の同法改正の際にも維持された（ただし、その位置は総則から雑則に移された）。制定当時の政府委員の説明は、森林は「国民ノ培養シテ居ルモノ」であり、仮にこれを「共有ノモノ」として分割可能としてしまうと、「トテモ百年ノ長計ハ立タヌコトニ」なり「林業ト云フモノト相容レヌコトニ」なるというものであった[17]。

もう一つは、森林をめぐる「入会（いりあい）」の取り扱いの変遷である。1888（明治21）年に実施された市町村制の下で合併前の旧村財産がほとんど新町村に編入されなかったことを踏まえ、内務省・農商務省の主導により、日露戦争後に「部落有林野統一事業」が強力な行政指導の下で進められた。これは、入会権を解消・制限し、公有財産としての経済的効果を上げることを企図したものであった[18]。本件で争われた森林は入会地ではないが、上記の部落有林野統一事業は、入会地の登記名義が部落や区になっていることを根拠として行われたため、この措置については、部落

---

16) 農林省大臣官房総務課編・前掲注7) 284頁以下。小林正「森林・林業施業法制概説――特に森林の自然保護に留意して」レファレンス58巻2号（2008年）12頁以下。
17) 貴族院森林法改正法律案特別委員会、明治40年3月16日［久米金彌発言］。
18) 北条浩「入会権解体の行政的要因――部落有林野統一政策と入会近代化法政策」戒能通厚・原田純孝・広渡清吾編『日本社会と法律学――歴史、現状、展望』（日本評論社、2009年）471頁以下。

有林を記名共有名義で登記して抵抗するという形が取られることが多かった[19]。このことも、森林法判決の前提を考える上で見落とすべきではないであろう。

判　旨

※　引用文中の注は筆者らによるものである。

①憲法29条の意義

「憲法29条は、〔❶〕私有財産制度を保障しているのみでなく、〔❷〕社会的経済的活動の基礎をなす国民の個々の財産権につきこれを基本的人権として保障する[20]とともに、社会全体の利益を考慮して財産権に対し制約を加える必要性が増大するに至ったため、立法府は公共の福祉に適合する限り財産権について規制を加えることができる、としているのである。」

②財産権規制立法に対する裁判所の基本的態度

(1)　財産権の性格と規制の多様性

「財産権は、それ自体に内在する制約があるほか、右のとおり立法府が社会全体の利益を図るために加える規制により制約を受けるものであるが、この規制は、財産権の種類、性質等が多種多様であり、また、財産権に対し規制を要求する社会的理由ないし目的も、社会公共の便宜の促進、経済的弱者の保護等の社会政策及び経済政策上の積極的なもの[21]から、社会生活における安全の保

[20]　憲法学界の通説は、憲法29条1項は、①私有財産制という制度の保障（制度的保障）と、②「個人の現に有する具体的な財産上の権利」の保障（現存保障）を含むと考えてきた。芦部信喜（高橋和之補訂）『憲法〔第6版〕』（岩波書店、2015年）233頁。一般には、判例と通説との間に差がないと考えられているが、上記②と判旨❷がまったく同じであるかは議論の余地がある。みなさんはどう考えるだろうか。

[21]　いわゆる「積極目的規制」について述べている。

---

[19]　中尾英俊「共有林分割制限の違憲性」ジュリスト890号（1987年）75頁。

22) いわゆる「消極目的規制」について述べている。本判決は、規制目的（のみ）によって審査の寛厳を変える目的二分論を採用していないとみる見解が有力である。目的二分論とは、消極目的規制にはやや厳格な基準（厳格な合理性の基準）、積極目的規制には非常に緩やかな基準（明白の原則）が適用される考えである。

23) (1)で述べられている財産権の性格とその規制の多様性から、裁判所は財産権規制立法に対して一般に緩やかな審査を行うことを宣言している。しかし、「一般的に」緩やか審査を行うと宣言しているだけで、事情によって審査基準が厳格化することを否定していない。本判決は、明示していないものの、以下③に述べられる理由ないし事情から、審査基準を事実上厳格化させたとみる見解が有力である。

障や秩序の維持等の消極的なもの[22]に至るまで多岐にわたるため、種々様々でありうる」。

(2) 財産権立法に対する裁判所の基本的態度
「したがって、財産権に対して加えられる規制が憲法29条2項にいう公共の福祉に適合するものとして是認されるべきものであるかどうかは、<u>規制の目的、必要性、内容、その規制によって制限される財産権の種類、性質及び制限の程度等を比較考量して決すべきものであるが、裁判所としては、立法府がした右比較考量に基づく判断を尊重すべきものであるから、立法の規制目的が前示のような社会的理由ないし目的に出たとはいえないものとして公共の福祉に合致しないことが明らかであるか、又は規制目的が公共の福祉に合致するものであつても規制手段が右目的を達成するための手段として必要性若しくは合理性に欠けていることが明らかであって、そのため立法府の判断が合理的裁量の範囲を超えるものとなる場合に限り、当該規制立法が憲法29条2項に違背するものとして、その効力を否定することができる</u>[23]ものと解するのが相当である」。

③森林法の分割請求権制限は、憲法上の財産権制限に当たるか？

(1) 共有の場合、「単独所有の場合に比し、物の利用又は改善等において十分配慮されない状態におかれることがあり、また、共有者間に共有物の管理、変更等をめぐって、意見の対立、紛争が生じやすく、いったんかかる意見の対立、紛争が生

じたときは、共有物の管理、変更等に障害を来し、物の経済的価値が十分に実現されなくなるという事態となるので」、民法256条は、「かかる弊害を除去し、共有者に目的物を自由に支配させ、その経済的効用を十分に発揮させるため、……共有者に共有物の分割請求権を保障している」[24]。
(2)「このように、共有物分割請求権は、各共有者に近代市民社会における原則的所有形態である単独所有への移行を可能ならしめ、右のような公益的目的をも果たすものとして発展した権利[25]であり、共有の本質的属性として、持分権の処分の自由とともに、民法において認められるに至ったものである。」「したがって、当該共有物がその性質上分割することのできないものでない限り、分割請求権を共有者に否定することは、憲法上、財産権の制限に該当し[26]、かかる制限を設ける立法は、憲法29条2項にいう公共の福祉に適合することを要する」[27]。

④**具体的検討**
(1) 森林法186条の立法目的
「森林の細分化を防止することによって森林経営の安定を図り、ひいては森林の保続培養と森林の生産力の増進を図り、もって国民経済の発展に資することにある[28]」。「同法186条の立法目的は、以上のように解される限り、公共の福祉に合致しないことが明らかであるとはいえない。」

(2) 森林法186条の合理性
「森林が共有となることによって、当然に、その

24) ここでは、「共有」という所有形態に対してネガティブなイメージが述べられている。そうなると、分割請求権は、こうしたネガティブな状態をひっくり返す希望の光ということになる。

25) ここでは、〈私の物は、私だけの物〉という「単独所有」が、「近代市民社会における原則的所有形態である」とまで述べられている。

26) ここでは、近代市民社会における原則的所有形態が、特段の論証なく、日本国憲法における原則的所有形態（基本）と同視されているようである。だからこそ、単独所有と不可分の関係にある民法上の分割請求権に憲法上特別な地位が付与されている。こうして、単独所有と結び付いた分割請求権の制限は、憲法上の財産権の制限とみなされることになる。

27) 本判決は、具体的な違憲審査基準を示していないが、以下④でみるように、実際には厳格度の高い審査を行ったようにも読める。論旨の明確さという点では、③の後に「厳格な合理性の基準」を採用することを明示した方が親切であったのかも知れない。この点については、後掲注29）も参照されたい。

28) 国民経済の発展をポイントにしているとすれば、ここでは積極目的が語られていることになる。

共有者間に森林経営のための目的的団体が形成されることになるわけではなく、また、共有者が当該森林の経営につき相互に協力すべき権利義務を負うに至るものではないから、森林が共有であることと森林の共同経営とは直接関連するものとはいえない。したがって、共有森林の共有者間の権利義務についての規制は、森林経営の安定を直接的目的とする前示の森林法186条の立法目的と関連性が全くないとはいえないまでも、合理的関連性があるとはいえない。」民法256条1項は、共有者間において意見対立や紛争が生じた場合にもたらされる当該森林の荒廃という事態を「解決するために設けられた規定である……が、森林法186条が……民法の右規定の適用を排除した結果は、右のような事態の永続化を招くだけであって、当該森林の経営の安定化に資することにはならず、森林法186条の立法目的と同条が共有森林につき持分価額2分の1以下の共有者に分割請求権を否定したこととの間に合理的関連性のないことは、これを見ても明らかである」。

(3) **森林法186条の必要性**

「森林法は森林の分割を絶対的に禁止しているわけではなく、わが国の森林面積の大半を占める単独所有に係る森林の所有者が、これを細分化し、分割後の各森林を第三者に譲渡することは許容されている」し、「共有森林についても、共有者の協議による現物分割及び持分価額が過半数の共有者……の分割請求権に基づく分割並びに民法907条に基づく遺産分割は許容されているのであり、

許されていないのは、持分価額2分の1以下の共有者の同法256条1項に基づく分割請求のみである。」「持分価額2分の1以下の共有者からの……分割請求の場合に限って、他の場合に比し、当該森林の細分化を防止することによって森林経営の安定を図らなければならない社会的必要性が強く存すると認めるべき根拠は、これを見出だすことができないにもかかわらず、森林法186条が分割を許さないとする森林の範囲及び期間のいずれについても限定を設けていないため、同条所定の分割の禁止は、必要な限度を超える極めて厳格なものとなっているといわざるをえない。」「更に、……現物分割においても、当該共有物の性質等又は共有状態に応じた合理的な分割をすることが可能であるから、共有森林につき現物分割をしても直ちにその細分化を来すものとはいえない」。「したがって、森林法186条が共有森林につき持分価額2分の1以下の共有者に一律に分割請求権を否定しているのは、同条の立法目的を達成するについて必要な限度を超えた不必要な規制というべきである。」

⑤ **結　論**

「森林法186条〔本文〕……は、森林法186条の立法目的との関係において、合理性と必要性のいずれをも肯定することのできないことが明らか[29]であって、この点に関する立法府の判断は、その合理的裁量の範囲を超えるものであるといわなければならない。」

29) ここでは「明らか」という言葉が使われており、裁判所が非常に緩やかな審査（明白の原則）を行ったことが示唆されている。しかし、④(2)(3)で比較的詳細な検討を行っていることから窺い知れるように、最高裁は、単独所有から逸脱する財産法上の規制について比較的厳格な審査を行ったと考えることができる。もちろん、見方によっては、森林法の本件規制は何の意味もない馬鹿げた規制であると考えることもできるから、非常に緩やかな審査を額面どおり行っていたとしても違憲と判断されていた可能性はある。

憲法上の意義

　本判決は、森林法の共有物分割請求権制限規定を違憲と判断した、日本では比較的珍しい法令違憲判決の1つである（財産権については唯一の法令違憲判決である）。

　理論上興味深いのは、森林法の同規定が憲法上の財産権制限に当たると述べたことであろう（判旨③(2)参照）。先述したように、憲法学における通説的見解は、財産権の内容は法律によって形成される旨を規定することで、財産法秩序に対する国家的（社会国家的）介入の余地を広く認めようとした憲法29条2項の趣旨を重視し、内容形成に関する立法府の広範な裁量を肯定しながら、その憲法的防壁として、同条1項にいう憲法上の財産権保障の内容を以下のように理解した。すなわち、①私有財産制度の核心保障（制度的保障）と、②既得権的利益の保障（現存保障）である。このように理解した場合、実は、本件当時の森林法の規定は、憲法上の財産権保障に直接にはかかわらないことになってしまう。森林法186条は、①私有財産制度を根底からひっくり返すものとまではいえないし、②原告（弟）の既得権的利益を侵害したものともいえないからである（弟は、1907年の旧森林法全面改正時に組み込まれた本件規定によってもともと分割請求権が制限されていた森林を、1947年に贈与され、それ以降共有していたにすぎない）。その意味で、従来の通説的見解を前提にすると、森林法の本件規定によって憲法上の財産権が制限されたとはいえない、ということになる。

　本判決は、単独所有制（私の物を、私だけの物として持つこと）に憲法上特別な地位を認めるとともに、これへの移行を可能にする民法上の分割請求権に憲法的な重みを与えることにより、分割請求権の制限、あるいは単独所有制からの逸脱（私の物を、私だけの物にできないこと）を、憲法上の財産権制限とみなしたのである。こうみると、本判決は、憲法上の財産権保障として、上述した①私有財産制度の核心保障と②既得権的利益の保障に、③単独所有制の保障を追加したものと考えることができる（！）。

　もっとも、本判決は、なぜ単独所有制が憲法上特別の地位を認められるのかについて十分な説明を加えていない。憲法学においては、これを説明するロジックとして、(a)ベースライン論、(b)法制度保障論、(c)道徳的価値論などが主張

されている。(a)は、法律家集団の内部において、〈単独所有が所有権制度の標準形態である〉との共通了解が存在しているために、これを憲法の想定するベースラインとして観念しうるとする考えをいう[30]。(b)は、日本国憲法の制定者は、明治民法の制定者の選択した単独所有（一物一権主義＝ローマ法的・近代的所有権）――「1つの物に対する所有権者は1人であり、その所有権は『自由かつ排他的』である」[31]――という「法制度」を、日本国憲法上の「法制度」としても追認・摂取したために、単独所有には憲法上特別な地位が認められる、とする考えをいう[32]。(c)は、単独所有は近代法の構成原理である「個人主義」と深く関連しているために、憲法上特別な地位が認められるとする考えをいう。いずれの主張も魅力的であるが、批判もあり、通説と呼べるような見解が形成されていないのが現状であるといえよう。

この判例から見えるもの――法制史の立場から

　森林法判決が強調する「近代市民社会における原則的所有形態である単独所有」概念は、そもそも、明治時代以前、すなわち「前近代」において、直接に生産に関わる農民と、それを支配する領主、更に、その中間に存在するさまざまな組織や権力の間で折り重なるように存在してきた土地のあり方――法制史では「所有」と区別して「所持」と呼ぶことがある――とは相容れないものである。確かに、明治民法典に帰結する国家法においては、「一物一権」的な所有権が規定されるが、とりわけ、土地をめぐる法規範は、国家法の世界と「民衆規範」の世界が複雑に絡み合ったものとして把握されることになる[33]。

　幕藩体制を覆して成立した明治新政府は、中央集権的な国家運営の財政基盤を確保するために統一的な租税制度を確立することを必要とし、地租改正が実

---

30) 長谷部恭男『憲法の理性』（東京大学出版会、2006年）134-135頁参照。
31) 石川健治「法制度の本質と比例原則の適用」LS憲法研究会編『プロセス演習憲法〔第4版〕』（信山社、2011年）303頁。
32) 前掲注31) 参照。
33) 矢野達雄「土地法史」石川一三夫・中尾敏充・矢野達雄編『日本近代法制史研究の現状と課題』（弘文堂、2003年）304頁以下。

施された。しかし、その事業が主として「誰が租税を支払うべきか」という観点から進められたことは、「土地が誰に帰属すべきか」という問題が深刻化せず、近世との「連続性」の下で把握され続けるという帰結をももたらした[34]。地租改正の過程は、それぞれの土地の法的性格が定められ[35]、重畳的な「所持」から単一の「所有」の対象へと切り替えられていき、かつ、公証や登記等、売買や譲渡の制度化において、「所有」の意識が徐々に自覚されていく過程でもあった[36]。

　明治民法典はどうであろうか。専ら家族法領域における既存の慣習や風俗への関心の低さが問題視され、旧民法を施行延期に追い込んだ「法典論争」を踏まえて行われた法典調査会の審議の過程においては、財産法領域でも、西欧近代法とは異質の社会規範、すなわち「民衆規範」を念頭に置いた議論が行われていた。例えば、609条の借賃減額免除規定をめぐる議論では、「徳義」として行われてきた小作料の減免措置にどこまで法が介入し、どこまでを権利として保障するかという点が争われたが、その背景には、土地所有権が地主と小作の間で重畳性を持っており、かつ、その相互関係が権利義務関係ではなく、「ムラ」の中で永続的に繰り返される贈与と応答に基づく「義理」的な関係として編成されているという認識があった[37]。国家法と「民衆規範」との入り組んだ関係は、法典論争において旧民法がその規定を欠くことが批判され、明治民法の編纂過程で比較的広範な調査が行われたにもかかわらず、「慣習」に委ねることを2箇条において規定する形で処理せざるを得なかった入会地をめぐっては、更に複雑であった[38]。

---

34)　石井・前掲注12)「西欧近代的土地所有権概念継受の一齣」295頁以下。

35)　1873（明治6）年3月の「地所名称区別」は、地券を発行しない「皇宮地」「神地」「除税地」、地券を発行しないが私人に売却可能な「官用地」、地権を発行し地租を負担しない「官庁地」、地券を発行し地租を負担する「公有地」「私有地」「除税地」の8地種に地所を分類し、全国すべての地所に地券を発行してその「所有者」を確定することが試みられた。そして、翌1874年11月の同法令改正により、これらが更に「官有地」4種と「民有地」3種に再分類された。

36)　高橋良彰「取引社会と紛争解決」水林彪他編『新　体系日本史(2)　法社会史』（山川出版社、2001年）481頁以下。

37)　川口由彦「民法典と民衆世界」法律時報71巻4号（1999年）29頁以下。

このように、国家法と「民衆規範」が絡み合った状態を「前近代的」なものとしてネガティブに評価し、「一物一権」的な、すなわち「近代的」な関係へと整序したのが、第二次世界大戦後の占領管理体制の下で「超憲法的」に行われた農地改革であった——少なくとも、戦前と戦後の「断絶」を強調する「戦後歴史学」及び「戦後憲法学」においては、そのように評価する立場が多い[39]。しかし、農地改革の結果生み出された小規模自作農は、高度成長期においてはむしろ農地の流動化を妨げることとなり、日本の戦後農業の発展を妨げる要因となったとの批判にさらされることになる[40]。森林についても、農地改革とタイムラグがあるものの、戦後においてはやはりその「近代化」が課題とされ、1964（昭和39）年に林業基本法が成立したが、中規模以上の林業経営者を往年の農地地主に準え、小規模の家族労作経営者を自作農家に見立てる当初の発想は「農地改革思想の引き写し」であったという[41]。しかし、林業基本法の成立と共に木材の輸入が全面自由化され、昭和44（1969）年には外材が国産材供給量を上回っている[42]。

　本判決を受けて、森林法186条はすみやかに削除された。政府委員は、この

---

38)　1874（明治7）年11月、注26）の地所名称区別改正と並行して「地所名称区別改正ニ付官民有地取調手続ノ件」が定められ、前年まで「公有地」として区分されていた入会地を「官有地」と「民有地」に再区分することが求められた（官民有区分）。この時官有地に区分された入会地については、その入会地としての利用が問題となり、また、各地で民有地への引戻をめぐる紛争が発生した。官有入会地の利用についてはある程度柔軟に認められていたが、1915（大正4）年に大審院は国有地における入会権を否定し、この判断は昭和48（1973）年に最高裁が判例変更を行うまで維持された。

39)　しかし、その前提に「公共性」が必要となるような所有は「論理上最初から単なる私的な個別的土地所有などではありえない」という指摘には、首肯せざるを得ないところがある（野田公夫「戦後土地改革と現代——農地改革の歴史的意義」年報日本現代史4号〔1998年〕192頁以下）。

40)　東京大学社会科学研究所編『戦後改革(6)　農地改革』（東京大学出版会、1975年）を参照。

41)　手束平三郎「戦後林政史の回顧と検証——林業基本法の制定を巡って」林業経済51巻10号（1998年）30頁。1966（昭和41）年に「入会林野等に係る権利関係の近代化の助長に関する法律」が定められ、入会林野近代化事業が推進されたことの背景にも、「農林業の振興政策を近代的に個人主義的に進めるためには、前近代的な入会権が存在することが非常に障害になる」という当局者の認識が反映していたという（「入会権の現代的課題　総合討論」農業法研究23号〔1988年〕95頁〔黒木三郎発言〕）。

規定の存在で森林の「一体性が保たれてきたというような効果が本当に大きくあったのかどうかという点も実は検証が十分されてない」のであり、削除されても「従来の経緯なり実態から申し上げまして山林経営というものの分割が早急に進むというような形にはならないで済むんじゃないか」と説明している[43]。(a)ベースライン論によって本判決を説明しようとする論者が、森林法の当該規定の立法は「遠い過去のものであり、当時の集団の利益を、目的と手段の関連性に疑問があるにもかかわらず現在でも擁護する必要はもはやない」ならば、「共有に関する民法上の規定の政治的中立性を信頼」して、単独所有制の保障に踏み込んだ最高裁の判断は「自然なもの」であると述べることには、十分な説得力がある[44]。ただし、なぜこの時期に最高裁が「可能だからといって、直ちにそうしなきゃいけない」わけではない基準に立ち戻ったのか[45]、その理由をベースライン論そのものから導き出すのは難しいように見える——むしろそのヒントは、ベースライン論の提起に至るまでの戦後の憲法学説史の側にありそうである[46]。

　この点、「この四半世紀」の憲法学の思考方法を批判し「既存の思考枠組を取り払う」ことを宣言している(b)法制度保障論を採る論者の立場は明確である[47]。「ナチスの桂冠法学者」のイメージの強かったカール・シュミットの再読を通じて[48]、戦後憲法学における29条解釈が「シュミットの文脈を大きく外れて、私有財産制度をめぐる体制選択論」として展開したことを批判し[49]、

---

42) 平成21年度森林・林業白書（林野庁ホームページ：http://www.rinya.maff.go.jp/j/kikaku/hakusyo/21hakusyo_h/all/h30.html）。

43) 参議院農林水産委員会、昭和62年5月26日［田中宏尚発言］。

44) 長谷部恭男『比較不能な価値の迷路』（東京大学出版会、2000年）109頁以下。

45) 長谷部恭男『Interactive 憲法』（有斐閣、2006年）29頁。

46) 1990年代前半の「二重の基準論」をめぐる論争、及び、アメリカにおけるニューディール再解釈理論の受容がその背景となっているとの指摘がある（巻美矢紀「個人としての尊重と公共性」『憲法学の現代的論点〔第2版〕』〔日本評論社、2009年〕292頁以下）。

47) 石川・前掲注31）302頁。

48) ただし、後述の問題ともかかわるが、シュミットの「真意」を追求するという性質の作業ではないと断られていることにも、注意すべきである（石川健治『自由と特権の距離——カール・シュミット「制度体保障」論・再考〔増補版〕』（日本評論社、2007年）8頁以下）。

更に、その混乱の背景として、ワイマール憲法下において展開された法制度保障論の展開過程における、「貴族・対・市民」と「市民・対・労働者」の対抗関係との文脈の混同を指摘する論者の分析は、見事という他ない[50]。しかし、注意しておきたいのは——勿論、この論者には十分に意識されているところであるが——その営為が法解釈学の一端として行われていることによる、歴史的事象を扱う際の「作法」である。例えば、法制度保障論の前提となる、明治民法による「一物一権主義」の選択についても、論者は慎重に「予め立法者が選択したはずの「法制度としての所有権」の全貌」（圏点筆者）と述べるが、ここで示されている「立法者」が、例えば、法典調査会の穂積陳重・梅謙次郎・富井政章といった個別具体的な立法関係者に限らない抽象概念であることには、改めて注意を払っておく必要があるだろう[51]。国家法と「民衆規範」の関係として述べてきたように、法制史学は、土地所有権について「一物一権主義」になじまない運用がなされてきたことを論証してきたが、実は、法制度保障論の論者もこのことをよく諒解しており、土地法制は「土地をとりまく「文脈」を強調して土地所有権の制限に向けて動いている」のに対し、憲法上の財産権は「（近代的「人権」概念ならではの）文脈を無視した普遍妥当性要求」によって「辛うじて本丸を維持する」ような関係であると述べているのである[52]。

　いずれにせよ、この有力な二つのロジックは、1990年代以降の憲法学内部

49）石川・前掲注48）230頁以下。なお、石川健治「憲法・経済・秩序」季刊企業と法創造9巻5号（2013年）40頁以下を参照。

50）石川健治「財産権①」小山剛・駒村圭吾編『論点探求　憲法〔第2版〕』（弘文堂、2013年）230頁以下。石川・前掲注49）32頁以下も参照されたい。

51）石川・前掲注31）303頁。同じように、日本国憲法の当該条文の「立法者」として、GHQ民政局のロウスト・ワイルズ等だけが想定されているわけでもない（高柳賢三・大友一郎・田中英夫編『日本国憲法制定の過程Ⅰ』〔有斐閣、1972年〕110頁以下）。言うまでもなくこれは、法解釈における「主観説」と「客観説」の関係と接続する問題であるが（青井秀夫『法理学概説』〔有斐閣、2007年〕468頁以下）、アメリカ憲法理論における「原意主義」との接続も議論され得るであろう（阪口正二郎『立憲主義と民主主義』〔日本評論社、2001年〕、大河内美紀『憲法解釈方法論の再構成——合衆国における原意主義論争を素材として』〔日本評論社、2010年〕を参照）。

52）石川健治「憲法論から土地法制をみる視角——戦後の土地法制と憲法二九条論」ジュリスト1089号（1996年）255頁。

の通説、とりわけ「戦後憲法学」への批判をきっかけとして森林法判決を「再解釈」したものと理解することが出来そうである。そうであるならば、「再解釈」を施されない段階の本判決が、「官僚的な文章構成に秀でた最高裁としては異例の書生っぽい表現」で守ろうとしたものは[53]、「戦後憲法学」に順接的な価値を見出し、「個人主義」を強調する(c)道徳的価値論によって説明されることになるのかもしれない[54]。

読者のみなさんへ

　近年の最高裁は、グローバル化・国際標準の波が押し寄せていた——日本社会に残存した前近代的社会関係を払拭する必要のあった——1980年代後半に自ら発した森林法判決を、黙殺している。本件と同じく、単独所有制からの逸脱が問題となるような事案においてさえ、森林法判決を参照していないのである[55]。これは、森林法判決の先例的価値の、あるいはそれが肯定した単独所有制の憲法的地位の揺らぎを示唆している。

　読者のみなさんは、このことをどう評価するだろうか。

　実は、単独所有制——〈私の物は、私だけの物である〉——の評価をめぐる問題は、きわめて現代的な意味を有している。例えば、自然環境保護論やネット社会論といった領域では、いわゆるコモンズ論——〈みんなの物〉論？——が注目を集めている。ここでは、〈私だけの物ではない〉ということが積極的に評価されているといってよいだろう。他方、より実際的な問題として、区分所有権に関する問題などがある。マンションの所有関係や管理方法等について規律する区分所有法は、何度かの改正をとおして、区分所有権に対する団体的

---

53) 安念潤司「憲法が財産権を保護することの意味」長谷部恭男編著『リーディングズ現代の憲法』（日本評論社、1995年）151頁。

54) 石川健治は、本判決が「特定の立場に意識的にコミットしているが如き言明を行っているのは、学説における通常の概念規定に比べて、異様であるとすらいえる」と述べている（石川健治「財産権条項の射程拡大論とその位相(1)——所有・自由・福祉の法ドグマーティク」国家学会雑誌105巻3・4号〔1992年〕4頁）。

55) 例えば、区分所有法に関する最判平21年4月23日判時2045号116頁。

拘束を強めてきているといわれる。本来、〈私だけの物〉であるはずの専有部分でさえ、他の区分所有者の意思の影響を受けるようになってきているのである。単独所有制を「近代市民社会」とオーバーラップさせ、これに憲法上の地位を与えた森林法判決。その先例的価値の揺らぎは、私たちが、単独所有制の限界と共同所有制の可能性を現代的に問い直すチャンスでもあるように思われる。平和条項の問題だけでなく、ぜひこのような"渋い"問題も考えてもらいたい。

より深く学びたい方へ──参考文献

戒能通厚・楜澤能生編『企業・市場・市民社会の基礎法学的考察』（日本評論社、2008年）では、基礎法学の立場からの「所有」概念が近時のコモンズ論との関係で多角的に論じられており、様々な示唆を与えてくれる。

川口由彦『近代日本法制史〔第2版〕』（新世社、2014年）は、土地・農村を専門領域とする法制史研究者による浩瀚な通史として、本稿の背景を追うのに最適である。

水津太郎・宍戸常寿・曽我部真裕・山本龍彦「座談会　憲法上の財産権保障と民法」法律時報87巻2・3号（2015年）は、憲法上の財産権保障の意義について、比較的若い世代に属する民法学者と憲法学者が対話を試みた記録である。理解に多少の専門知識が必要とされるが、両学問分野の"ズレ"も垣間見え、大変エキサイティングな内容となっている。

中島徹「財産権保障における「近代」と「前近代」(1)～(3)」法律時報84巻1-3号（2012年）は、憲法学の立場から森林や漁業等の歴史的変遷を視野に入れた刺激的な分析を提示している。

山本龍彦（慶應義塾大学教授、憲法学）
出口雄一（桐蔭横浜大学教授、日本法制史）

第 12 章

日本の解散権は自由すぎる⁉

苫米地事件
最大判 1960 年（昭和 35 年）6 月 8 日民集 14 巻 7 号 1206 頁

> **この憲法条文に注目！**
> 第 7 条　天皇は、内閣の助言と承認により、国民のために、左の国事に関する行為を行ふ。
> 　3　衆議院を解散すること。
> 第 66 条 3 項　内閣は、行政権の行使について、国会に対し連帯して責任を負ふ。
> 第 69 条　内閣は、衆議院で不信任の決議案を可決し、又は信任の決議案を否決したときは、10 日以内に衆議院が解散されない限り、総辞職をしなければならない。

あらすじ

1957 年の「抜き打ち解散」[1]で衆議院議員を失職した政治家が、解散の無効を理由に、議員の地位確認と議員歳費支払いを求める訴えを起こした。最高裁は、解散のような「極めて政治性の高い国家統治の基本に関する行為」は司法

---
1) 「抜き打ち解散」などの通称は、あくまでメディアなどの造語である。

判断の対象とならないとして、請求を斥けた。

> **この判例から考えてほしいこと**
> ●衆議院解散の合憲性は司法審査の対象となるのか。
> ●内閣は衆議院を自由に解散できるのか。

判例を読む前に

憲法学習者のみなさんへ

　本判決は、「高度に政治性のある国家行為」を司法審査の対象外とする、いわゆる統治行為論を採用した事例として知られている。本来の争点である裁量解散の合憲性や解散手続の適法性については、本判決の個別意見や原審の判決が正面から向き合っているので、ぜひ読んでみよう。
　本章では憲法学・政治学の両面から日本国憲法下での衆議院解散を検討するが、とくに着目すべき点を2点挙げておく。
　第1に、「55年体制」成立前の「抜き打ち解散」当時とポスト「55年体制」の現在とでは、解散のもつ政治的な威力は同じなのか否かという点である。「解散は首相の専権事項」なる言説が不正確なのは憲法を読めば一目瞭然だが、実態として首相や官邸中枢が解散時期を決めているのは事実である。後述の「政治学の立場から」の箇所で指摘するように、すでに日本は「世界の中で例外的な自由な解散権の行使の慣行がある」国といえよう。しかし、1994年の「政治改革」（政党助成制度や衆議院での小選挙区制導入）による政党執行部への権力集中と、2000年前後の統治機構改編後の首相官邸の機能強化とが生み出した今日の「大統領的首相」にとって[2]、自由な解散権はあまりに強力な政治的武器になってはいないだろうか。政治学の中には、この傾向に肯定的な意見も有力だが（後述）、他方では、自由な解散権があるからこそ「首相はそれ

---

[2]　「大統領的首相」については、待鳥聡史『首相政治の制度分析』（千倉書房、2012年）の分析を参照。

を行使する時期を探し、見つからないときには、首相の権力が低下する」のであり、「むしろ、首相自身が解散権を封じることで有利になることもある」という分析もある[3]。こうした政治学の問題意識は憲法の観点から統治機構を学ぶ上でも重要である。

　第2に、統治機構の憲法解釈において外国の制度・理論を参照にすることに、どのような意義があるのかという点である。議院内閣制に関する日本国憲法の諸規定（66～69条）の解釈は、議院内閣制の先輩であるイギリスやフランス第3共和政の統治構造と、その運用を前提に形成された西欧の学説を導きの糸としてきた。後述の「解散権論争」にしても、本件の大法廷個別意見や下級審判決にしても、そうした外国の議院内閣制の運用と理論（と日本の学説が理解するイメージ）を前提に展開されていたはずである。しかし本章での政治学側からの問題提起は、そうした「常識」の盲点を突くものなのかもしれない。

憲法に関心のあるみなさんへ

　「解散風」なる言葉もあるが、政局は解散総選挙の時期の予測抜きには語れない。まず、解散の憲法解釈上の争点を確認しておこう。解散とは、総ての衆議院議員を任期満了前に一斉に失職させる行為である。解散は天皇が行う国事行為の1つだが（憲法7条3項）、国事行為は内閣の「助言と承認」に基づく形式的・儀礼的な行為であり（同柱書き）、天皇自身が解散を実質的に決定するわけではない。そこで、解散の実質的な決定機関はどれかが問題になる。少なくとも、内閣不信任決議可決・内閣信任決議否決の場合に内閣が解散（対抗解散）を選択しうることは憲法69条から明白である。しかし、それ以外の解散は許されないのか。この点、対抗解散以外にも内閣は裁量で解散を決定できる（裁量解散）とする立場を歴代政府や憲法学主流は採ってきた[4]。ただし、その根

---

[3] 川上貞史『議院内閣制』（東京大学出版会、2015年）88頁。
[4] 69条限定説／69条非限定説という区分が一般的だが、本章では対抗解散限定説／裁量解散可能説という枠組みを用いる（その理由は、大石眞『憲法秩序への展望』〔有斐閣、2008年〕270頁参照）。

拠となると見解は分かれており、とくに、①形式的行為としての天皇の解散に対する内閣の「助言と承認」を通じて内閣は解散の判断を実質的に行えると説く7条説（通説）と、②執政府が議会解散権を有するのは「抑制と均衡」を本質とする議院内閣制の当然の事理だとする制度説（有力説）とが対立してきた[5]。

議会解散は、君主に反抗的な議会に対する君主による「懲罰」という反民主的な歴史的沿革を持っている。にもかかわらず、解散に対して憲法学が好意的なのは、普通選挙制の一般化した現在では、解散も民意確認の場である議会選挙の先行行為としての意味を持つに至ったからである[6]。もちろん、民主政の下でも大統領や首相の都合で解散が濫用された例は、ヒトラーの権力掌握過程をはじめ枚挙に暇がない。本件「抜き打ち解散」も、与党の派閥抗争の産物であり、民意確認の機会の提供というには程遠いものであった。裁量解散を認める憲法学主流が、しかし内閣の解散権濫用を警戒するのはこのためである。その結果、学説では、解散の理由を基準に許容される（または要請される）解散と許容されない解散とに区別した上で、後者の解散を封印する運用上のルール（習律）形成が追及されていく（習律期待説）。本判決で解散権行使への司法的統制の途が閉ざされたことで、なおのこと習律への期待が高まることになったといえよう。

◆ 政治学からのポイント解説 ◆

　日本では、下院衆議院のみが任期途中で解散され、上院参議院が解散されないのは、当然と思う人々も多いであろう。実際、憲法学者の説明としては、上院には一般的に解散がないという説明が度々行われてきた[7]。し

---

5) 学説の状況は、上田健介「衆議院解散権の根拠と限界」ジュリスト増刊『憲法の争点』（2008年）242頁以下参照。
6) 例えば、「権力の民主化」を重視する「人民主権」論の杉原泰雄は、解散を「日本国憲法における数少ない直接民主制の手段」（杉原泰雄『憲法Ⅱ』〔有斐閣、1989年〕293頁）と捉えるし、伝統的憲法学の痛烈な批判者たる政治学の松下圭一も、解散を「国民主権の制度化された発動手続」（松下圭一『戦後政治の歴史と思想』〔筑摩書店、1994年〕）所収312頁）と位置付けていた。

かし、実際のところ、両院を国民による直接選挙する二院制において（直接選挙の大統領を持たず）議院内閣制を採る国は、OECD 諸国では日本を含み 5 か国しかないが、それらの国々において、上院が解散できないのは、日本だけである。他の 4 か国とは、イタリア、ベルギー、スペイン、オーストラリアであるが、これらのうち、イタリアは現制度の始まった戦後は全て、ベルギーは 1919 年から全て、スペインはフランコ独裁終了の後 1977 年から全て、下院解散時に上院が解散されてきた。オーストラリアは、下院解散・上院半数改選の同時選挙が多いが、総督の権限において上院を下院と同時に解散することができ、この両院同時解散は過去 7 回行われている[8]。

事案の背景[9]

「ここからここにつづる 3 年という時間は、苛烈なる政権争奪の抗争史である」――『小説吉田学校』などの優れた政界実録小説を遺した作家・戸川猪佐武は、1952〜54 年の吉田茂内閣（第 3 次〜第 5 次）の与党自由党の内紛をそう描写した[10]。もともと吉田茂は、1946 年 5 月の鳩山一郎・日本自由党総裁の公職追放により、総理総裁の座を手にした因縁がある。鳩山からすれば、追放解除の後は総理総裁の椅子は自分に戻されるべきものであった。ところが吉田は、知米派外交官として培った政治力で占領期の日本をリードする一方、池田

---

7) 衆議院憲法調査会「政治の基本機構のあり方に関する調査小委員会」2002 年 4 月 11 日［大石眞発言］、参議院憲法審査会「二院制と参議院の在り方に関する小委員会」2004 年 4 月 14 日［大石眞発言］。

8) ELECTIONS IN EUROPE: A DATA HANDBOOK (Dieter Nohlen & Phillip Stover. eds. 2010); ELECTIONS IN ASIA AND THE PACIFIC: A DATA HANDBOOK: SOUTH EAST ASIA, EAST ASIA AND THE SOUTH PACIFIC (Dieter Nohlen et al. eds. 2002), 小堀眞裕『国会改造論』（文春新書、2013 年）、同『ウェストミンスター・モデルの変容』（法律文化社、2012 年）。

9) ここでの説明は、山田隆司『『衆議院の解散』と苫米地事件」法学セミナー 729 号（2015 年）82 頁以下の叙述と重なる。大森彌「第三次吉田内閣」林茂・辻清明編『日本内閣史録 5』（第一法規出版、1981 年）所収 185 頁以下も参照。

10) 戸川猪佐武『岸信介と保守暗闘』（講談社、1982 年）12 頁。

勇人や佐藤栄作ら優能な官僚を政界にリクルートして党内基盤も固めていく。鳩山追放解除（1951年8月）後も総理総裁の座を手放さない吉田に対して、党内鳩山派は反吉田の姿勢を強めていく。そうした動きへの吉田側からの奇襲反撃が、吉田の側近以外には極秘（党幹事長にも知らせず）に進めた衆議院解散であった。吉田は、1952年8月26日夜に那須御用邸で夏季休暇中だった昭和天皇を訪れて解散を奏上したが、実は解散詔書に必要な大臣署名はその時点で閣僚13人中4～5筆しか集まっていなかったのである。しかし、翌27日付で証書に天皇の御璽が押捺され、28日の閣議で詔書の公布が決定され、直ちに衆議院議長に伝達されている。この文字通り「抜き打ち」の解散は、選挙準備ができていない鳩山派や野党には打撃であった。本件の原告・苫米地義三は、野党・国民民主党最高委員長の地位にあったが、かねてよりの持論である裁量解散違憲論に殉じるかたちで総選挙には立候補せず、離党して一個人として解散の無効確認の訴えを最高裁に出訴するも、訴えは翌年4月に不適法却下されてしまう（衆議院解散無効確認訴訟判決[11]：最大判1953年4月15日民集7巻4号305頁）。前年10月の警察予備隊違憲確認訴訟判決（最大判1952年10月8日民集6巻9号783頁）において、自らの憲法裁判所としての性格を否定した最高裁としては順当な判断である。しかし、苫米地はこれに屈せず、判決直後の4月24日の参議院選では国民民主党などが合流して結成された改進党から全国区で出馬し国会議員に返り咲く一方、衆議院議員資格の確認と本来の任期（1953年1月）までの歳費支給の訴えを東京地裁に起こした。これが本件である。

　苫米地事件は、憲法施行直後から1950年代前半に政界・学界で激しく展開された「解散権論争」[12]の掉尾を飾るものであった。時計の針を少し戻そう。第1次吉田内閣が1947年の総選挙で敗北した後、社会・民主・国民協同の3党連立政権の時代（片山内閣・芦田内閣）となるが、贈収賄事件（昭和電工疑獄）

---

11)　文献の中には、この53年の判決を苫米地第1次判決、60年の判決を苫米地第2次判決とするものもある。

12)　「解散権論争」の関心が、解散権の所在や限界のみならず、旧憲法下の天皇制との連続性／断続性の問題にあったことは、論争当事者たちの後年の論集（長谷川正安『憲法解釈の研究』〔勁草書房、1974年〕、小嶋和司『憲法と政治機構』〔木鐸社、1988年〕）の構成からも読みとれる。

が原因で 1948 年 10 月に芦田内閣が総辞職した後、野党第一党（当時の党名は民主自由党）党首の吉田が総理に返り咲く。少数与党として出発した第 2 次吉田内閣は、汚職により野党の社会党・民主党が国民の支持を失っている状況を好機として、解散による多数派形成をもくろんだ。これに対して、解散を回避したい野党は対抗解散限定説を掲げて政府を牽制した。東大法学部教授・宮沢俊義らは 7 条に基づく裁量解散可能説を支持したが、吉田に反感を持っていた GHQ 民生局は野党の限定説を支持した（この件で民生局と接触した野党幹部の 1 人が、当時は民主党総務会長だった苫米地である）。その後、民政局の仲介による与野党協議で合意が成立し、野党提出の内閣不信任案を可決させ、形式上は 69 条に基づく衆議院解散（1948 年 12 月）の体裁をとることで事態は一応収まった（ゆえに「馴れ合い解散」と呼ばれる）。この総選挙で民主自由党は大勝し、第 3 次吉田内閣が成立する（民主自由党は 1950 年 3 月に民主党の一部と合流し自由党と改称）。すると今度は、社会・民主両党が占領終結後の民意確認を大義名分に早期解散を要求し、むしろ与党側が 48 年の先例を盾にこれを拒否するという逆転の構図が生じていた。

　与野党のせめぎ合いが続く 1952 年 6 月 17 日、国会の両院法規委員会は衆議院解散に関して勧告を出した[13]。この勧告は内閣の裁量解散可能説を支持するものであったが、同時に、内閣の裁量を「あらたに国民の総意を問う必要がありと客観的に判断され得る十分な理由がある場合」に限定するものでもあった。「解散は、いやしくも、内閣の恣意的判断によってなされることのないようにせねばならない」と念を押した上で、「衆議院が、解散に関する決議を成立せしめた場合には、これを尊重し、憲法第 7 条により解散の助言と承認を行うがごとき慣例を樹立することが望まし」いとも述べている。しかし勧告が出た 2 か月後、「内閣の恣意的判断」というべき「抜き打ち解散」が行われた。

　本件は以上のような因縁を背負っていたのだが、第 1 審（東京地判 1953 年 10 月 19 日判時 11 号 3 頁）は、7 条解散を合憲と解しつつも、解散詔書に対する少数の閣僚の署名だけでは内閣の「助言」とはいえないとして本件解散を無効と

---

13) 法務委員会の議論や勧告の内容は、佐藤功『憲法解釈の諸問題』（有斐閣、1953 年）143 頁以下参照。

した。これに対して第2審（東京高判1954年9月22日判時35号8頁）は、閣議を欠席した国務大臣からは後日に閣議書類の決裁を受けるという「持回り閣議」の手法が慣行化されていた点や、直前8月22日に開催された定例閣議において解散の結論に到達していた事実から、本件解散を有効とした。苫米地の上告により、判断は最高裁にゆだねられた。

> ◆ **政治学からのポイント解説** ◆
>
> 　1952年、1986年、2014年の衆議院解散は、英語圏でいうsnap election 抜き打ち選挙と言えよう。しかし、世界的には、堂々と野党の準備不足を狙って行われた解散は非常に少ない。1984年のニュージーランドがそれにあたるが、そこでは、マルドゥーン首相の議会解散会見が大問題となった。会見時、彼は、野党の準備が整わないうちに解散するという本音を、かなり酔っぱらった状態で語り、テレビもその様子を全国中継したからであった。これには多くの批判が集まり、逆に、野党労働党が選挙で大勝して、政権は交代した[14]。

判　旨

①高度に政治性のある国家行為に対する審査可能性

「直接国家統治の基本に関する高度に政治性のある国家行為のごときはたとえそれが法律上の争訟となり、これに対する有効無効の判断が法律上可能である場合であつても、かかる国家行為は裁判所の審査権の外にあり、その判断は主権者たる国

14）　首相は、「野党には時間がないよね」（It doesn't give my opponents much time to run up to an election, does it?）と酔っぱらった状態で、笑みを浮かべて語った。この場面は、今日もYouTube 上で閲覧できる。

民に対して政治的責任を負うところの政府、国会等の政治部門の判断に委ねられ、最終的には国民の政治判断に委ねられているものと解すべきである。この司法権に対する制約は、結局、三権分立の原理に由来し……特定の明文による規定はないけれども、司法権の憲法上の本質に内在する制約と理解すべきものである」。

②衆議院解散の政治上の意義

衆議院の解散は、「国家最高の機関たる国会の主要な一翼をなす衆議院の機能を一時的とは言え閉止するものであり、さらにこれにつづく総選挙を通じて、新な衆議院、さらに新な内閣成立の機縁を為すものであつて、その国法上の意義は重大であるのみならず、解散は、多くは内閣がその重要な政策、ひいては自己の存続に関して国民の総意を問わんとする場合に行われるものであつてその政治上の意義もまた極めて重大である」。この理は、「当該衆議院の解散が訴訟の前提問題として主張されている場合においても同様であつて、ひとしく裁判所の審査権の外にありといわなければならない」。

③裁判所は本件解散を有効とする政府の解釈を否定しえない

ゆえに裁判所としては、「憲法7条によつて、——すなわち憲法69条に該当する場合でなくとも、——憲法上有効に衆議院の解散を行い得るものであり、本件解散は右憲法7条に依拠し、かつ、内閣の助言と承認により適法に行われた」と

いう政府の見解を否定することはできない。

憲法上の意義

　判決には、小谷・奥野裁判官、河村裁判官、石坂裁判官の3つの意見が付された。これらの個別意見は多少のニュアンスの違いはあるが、いずれも原審を支持するかたちで、①裁判所は解散の合憲性・適法性を判断しうるが、②裁量解散は合憲、③閣議決定は有効という論理で請求を斥ける内容である。

　司法審査を完全に排除する統治行為論の採用に対しては、「裁判所の職責に反する」（小谷・奥野意見）として否定的見解が強い[15]。統治行為論を全否定しない説においても、衆議院解散は政治部門の自由裁量の問題として処理するべきで、統治行為論を持ち出す必要はなかったとする見方が有力である。

　判決が下された時、「抜き打ち解散」からすでに8年が経過しており（苫米地も判決前年6月に死去。その後は財産管理人が裁判を継承していた）、その間に3度も解散総選挙が行われ、「解散権論争」も「もはや昔ばなし」[16]と評されるほどに裁量解散は既成事実化していた[17]。この点で、本判決の半年前に最高裁が統治行為論で事案を処理した砂川判決（最大判1959年12月16日刑集13巻13号3225頁）とは──駐留米軍の合憲性はいぜん学説上の争点であったし、なにより安保条約の改定問題を近く控えていた──事情が異なる。訴訟物自体が「昔ばなし」だからこそ、第1審のように歳費支給の認容の範囲とはいえ過去の衆議院解散の無効に言及するなら「いろいろと複雑な問題」も生じただろうが[18]、第2審のように実体判断のレベルで「裁量解散は合憲、本件閣議決定は

---

15) 本判決における統治行為論の検討は、野坂泰司『憲法基本判例を読み直す』（有斐閣、2011年）第4章参照。統治行為論に関する最近の文献として、宍戸常寿「統治行為論について」山内敏弘先生古稀記念『立憲平和主義と憲法理論』（法律文化社、2010年）所収237頁以下。
16) 論争当時の法制長官の本判決後の言（佐藤達夫「解散権論議の回想」ジュリスト217号〔1961年〕14頁）。
17) この点、加藤・後掲注28）182頁注41の問題提起も参照。
18) 判例時報11号（1953年）3頁の第1審判決への解説。しかし、同判決が「混乱なるものは単なる杞憂にすぎない」と述べるように、政治的影響の少ない法的処理は可能である。

有効」と判断するならば[19]、政治部門との関係でも躊躇は不要のはずである。にもかかわらず本件を統治行為論で処理したのは、砂川判決の不完全な統治行為論を完全な統治行為論で上書きする機会と最高裁が捉えていたからかもしれない。とはいえ、習律期待説の立場からみた場合、「抜き打ち解散」に実体判断のレベルで合憲のお墨付きを与えて「自由な解散」を積極的に容認するのではなく、「最終的には国民の政治判断に委ね」る姿勢を本判決が示したことで、むしろ解散事由に対する習律による制御の余地が残されたと評することもできるのである。

　そもそも、憲法習律とは何か。一般には、イギリスの"convention of the constitution"の概念にならい、裁判規範の性格を持たない長期的な政治的慣行と解されている[20]。こうした習律に憲法の法源性を認めるならば、すでに慣行化した裁量解散は、憲法条文上の根拠に拘泥しなくとも肯定が可能である。しかし、既述のように習律期待説の関心は、むしろ習律による解散権の制約にあった。こうした観点は、先に紹介したように、両院法規委員会の議論の中にすでに登場している[21]。「解散権論争」で裁量解散合憲説の論陣を張った佐藤功も、さすがに「抜き打ち解散」は「非立憲的・反民主主義的」だと非難し、これを「クーデター」とする鳩山派からの批判にも理解を示していた[22]。

　習律期待説は、①内閣と衆議院の衝突の場合、②政権の基本的性格が変更した場合、③前回の国政選挙時の争点でなかった重大な問題に内閣が判断を下す場合、④任期満了が近い場合、などを正当な解散事由とする[23]。これらの事由に該当しない、もっぱら党利党略・派利派略的な解散は「違憲でなくとも非立

---

19) 佐藤幸治『日本国憲法論』（成文堂、2011年）496-497頁参照。
20) 伊藤正己『憲法〔第3版〕』（弘文堂、1995年）80-81、468頁。赤坂幸一「解散の原理と運用」初宿正典先生還暦記念『各国憲法の差異と接点』（成文堂、2010年）155-161頁も参照。
21) 赤坂・前掲注20) 152-154頁参照。
22) 佐藤（功）・前掲注13) 192-193頁。
23) 深瀬忠一「衆議院の解散」宮沢俊義先生還暦記念『日本国憲法体系4』（有斐閣、1962年）所収204-205頁。許容される解散事由は論者によって多少の違いがある。本判決の小谷・奥野意見は、①衆議院で政府提出の重要法案や予算案が否決された場合、②議員の党籍移動などで衆議院における民意の反映に疑義が生じた場合、③「国の内外に新たな重要事態が発生し、新しい国民の意思を問う必要がある場合」を、対抗解散以外で解散が「必要な場合」と例示していた。

憲」[24]な解散ということになる。この点、「抜き打ち解散」以降から本判決までの３度の解散は、習律期待説からみても許容範囲のものといえそうである。1953年の「バカヤロー解散」は吉田首相の国会での冒言に端を発した内閣不信任決議への対抗解散であった[25]。1955年の「天の声解散」は、吉田自由党内閣から鳩山一郎民主党内閣への政権交代があり、かつ少数与党であった民主党は、首班指名に際して社会党（右派・左派）と解散を公約とする共同声明を出していた。1958年の第１次岸信介内閣の「話し合い解散」は、任期満了が近い時期に、社会党との合意の下、野党の内閣不信任案提出後に７条に基づき解散するという手順で行われた事例である。この２件の解散は、時が1949年であれば「馴れ合い解散」のような方向で処理されていたかもしれない事案である。加えて、1954年の吉田首相は、少数内閣の局面打開の解散を画策するも閣僚・党幹部の猛反対で挫折し、総辞職の選択を余儀なくされている。これらの事実は、苫米地事件係争中の期間、「対抗解散以外の解散を首相が行う場合には、衆議院の明示または黙示の合意がなければならない」という慣行の成立の余地があったことを物語っている。もちろん、こうした先例が確固たる習律の確立に至らなかったことは、首相肝いりの法案の参議院での否決を理由に党内や閣内の反対を無視して断行された「郵政解散」（第２次小泉内閣：2005年）や、「大義なき解散」と批判された「アベノミクス解散」（第２次安倍内閣：2014年）[26]など最近の事例のとおりである。とくに衆参同日選挙を行うために実施された「死んだふり解散」（第２次中曽根内閣：1986年）は、露骨な党利党略解散だと評判が悪い。こうした実例を根拠に自由な解散の慣行化を承認するか、そうではなく、これらの例を「非立憲的」と非難することで「立憲的」な解散権運用の習律化の途をなお諦めないかが分岐点となろう。後者の選択にとって

24) この戦前の立憲学派が提示した視角は、安倍政権批判の言説として再注目されているが、すでに高見勝利は「郵政解散」をこうした角度から批判していた（高見勝利「小泉解散の『非立憲』性」同『現代日本の議会政と憲法』〔岩波書店、2008年〕所収193頁以下）。

25) ただし、その際の解散詔書は、「馴れ合い解散」の際の詔書における「69条及び７条に基づき」という文面ではなく、「抜き打ち解散」と同様に単に「７条に基づき」と記され、以後慣行化している。

26) 憲法学者の批判として、南野森「伝家の宝刀無制限に使えぬ」朝日新聞2014年11月18日。

の課題は、習律の遵守をどう担保するかである。この場合、選挙での敗北という強い「政治的制裁」が必要だろうが[27]、少なくとも戦後の日本の有権者多数は習律期待説からみれば問題点の多い上記解散例においても十分な批判票を投じてこなかった。

習律の確立が望めないとなれば、裁判所による統制の可能性をいま一度追及する途はないのか。この点、議会解散の合憲性に正面から取り組んだドイツ連邦憲法裁判所の判例は、日本の議論の参考になる点を含んでいる[28]。ただし、抽象的規範統制型のドイツの憲法裁判所ですら解散に関する連邦首相の裁量を広く承認していることからすると、統治行為論の採用不採用にかかわらず、日本の裁判所に解散の実体面での統制を期待するのは難しいことであるのに変わりはなかろう[29]。

これとは別に、かつての「解散権論争」の中で主張されるも支持を得ることのなかった、国会または衆議院による自律解散の可能性にあらためて注目する動きもある[30]。自律解散は議会少数派の排除に利用されるという批判もあるが、解散要件に特別多数を課すなどの工夫は可能であり、日本でも地方議会では制度化されている点を踏まえれば、ただちに不当な制度とはいえないだろう。衆議院多数派による自律解散内閣も実質的には内閣の裁量解散と同じだという指摘もあるが[31]、解散に議院の特別多数を求める場合には事情は異なるし[32]、内閣＝与党のみの判断よりも慎重な行使が期待できそうである。だとす

---

27) 長谷部恭男『Interactive 憲法』（有斐閣、2006 年）164 頁脚注 27 参照。
28) 加藤一彦『議会政治の憲法学』（日本評論社、2009 年）第 7 章・第 8 章参照。首相信任案を連邦議会が否決した場合しか解散ができないドイツで首相が裁量解散を行うには、自ら提出した信任案を与党に否決させるしかない。
29) 野坂・前掲注 15) 55-56 頁は、実体判断をしたとしても、政治部門の裁量を尊重する控えめな判断にならざるをえないと認識する。
30) 植村勝慶「衆議院の自律的解散権論・再訪」長谷川正安先生追悼論集『戦後法学と憲法』（日本評論社、2012 年）1022 頁以下。
31) 長谷部恭男『憲法〔第 6 版〕』（新世社、2014 年）392 頁。
32) 地方議会の自主解散には、「議員数の 4 分の 3 以上の者が出席し、その 5 分の 4 以上の者の同意」（地方公共団体の議会の解散に関する特例法 2 条 2 項）という厳しい特別多数が必要である。

れば、「馴れ合い解散」のような事実上の自律解散的運用[33]も積極的に評する余地がある。

　自律解散説の憲法上の根拠は国会の国民代表的性格に由来する最高機関性（憲法41条）にあり、なるほど民主的性格を持つ解散の論理といえそうである。しかし、話はそう単純でないことを示唆するのは、自律解散説に「国民大衆に対する不信と、彼らを国政から疎外する反民主的要素」を見出す深瀬忠一の考察である[34]。いささか古典的な議会主義を前提にしている印象は否めないが、解散制度は議院の都合によっても濫用されうることへの注意喚起として重要な指摘ではある。しかし、ここまで解散を消極的に評価するのであれば、いっそ固定任期制に近い運用の習律化を目指すという方向もあろう。だが、深瀬の習律説はその方向を目指さない。民意判断の機会となる「真に民主的な解散」の存在を認め、それを「国民の意思を国政上に反映する要請との調和の為に、不可欠」と捉えるからである[35]。このような深瀬の問題意識は、「解散権の脅威から逃れた議会が同時に国民からも乖離するという展開」を憂慮し、国民の意思が「最もよく政治に反映される」ために「いつでも自由に行為しうる無条件の解散」を肯定する高橋和之の「国民内閣制論」[36]と、実は出発点を同じくしているように思われる。既述のように習律説は内閣に解散のフリーハンドを認めないが、習律違反への制裁は結局のところ選挙による審判でしかなく、他方、高橋説の枠組みにおいても恣意的な解散は総選挙での敗北により抑止されることになっているのであるから、両説の運用上の差異は案外と小さいのかもしれない[37]。

---

33)　2005年にシュレーダー首相が行ったドイツ連邦議会解散を、議会による一種の自律解散と捉える見方も当地では有力である。
34)　深瀬・前掲注23) 147-148、182、200頁。深瀬は、解散無効確認訴訟判決の真野裁判官補足意見の自律解散論にも、そうした傾向の存在を指摘する（同206頁注5)。
35)　深瀬・前掲注23) 201-202頁。
36)　引用は高橋和之『立憲主義と日本国憲法〔第3版〕』（有斐閣、2013年）321頁、野中俊彦ほか『憲法Ⅱ〔第5版〕』（有斐閣、2012年）174頁〔高橋和之〕など。

この判例から見えるもの——政治学の立場から

　苫米地事件において、最高裁は「統治行為」論を用い、内閣による衆議院解散が合憲であるかどうかの判断を回避したことになるが、それだけに、その後の政権が解散権行使に関していかに自ら律したか、また、憲法学における議論がそれにどのような影響を与えたのかが問題となる。

　筆者は、イギリス政治の研究者であり、イギリス憲法に関しては少なくない文献も読んできた。したがって、まず、ここでは、イギリス憲法の議会解散の理解と、日本憲法学におけるイギリス「下院解散」の理解とを対比することから始めたい[38]。

　衆議院解散に関する学説は、前述のとおりであるが、日本の憲法学では、この解散制度と議院内閣制理解とが深く関わり合いを持ってきた。樋口陽一は議院内閣制を、フランスの憲法学者ルネ・カピタンの議論に依拠して、君主の権限が実質的な意味を持つ「二元的」なものと、君主の権限が実質的な意味を失った「一元的」なものとに区別し、前者から後者への移行、特に、後者には「ヴィクトリア朝以後の」イギリスが当てはまることを論じた[39]。この区別は、その後、日本の憲法学で普及し、後に高橋和之は「議院内閣制に一元型と二元型とを区別すべきだと考える点ではほぼ異論がないようにみえる」と書いた[40]。イギリスを専門とする日本の憲法学者も、この樋口の分類に依拠している例がある[41]。政治学の文献でも、この区別は広く用いられてきた[42]。また、

---

[37]　高橋の「国民内閣制」論に対しては、そのプレビシット的傾向への抵抗感が憲法学には強い（例えば、本秀紀『政治的公共圏の憲法理論』〔日本評論社、2012年〕第4章）が、政治学の中にはこれを高く評価する論者もいる（山口二郎『内閣制度』〔東京大学出版会、2007年〕118-146頁）。背景には、裁量解散の実際的機能への評価の違いや、そもそも「民意の反映」とは何を意味するかについてのイメージの違いがあるが、憲法学・政治学の両面から論ずる良い素材であることは間違いない。

[38]　「下院解散」とは、イギリスでは言わないので、「　」で括っている。イギリスでは、選挙されない貴族院も、休会になるという意味で、議会解散 dissolution of Parliament という表現が使われる。

[39]　樋口陽一『議会制の構造と動態』（木鐸社、1973年）8頁。

[40]　高橋和之『国民代表制の理念と運用』（有斐閣、1994年）392頁。

樋口らを初め、多くの日本の憲法学者は、フランスの憲法学者レズローブが解散権を持つ議院内閣制こそが「真正」であるとした議論も重要な指標としてきた。
　さらに、日本では「内閣に自由な解散権が認められる」としてイギリス型を区別する論が有力な憲法教科書で述べられてきたが[43]、その淵源は戦後直後の憲法研究に遡る。1951年に、宮沢俊義は、イギリスの議会解散に関して、「国王の意思が実際に少しでも作用すると見るのは、まちがい」[44]であると述べ、「国王（実際には内閣）が自由に決しうる」[45]と書いた。
　実際に、当時の法制局メンバーとして日本国憲法起草に関わった入江俊郎は、「解散については専らイギリス流の議院内閣制の考え方で終始しておったのであります」と、日本国憲法の衆議院解散制度がイギリスをモデルにしたことを認めた[46]。同じく法制局のメンバーとして起草に関わり、後に憲法学者となる佐藤功も、「少なくとも内閣と議会との関係においては、日本国憲法はイギリス的議院内閣制をとりいれていると言ってよい。なおこの問題は、君主制と解散制度との問題でもある」[47]と述べた。
　すなわち日本では、「ヴィクトリア朝以後の」イギリスは「一元的議院内閣制」であり、そこにおいては君主の意見を考慮せずに首相ないしは内閣が下院の「自由な解散権」を行使しており、その基本を日本国憲法は採りいれたという理解が有力である[48]。しかし、イギリス本国では、「一元的議院内閣制」も

41）　松井幸夫「議会制民主主義の展開」元山健・倉持孝司編『現代憲法――日本とイギリス』（敬文堂、1997年）所収161-165頁。
42）　川人・前掲注3）。
43）　芦部信喜（高橋和之補訂）『憲法〔第5版〕』（岩波書店、2011年）322頁。なお、この部分には、1993年の初版以来引用注は存在しない。内容的にみて、清宮四郎編『憲法』（青林書院、1954年）の芦部担当部分に依拠していると考えられる。その芦部担当部分281頁にも注はないが、参考文献から見て、注44の宮沢論文を参考文献に依拠していると考えられる。
44）　宮沢俊義「議院内閣制のイギリス型とフランス型」比較法雑誌1巻1号（1951年）106頁以下。
45）　同上、119頁。
46）　入江俊郎論集『憲法成立の経緯と憲法上の諸問題』（第一法規出版、1976年）233頁。
47）　佐藤（功）・前掲注13）162頁。
48）　もっとも、「一元的議院内閣制」の命名者である樋口陽一は、日本国憲法の解釈としては、自由な解散権行使を容認してはいない。樋口陽一『憲法』（青林書院、1998年）316-317頁。

「自由な解散」論も、また、その意味に取れる議論も、いずれも一般的ではない。筆者の管見の限りでは、一度も見たことがない。

まず、正確には、議院内閣制という用語が和製表現であり、直訳的に当てはまる言葉はイギリスにおいて存在しない。「大臣たち、あるいはイギリス政府全体の選挙された議会への説明責任を意味した」ものとしては、責任政府 responsible government がイギリスおよび英連邦諸国で広く使われてきた[49]。日本では、parliamentary government を議院内閣制に当てはめる場合が多い。直訳的に近い parliamentary cabinet system は、ネイティヴの英語表現では、一般的ではない。日本の憲法学では、諸国の経験を基礎に「議院内閣制の本質」を議論するが、イギリスの事例に関しては、本質を導き出すために必要なはずの現象（歴史的事実）の分析が意外なほどに少ない。

イギリスにおいて版を重ねる多くの憲法基本書では、議会解散制度の説明に関して、もちろん、首相の要請により君主の権限で議会が解散される基本を述べたうえで、むしろ君主の実質的権限が残っていることが必ず述べられてきた。一般的に触れられる事項は、1950年のラッセルズ原則、1974年の少数政権による解散権行使の是非、英連邦諸国の諸解散例の3つである。

ラッセルズ原則とは、1950年5月に、当時の国王ジョージ6世の秘書のペンネーム投書という形で、『ザ・タイムズ』紙に発表された見解である。それは、秘書の名前を取り、「ラッセルズ原則」と呼ばれた。副題に「国王の選択要素」と記載されている。そこでは、①現在の議会がなお生きており、目に見えて、職務を行う能力があり、②総選挙が国民経済に悪影響を与える可能性があり、③一定期間、庶民院において過半数をもつ政権を運営できる別の首相が見つかる場合においては、君主は議会の解散を拒否することもあると明らかにしている[50]。この時は、2月の総選挙で労働党政権が議席を過半数割れ寸前に減らした直後で、議席増を求めて近々再び解散が検討されていることが話題に上っていたが、同時に、前回総選挙から間もない解散の是非も問題になっていた。結局、その年の解散はなく、翌年10月に解散された。

---

49) ANTHONY BIRCH, REPRESENTATIVE AND RESPONSIBLE GOVERNMENT 20 (1964). 他、参考文献のR. A. W. ローズらの著作を参照。

また、1974 年には、当時少数政権であった労働党政権の解散権行使が認められるか否かが問題となった。当時野党が協力すれば、政権を不信任できる可能性があり、少数政権に対しては、「自動的な」解散権を認めるべきではないという議論があった[51]。これに対して、当時の枢密院議長エドワード・ショートは、憲法学者たちの「明確な意見」に依拠しながら、「君主が常に解散を認めるように拘束されているわけではない」と述べた[52]。

　さらに、イギリスにおける憲法基本書は、英連邦諸国の例に言及することが多い。例えば、1926 年のカナダでは、首相の解散要請に対して、君主任命の総督が拒否をして、その結果、首相が辞任して、総督は次の首相を任命し、その新首相が議会で不信任された後、議会解散を認めた。1939 年の南アフリカでは、総督が首相の解散要請を拒否し、新首相を任命し、その首相は 10 年近くの長期政権を務めた[53]。

　これらの君主の裁量的権限に関する言及は、決して最近の傾向ではない。古

---

50) Senex, *Dissolution of Parliament: Factors in Crown's Choice*, THE TIMES, 2 May 1950. See A. W. BRADLEY & K. D. EWING, CONSTITUTIONAL & ADMINISTRATIVE LAW 241 (15th ed. 2011); E. C. S. WADE AND G. G. PHILLIPS, CONSTITUTIONAL AND ADMINISTRATIVE LAW 227 (9th ed, 1977); COLIN TURPIN & ADAM TOMKINS, BRITISH GOVERNMENT AND THE CONSTITUTION 364 (6th ed. 2007). 日本で話題となる「保利見解」に通ずるところもあり、重要な内容だと考えるが、日本の憲法学でこれに言及している文献は、小松浩「イギリス連立政権と解散権制限立法の成立」立命館法学 341 号（2012 年）1 頁以下、近藤敦「連続解散の濫用防止」九大法学 72 号（1996 年）91 頁以下以外には発見できない。

51) *See* BRADLEY & EWING, *supra* note 19, at 241; HILAIRE BARNETT, CONSTITUTIONAL & ADMINISTRATIVE LAW 98 (9th ed. 2011); Turpin & Tomkins *supra* 19, at 363. また、BRADLEY AND EWING, *supra* note 19 では、後の 1911 年議会法となる法案の採択前に、ジョージ 5 世がアスキス首相に議会解散を促し、アスキスがこれを受け入れて、1910 年 2 度目の総選挙が行われた例も紹介している。彼らは、これらの例を引いて、君主の「留保の権力は、廃止されているのではなく、潜在的武器として維持されている」（p. 242）と述べた。

52) George Clark, *Mr Short and left wing in dispute on Queen's freedom of choice*, THE TIMES, 11 May 1974. このような短期間の間の連続解散に近い場合には、「君主に解散の拒否権が与えられていることは、広く認められている」と、ある基本書は述べている。NEIL PARPWORTH, CONSTITUTIONAL & ADMINISTRATIVE LAW 63 (6th ed. 2010).

53) *See* TURPIN AND TOMKINS, *supra* note 19, at 364; STANLEY DE SMITH & RODNEY BRAZIER, CONSTITUTIONAL & ADMINISTRATIVE LAW 123-125 (8th ed. 1998).

くは、1885年にダイシーが「国王の裁量権は、しばしば既存の庶民院からその権限を奪うように使われ得るし、憲法上の諸先例に従ってときにはそうされるべきである」[54]と述べている。アイヴァー・ジェニングスは、ヴィクトリア女王のグラッドストーンに対する権謀術数を紹介して、「解散権は単に首相の権限内に留まるものではない。権限が極度に濫用されていると考える国王は、解散を許可することを拒否することができる」[55]と書いた。

　日本の憲法学研究では、これらのイギリス憲法基本書の議論が紹介されたことは、管見の限りでは少ない。むしろ、イギリスの議院内閣制や解散権行使は、フランスの文献に依拠して説明されることが、日本では多い。1973年の『議会制の構造と動態』において「一元的議院内閣制」を唱えた樋口陽一は、ほぼカピタンの論文に依拠して論を展開した。しかし、カピタンのこの論文は、イギリスの文献としては、主として19世紀のジャーナリスト、ウォルター・バジョットに依拠して論じているが、カピタン論文自体の目的はイギリスに対する史的分析を射程に入れていたわけでもなく、その十分なページも割いていない[56]。さらに、厳密にいうと、カピタン自身は一元・二元という明確な区別はしていない。この用法は樋口の発明といってよいだろう。樋口は、19世紀後半には「一元的議院内閣制」が成立したと論じたが、カピタンの論文（1933年）とほぼ同時期のジェニングスの上記著作（1941年）におけるヴィクトリア女王の「闘争」叙述との整合性には言及していない[57]。樋口は、後にダイシーに依拠して、イギリスの解散権行使に関して言及しているが、そこでは、

---

54) A. V. ダイシー（伊藤正巳・田島裕訳）『憲法序説』（学陽書房、1983年〔原著1885年〕）408頁。

55) I. ジェニングス（榎原猛・千葉勇夫訳）『イギリス憲法論』（有信堂高文社、1963年）125頁。

56) René CAPITAINT, RÉGIMES PARLIAMENTAIRES, *MÉLANGES EN L'HONNEUR DE R. CARRÉ DE MALBERG*, 1933, pp 33-57. バジョットはフランス語版で、英語としては歴史家ラムゼイ・ミュアーに関する引用が一か所あるのみである。当時のフランス法学者の見解が明快に述べられているという点では、研究の触発にはなるかもしれないが、当時のイギリス憲法の動きを決定的に論証するほどの分析手続きを経たものではない。

57) 樋口、前掲注39) 3-36頁。なお、ヴィクトリア女王の闘争に関しては、日本の歴史学研究でも論じられている。例えば、君塚直隆『ヴィクトリア女王——大英帝国の"戦う女王"』（中央公論新社、2007年）

上記引用の君主の裁量権議論との整合性は、言及されなかった[58]。

　フランスの文献によって、イギリスを論じるという方法は、宮沢俊義の場合にも共通する。先の『比較法雑誌』の論文では、一か所を除き、他の全ての箇所の引用はフランス語文献であった。唯一、イギリスの歴史家の「断言」に依拠して、解散権に関して国王の意思が少しでも作用すると考えるのは間違いであると断じた部分があったが、その歴史家の著書は多国間比較を意図したもので、イギリスに関する部分は少なく、宮沢が引用した箇所は、その歴史家が注も事例もなしに断言していた部分であった[59]。

　もちろん少数例であるが、イギリスの議論が紹介された場合もある。深瀬忠一は、イギリスだけではなく、多くの国々の解散例を調べた。イギリスに関しては、「党利党略の為の解散」は行われてこなかったことも指摘した[60]。ただ、深瀬の分析は、1962年のものであるため、戦後イギリスの（特に君主権限の）考察にまで及んでおらず、また、結局、君主は解散権について「拒否権すら持たないと解するのが正当」と結論付けた。また、長谷部恭男は、「イギリスにおいては、首相あるいは内閣による解散権の濫用的行使を抑制する手段として、国王の解散拒否権が挙げられてきた」と説明した。ただ、長谷部も、君主に「多くを期待することはできない」と結論付けた[61]。両者とも、君主の拒否権が長年行使されていないこと、もし国王が拒否すれば、政争に巻き込まれるリスクがあったことから、そう述べた。

　しかし、この君主の解散に対する裁量的権限は、行使することだけが有効な方法ではない。むしろ、イギリスの憲法学では、君主の（政争リスクのある拒否権行使ではなく）牽制によって解散権の濫用を未然に制御する点が着目されてきた。先のラッセルズ原則もその効果を狙ったものと言える。1974年に関わっては、2月総選挙直後に労働党は再選挙を希望していたが、女王に拒否され

---

58) 樋口陽一『比較憲法〔全訂第3版〕』（青林書院、1992年）129頁。
59) 宮沢・前掲注44）106頁と、そこにおける ANGES HEADLAM-MORLEY, THE NEW DEMOCRATIC CONSTITUTIONS OF EUROPE 209-210 (1928).
60) 深瀬・前掲23）174頁。
61) 長谷部恭男「現代議会政における解散権の役割（2・完）」国家学会雑誌97巻3・4号（1984）87頁。

る可能性があったので、数か月引き伸ばされたと複数の学者が論じている[62]。なお、イギリスでは、2011年固定任期議会法によって不信任案可決後以外の首相の解散権がなくなった前も後も、原則的に首相は週に一度、女王に会っている。先のヴィクトリア女王の「闘争」は、そういう場などを通じて行われたので、そうした「牽制」は何十年も後の史料公開時に初めて分かる。「闘争」する君主に、剥き出しの党利党略で解散を申し出る困難さは、予測されたであろう。実際のところ、イギリスでは、多くの解散は予想された年が多く、1951年、1966年、1974年10月などの早期解散も、議会運営に難航した末のことであった。安定政権が野党の準備不足を狙った明確な例はないと言ってよいだろう。

こうした解散に関する「牽制」の力は、「一元」あるいは「二元」という区別になじむであろうか。また、こうした「牽制」の力は、「自由」に対する制限ではないと言えるであろうか。いずれにせよ、イギリス本国の学説や史料に当たって示すべきであろう。

なお、ここまでは、イギリス憲法学における理解と日本でのそれとの違いに焦点を当ててきた。ここからは、今日の政治学の少数派のアプローチであるが、日本政治を理解するうえで筆者が説得的と考える「解釈アプローチ」の視点から捉えたい。「解釈アプローチ」では、政治家や官僚、学者たちによる諸信念（beliefs）と彼らの諸実践によって伝統が形成され、それが独自の力を持つことが説明される[63]。

日本の政治家における解散権行使の理解は、憲法学者のそれとは相対的に独自なものであるが、憲法学は影響も与えている。岸信介首相は、1958年3月8日の国会答弁で、「イギリスその他の国の発達の沿革」を引きながら、7条の「内閣の助言と承認」による解散を、「通説」と述べた[64]。また、3月26日には、より明確に「憲法7条の規定による解散が政府においてできるということにつきましては、私は憲法解釈上の学者の通説だと思います」[65]と述べた。さ

---

62) *See* Colin Turpin & Adam Tomkins *supra* note 19, at 363; ヴァーノン・ボグダナー（小室輝久ほか訳）『英国の立憲君主政』（木鐸社、2003年〔原著1995年〕）93頁。
63) 参考文献のローズらの著作は、そのアプローチによるものである。
64) 第28回国会参議院予算委員会会議録第8号（1958年3月8日）。
65) 第28回国会衆議院予算委員会会議録第18号（1958年3月26日）。

らに、1986年には、中曽根首相が「衆議院の解散を決定する権限、これは実質的には内閣に属するというのがいわば学者の通説でもございます」[66]と述べた。もちろん、1986年に、定数是正もせずに「解散は首相の専権事項」と主張した中曽根政権に対して、多くの憲法学者が異を唱えた[67]。また、憲法学では、内閣による解散に対して、その「限界」や「習律」上の制約の必要などが論じられ、党利党略による解散は批判された[68]。しかし、他方で、イギリスにおける首相の解散権行使を、本国の理解や実態以上に「自由な解散」と論じてきたことは、むしろ「専権事項」としての首相解散権行使論を、図らずも客観的には支援してしまったのではないであろうか。

　上記に紹介した政治学の「解釈アプローチ」では、政治家、官僚、そして学者たちの諸信念を形作る上で、「神話」の果たす重要性が強調されてきた。これが「神話」と呼ばれる理由は、制度的な設計や歴史的事実とは異なる理解でも、有力な政治家や官僚、学者たちによって論じられることによって、もはや疑われない存在となってしまうからである。つまり、イギリスにおける首相や内閣による自由な解散は、日本で作られた「神話」であった。そして、イギリス以上に、首相の「自由な解散」は、結果として日本において定着してきた。日本では、司法は統治行為論で判断を回避し、イギリスとは異なり君主は憲法上牽制できない中、小選挙区が多数を占める選挙制度の下で、多党化する野党の準備が整わないうちに解散しようという類いの論が、安定政権の中から恥じらいもなく語られる。この点で、日本こそが「自由な解散」の最典型国と言わざるを得ない。

読者のみなさんへ

　政治学における「解釈アプローチ」は、憲法習律の他にも、憲法変遷や憲法意識といった問題を考える上でも多くの示唆を与えてくれそうである。

---

66)　第104回国会衆議院予算委員会会議録第2号（1986年2月24日）。
67)　「解散同日選に疑義の声——憲法学者に聞く」朝日新聞1986年4月18日。
68)　深瀬忠一「解散権問題と定数違憲判決」ジュリスト830号（1985年）55頁以下。

政治学側が挑発的に指摘するのは、憲法学が欧米の運用・学説を継受する際に生ずる「ゆがみ」である。外国の制度や理論の「日本仕様」へのモデルチェンジは不可避だとしても、それは十分な自覚の下で行われるべきなのである。だが、そのような自覚は意外に少ないので、定評のあるテキストに接する場合でも、セカンド・オピニオンが欠かせない。もっといえば、政治学自体にも様々なアプローチがあり、本章とは別の見立てもまた可能であろう。「では、いったい何を手がかりに、学習したらよいのか」と混乱する読者の姿が目に浮かぶが、学びとは、多様な「ものの見方」に触れながら、自分の「選球眼」を鍛えていくことなのである。

より深く学びたい方へ──参考文献

藤本一美『「解散」の政治学』(第三文明社、1996年)は、1945年～1993年の19回の解散総選挙の展開を跡付けている。

高見勝利『政治の混迷と憲法』(岩波書店、2012年)第4章は、衆参「ねじれ国会」の下における解散権の独自の機能を示唆する。

小島慎司「苫米地事件」論究ジュリスト17号(2016年)34頁以下は、本稿とも共通する接近法で事件に迫るが、本稿には無かった注目すべき視点も提供する(本稿脱稿直前に接したため本文には反映できていない)。

R. A. W. ローズほか(小堀眞裕・加藤雅俊訳)『ウェストミンスター政治の比較研究──レイプハルト理論・新制度論へのオルターナティヴ』(法律文化社、2015年)は、イギリスや英連邦諸国におけるオーソドックスな統治原理がいかに発展したのかを、文献や発言、聞き取り調査などに依拠して、忠実に読み解いている。本国で実際に存在する議論が紹介されている。

植松健一（立命館大学教授、憲法学）
小堀眞裕（立命館大学教授、政治学）

第 13 章

「統治行為論」とは何か？

砂川事件
最大判昭和 34 年 12 月 16 日民集 13 巻 13 号 3225 頁

> この憲法条文に注目！
> 第 81 条　最高裁判所は、一切の法律、命令、規則又は処分が憲法に適合するかしないかを決定する権限を有する終審裁判所である。
> 第 98 条 1 項　この憲法は、国の最高法規であつて、その条規に反する法律、命令、詔勅及び国務に関するその他の行為の全部又は一部は、その効力を有しない。

あらすじ

　私たちの憲法は、その 81 条で、裁判所による違憲審査権を認めている。例えば、ある法律が憲法の条項に違反しているのであれば、裁判所はそれを憲法違反と判断し無効とする。法律に限らず、国家の行為すべてが違憲審査の対象となる。本件で問題となった「旧日米安全保障条約」は条約であるが、本件は、この条約に基づいて制定された「日本国とアメリカ合衆国との間の安全保障条約第 3 条に基づく行政協定に伴う刑事特別法」2 条に該当するとして起訴された刑事事件である。
　被告人は、当該法律の前提である旧日米安保条約が特に憲法 9 条に違反する

と主張したが、最高裁は、旧日米安保条約は「高度の政治性を有する」国家行為、すなわち、「統治行為」であるとして、当該条約の憲法適合性について判断しなかった。

> **この判例から考えてほしいこと**
> ●「旧日米安全保障条約」は、裁判所による違憲審査の対象となるか。
> ●「統治行為論」とは何か。

判例を読む前に

憲法学習者のみなさんへ

　本件では、「旧日米安全保障条約」が司法審査の対象となるかどうかが問題となったが、当該条約は「統治行為」にあたるとして司法審査の対象とはならないとされた。ここで考えなければならないのは、「統治行為」とは何かという問題である。

　最高裁が「統治行為論」を用いたのは本判決が初めてであるが、学説においては、戦前からすでに「統治行為」についての研究が行われていた[1]。そして、戦後初期においても、本判決前に、学説上統治行為が取り扱われていた。例えば、入江俊郎は、「統治行為とは国家行為の中で、それが高度の政治性を有するものであるために、これに関する法律問題につき、通常の裁判所において審査判断をなし得ないとせられるもの」[2]と定義した。また、雄川一郎は、統治行為を「高度に政治的な意味をもった国家行為ないし国家的利害に直接関係する事項を対象とする国家行為で、裁判所の合法性の統制から除外される行為」[3]と捉えた。このように、本判決前から、統治行為は学説において検討さ

---

1) わが国において最初に統治行為の研究を行ったのは宮沢俊義である。例えば、宮沢俊義「行政裁判と統治行為」田村徳治編『憲法及び行政法の諸問題——佐々木博士還暦記念』（有斐閣、1938年）167-192頁を参照。
2) 入江俊郎「統治行為」公法研究13号（1955年）85頁。
3) 雄川一郎『行政争訟法』（有斐閣、1957年）125頁。

れていたのであるが、本判決は、学説のいう「統治行為」と同様に「統治行為」を捉えているのであろうか。また、本判決と、本判決の1年後に下された苫米地事件上告審（最大判昭和35年6月8日民集14巻7号1206頁）の採用した「統治行為論」との違いはどのようなものであろうか。

　本判決の採用した「統治行為論」は、「変型的統治行為論」[4]と呼ばれ、苫米地事件上告審の採用した「統治行為論」は、「純粋統治行為論」と呼ばれる。すなわち、本判決の採用する「変型的統治行為論」は、裁量論[5]を加味したものと言われており、高度の政治性を有する国家行為については、「一見極めて明白に違憲無効であると認められない限りは、裁判所の司法審査権の範囲外のものであ」る（傍点筆者）とするものである。換言すれば、司法審査を及ぼす余地を残しているのである。反対に、「純粋統治行為論」とは、このような留保を付することなく、高度の政治性を有する国家行為について一切司法審査は及ばないとするものである。このような「変型的統治行為論」と「純粋統治行為論」のいずれが妥当であろうか。あるいは、そもそも「統治行為論」そのものを認めること自体、妥当なのであろうか。

---

4)　樋口陽一『憲法〔第3版〕』（創文社、2007年）442頁。

5)　裁量論（自由裁量行為）とは、「政治部門の自由裁量に委ねられていると解される行為は、当・不当が問題となるだけで、裁量権を著しく逸脱するか、著しく濫用した場合でないと、裁判所の統制は及ばない」（芦部信喜〔高橋和之補訂〕『憲法〔第6版〕』〔岩波書店、2015年〕342頁）とする理論である。具体的には、①各国家機関の最終的な判断に委ねられている場合（例えば、内閣総理大臣による国務大臣の任免行為、内閣による最高裁判所裁判官の任命行為。後者に関する判例として、名古屋中郵慰藉料請求事件（東京地判昭和56年6月30日判時1007号3頁）がある。この判例は、「最高裁判所の裁判官の任命資格、任命の欠格事由については裁判所法41条、46条に定められているが、具体的なその任命行為は、学識、見識経験等を勘案してされる内閣の高度な裁量的判断事項であるといえる。従ってこのような裁判官の任命行為は、本質的に司法審査になじまないものと考えるのが相当である」と述べている）、②行政法規がいつ、いかなる行為をなすべきかについて一義的に行政庁を拘束していない場合の行政部の自由裁量（行政裁量）、③立法するか否か、いつ、いかなる内容の立法をするかいなかについての立法府の自由裁量（立法裁量）などがある。なお、行政裁量と立法裁量との違いを指摘するものとして、小山剛『「憲法上の権利」の作法〔新版〕』（尚学社、2011年）221頁以下。

憲法に関心のあるみなさんへ

　憲法第81条は、「最高裁判所は、一切の法律、命令、規則又は処分が憲法に適合するかしないかを決定する権限を有する終審裁判所である」と定め、また、憲法第98条第1項は、「この憲法は、国の最高法規であつて、その条規に反する法律、命令、詔勅及び国務に関するその他の行為の全部又は一部は、その効力を有しない」と定めている。後者から憲法の最高法規性、前者から違憲審査制が導かれる。しかし、いずれの規定においても、「条約」という文言は出てきていない。それでは、条約は裁判所による違憲審査の対象とならず、また、憲法に違反する条約は違憲無効とはならないのであろうか。

　憲法と条約の関係をめぐっては、従来、条約優位説と憲法優位説とが対立してきた。条約優位説に立てば、憲法は条約の下位規範となることから、条約は違憲審査の対象とはならない。反対に、憲法優位説に立てば、憲法は条約の上位規範となる。しかし、条約という法規範の特殊性により、条約が違憲審査の対象となるかどうかは別問題である。この点、通説は、憲法優位説に立ち、その上で、条約は国際法ではあるけれども、国内では国内法として通用するのであるから、その国内法としての側面については、81条の「法律」に準ずるものとして、違憲審査の対象となると解されている[6]。それでは、いかなる条約も違憲審査の対象となるのであろうか。逆に言えば、どのような場合に条約は違憲審査の対象外となるのであろうか。

事　案

　1957（昭和32）年7月8日、東京調達局は東京都砂川町にある米軍使用の立川飛行場内民有地の測量を開始したところ、これに反対するデモ隊員が基地内に立ち入った。デモ隊員であったYら（7名）は、「日本国とアメリカ合衆国との間の安全保障条約第3条に基づく行政協定に伴う刑事特別法」2条（合衆国軍隊が使用する施設又は区域を侵す罪）違反に問われ起訴された。第一審（東京

---

[6]　芦部・前掲注5) 385頁。

地判昭和34年3月30日下刑集3号776頁）は、米軍の駐留は憲法第9条第2項前段に違反する以上、軽犯罪法の規定（1条32号）より重い刑罰を科す刑事特別法2条の規定は憲法31条に違反するとして、Yらを無罪とした。これに対して、検察側は最高裁へ跳躍上告（刑事訴訟規則254条）を行った。

関係法令

(1) 刑事特別法

第2条　正当な理由がないのに、合衆国軍隊が使用する施設又は区域（行政協定第2条第1項の施設又は区域をいう。以下同じ）であつて入ることを禁じた場所に入り、又は要求を受けてその場所から退去しない者は、1年以下の懲役又は2千円以下の罰金若しくは科料に処する。但し刑法（明治40年法律第45号）に正条がある場合には、同法による。

(2) 日米行政協定

第2条第1項　日本国は、合衆国に対し、安全保障条約第1条に掲げる目的の遂行に必要な施設及び区域の使用を許すことに同意する。個個の施設及び区域に関する協定は、この協定の効力発生の日までになお両政府が合意に達していないときは、この協定の第26条に定める合同委員会を通じて両政府が締結しなければならない。「施設及び区域」には、当該施設及び区域の運営に必要な現存の設備、備品及び定着物を含む。

(3) 旧日米安全保障条約

第1条　平和条約及びこの条約の効力発生と同時に、アメリカ合衆国の陸軍、空軍及び海軍を日本国内及びその附近に配備する権利を、日本国は、許与し、アメリカ合衆国は、これを受諾する。この軍隊は、極東における国際の平和と安全の維持に寄与し、並びに、一又は二以上の外部の国による教唆又は干渉によつて引き起された日本国における大規模の内乱及び騒じようを鎮圧するため日本国政府の明示の要請に応じて与えられる援助を含めて、外部からの武力攻撃に対する日本国の安全に寄与するために使用することができる。

第3条　アメリカ合衆国の軍隊の日本国内及びその附近における配備を規

> 律する条件は、両政府間の行政協定で決定する。

◆ 政治学からのポイント解説 ◆

講和後の在日米軍基地問題

　1945年8月に日本が降伏すると、日本は長い占領下に置かれることになった。そして、各地に米軍基地やその関連施設が設置された。

　1952年4月に日本は独立を回復したわけだが、「占領軍」から「駐留軍」に看板が変わったものの、日米安保条約に基づいて、多くの米軍基地と軍人が国内に存在するという状況に劇的な変化が起きたわけではない。そうした状況に国民は不満を抱き、米軍基地をめぐるトラブルは多発した。1952年末の時点で日本各地に駐留していた約25万人の米軍兵の存在は、日本側からすると「占領の延長」の象徴と映っていたのである。当時、石川県の内灘闘争や浅間・妙義演習場設置反対運動など、反基地運動が各地で繰り広げられていた。そして、これらの運動には社会党や共産党なども支援し、政府は対応に苦慮していた[7]。

　1954年12月に誕生した鳩山一郎政権は、「すみやかに自主防衛体制を確立することによって駐留軍の早期撤退を期する」としたが、特にそれは在日米地上軍についてであった。地上軍は人数も多く、それだけ日本国民との接触の機会も多い。当時の日本はできるだけ陸上自衛隊の整備を急ぎ、それによって在日米地上軍の撤退を促そうとしたのである[8]。

　一方、砂川事件の舞台となった立川飛行場については状況が違った。旧日本陸軍の飛行場だった同飛行場は、戦後米軍が接収して以降、朝鮮戦争中は極東最大の輸送基地として機能したこともあったが、問題は滑走路の

7）　大嶽秀夫編・解説『戦後日本防衛問題資料集　第三巻　自衛隊の創設』（三一書房、1993年）712-714頁、基地対策全国連絡会議編『日本の軍事基地』（新日本出版社、1983年）203-205頁。

8）　中島信吾『戦後日本の防衛政策――「吉田路線」をめぐる政治・外交・軍事』（慶應義塾大学出版会、2006年）第6章。

長さであった。米空軍のジェット輸送機の離発着には滑走路が短かったのである。そこで1955年、ジェット輸送機の運用を可能にするために滑走路の拡張を求めた米側に応じ、調達庁（防衛施設庁の前身）は同年5月、立川基地の拡張を発表した。すると、予定地に当たる約140世帯は土地が奪われることに反発し、砂川町議会も全員一致で反対を決議した。9月、調達庁は警官隊を伴って測量を試み、反対派の住民と衝突した。これが、いわゆる砂川闘争の始まりであった[9]。

	在日米軍	自衛隊
1952年末	260,000	117,590
1953年末	250,000	120,323
1954年末	210,000	152,115
1955年末	150,000	179,769
1956年末	117,000	197,182
1957年8月	87,000	204,105
1958年末	65,000	222,102
1959年末	58,000	230,935
1960年6月	48,000	230,935

出典：朝日新聞安全保障問題調査会『朝日市民教室「日本の安全保障」第8巻　日本の自衛力』（朝日新聞社、1967年）90頁より一部抜粋。

判　旨

①外国の軍隊と憲法9条の『戦力』

「憲法9条の趣旨に即して同条2項の法意を考えてみるに、同条項において戦力の不保持を規定したのは、わが国がいわゆる戦力を保持し、自らその主体となつてこれに指揮権、管理権を行使することにより、同条1項において永久に放棄することを定めたいわゆる侵略戦争を引き起こすがごときことのないようにするためであると解するを相当とする。従つて同条2項がいわゆる自衛のための戦力の保持をも禁じたものであるか否かは別として、<u>同条項がその保持を禁止した戦力とは、わ</u>

---

[9]　朝日新聞（2015年7月7日）。

が国がその主体となつてこれに指揮権、管理権を行使し得る戦力をいうものであり、結局わが国自体の戦力を指し、外国の軍隊は、たとえそれがわが国に駐留するとしても、ここにいう戦力には該当しないと解すべきである」。

②旧日米安全保障条約の違憲審査

「本件安全保障条約は……主権国としてのわが国の存立の基礎に極めて重大な関係をもつ高度の政治性を有するものというべきであって、その内容が違憲なりや否やの法的判断は、その条約を締結した内閣およびこれを承認した国会の高度の政治的ないし自由裁量的判断と表裏をなす点がすくなくない。それ故、右違憲なりや否やの法的判断は、純司法的機能をその使命とする司法裁判所の審査には、原則としてなじまない性質のものであり、従って、一見極めて明白に違憲無効であると認められない限りは、裁判所の司法審査権の範囲外のものであって[10]、それは第一次的には、右条約の締結権を有する内閣およびこれに対して承認権を有する国会の判断に従うべく、終局的には、主権を有する国民の政治的批判に委ねらるべきものである」。

③米軍の駐留の合憲性

「本件アメリカ合衆国軍隊の駐留に関する安全保障条約およびその3条に基く行政協定の規定の示すところをみると、右駐留軍隊は外国軍隊であつて、わが国自体の戦力でないことはもちろん、これに対する指揮権、管理権は、すべてアメリカ合

---

10) これが「変型的統治行為論」を採用していると解されている箇所である。

衆国に存し、わが国がその主体となつてあたかも自国の軍隊に対すると同様の指揮権、管理権を有するものでないことが明らかである。またこの軍隊は、前述のような同条約の前文に示された趣旨において駐留するものであり、同条約1条の示すように極東における国際の平和と安全の維持に寄与し、ならびに一または二以上の外部の国による教唆または干渉によつて引き起こされたわが国における大規模の内乱および騒じようを鎮圧するため、わが国政府の明示の要請に応じて与えられる援助を含めて、外部からの武力攻撃に対する日本国の安全に寄与するために使用することとなつており、その目的は、専らわが国およびわが国を含めた極東の平和と安全を維持し、再び戦争の惨禍が起らないようにすることに存し、わが国がその駐留を許容したのは、わが国の防衛力の不足を、平和を愛好する諸国民の公正と信義に信頼して補なおうとしたものに外ならないことが窺えるのである」。「アメリカ合衆国軍隊の駐留は、憲法9条、98条2項および前文の趣旨に適合こそすれ、これらの条章に反して違憲無効であることが一見極めて明白であるとは、到底認められない[11]。そしてこのことは、憲法9条2項が、自衛のための戦力の保持をも許さない趣旨のものであると否とにかかわらないのである。」

④ 結　論
「しからば、原判決が、アメリカ合衆国軍隊の駐留が憲法9条2項前段に違反し許すべからざるものと判断したのは、最高裁判所の司法権の範囲を

11)「変型的統治行為論」の採用によって、裁判所が一見極めて明白に違憲無効かどうかを審査している箇所である。

逸脱し同条項および憲法前文の解釈を誤ったものであり、……原判決は……破棄を免れない。」

差戻後の判決の流れ

差戻第一審（東京地判昭和36年3月27日判時255号7頁）において、東京地裁は、最高裁判所の判断に拘束され、これに牴触する判断をすることは許されないとし、有罪を言い渡した。差戻控訴審（東京高判昭和37年2月15日判タ131号150頁）で控訴棄却され、差戻上告審（最二判昭和38年12月25日判時359号12頁）においても上告棄却され、被告人の有罪が確定した。

憲法上の意義

本判決は、「統治行為論」を採用した判決である。この点、そもそもなぜ「統治行為論」が認められるのか、その根拠については学説上争いがある。まず、①自制説は、高度の政治性を有する行為を違憲・違法とすることによって発生し得る政治的な混乱という大きな害悪を避けるために、違法な国家行為を甘受するよう裁判所は自制すべき[12]、というものである。これに対して、②内在的制約説は、国民主権の原理や権力分立の原理に基づいて、高度の政治性を有する事項は政治部門の決定に委ねるのが民主制の原理であり、この制約は司法権に内在する限界である[13]、と説く。さらに、③折衷説（機能説）は、「抽象的な『民主制の原理』とか『民主主義的責任原理』を論拠にして、国民の権利・自由の制限を内含するような国家行為も、政治的に重要な意味をもつ場合には裁判的統制の外にあるというだけで、十分な説得力をもつかは問題であ

---

12) 山田準次郎「統治行為について」公法研究13号（1955年）161頁以下。
13) 例えば、入江・前掲注2）90頁、金子宏「統治行為の研究（四・完）」国家学会雑誌72巻9号（1958年）30頁以下。

る。……内在的制約説も、自制説の要素を加味し、『権利保障及び司法救済の必要と裁判の結果生ずる事態、司法の政治化の危険性、司法手続の能力の限界、判決実現の可能性などの諸点』を考慮にいれ、事件に応じて具体的に理由を明らかにしていくことが必要であろう」[14]と述べる。本判決からはどの説に依拠しているかは不明確であるが、苫米地事件上告審では、「この制約〔引用者注：統治行為論〕は、結局、三権分立の原理に由来し、当該国家行為の高度の政治性、裁判所の司法機関としての性格、裁判に必然的に随伴する手続上の制約等にかんがみ、特定の明文による規定はないけれども、司法権の憲法上の本質に内在する制約と理解すべきである」と述べ、内在的制約説を採用した。

次に、統治行為に属する国家行為の範囲についても学説上争いがある。まず、①広義説は、(1)政治部門の組織・運営に関する事項、(2)政治部門の相互関係に関する事項、(3)政治部門の裁量的判断に委ねられた事項、(4)国家全体の運命に関する重要事項と定義し、反対に、②狭義説は、広義説が示す事項から、政治部門の自律権や裁量権で説明できるもの（(1)〜(3)）は除き[15]、また、刑罰法規の合憲性が争われている場合[16]や人権侵害が認められる場合[17]も除く、としている。この点、本判決は、統治行為に属する国家行為の範囲を明確に定義していない。これに対して、苫米地事件上告審では、内閣による衆議院解散行為という政治部門の相互関係に属する事項も統治行為と捉えており、広義説を採用したものと捉えることができる。

本判決は、「統治行為論」を採用した判決であるが、厳密に言えば、「変型的統治行為論」を採用した判決である。「変型的統治行為論」とは、すでに述べた通り、「高度の政治性」を有する行為であっても、「一見極めて明白に違憲無効」と認められる場合には司法審査は及ぶとするものである。実際、本判決は、米軍の駐留が「一見極めて明白に違憲無効」かどうかを審査し、憲法判断を行っている。それでは、この留保をどのように捉えるべきであろうか。この

---

14) 芦部信喜「統治行為と行政事件訴訟」『憲法訴訟の理論』（有斐閣、1973年）428-429頁。
15) 浦部法穂『憲法学教室〔全訂第2版〕』（日本評論社、2006年）376頁以下、芦部・前掲注5) 344頁。
16) 樋口陽一「違憲審査の在り方2」『体系・憲法判例研究(1)』（日本評論社、1974年）103頁。
17) 佐藤幸治『日本国憲法論』（成文堂、2011年）648頁。

点、2つの視座[18]がありうる。まず、①統治行為論に関して、当該行為の存在・不存在あるいは絶対無効か否かは審査できるとの見解[19]に立った上で、本判決のいう「一見極めて明白に違憲無効」と認められる場合とは、これを意味するものと解する、というものである。この見解によれば、旧日米安全保障条約が憲法に基づいて存在し絶対無効となる瑕疵がないことは確認していることとなり、訴訟手続においては当該行為を有効なものとして取り扱う必要があるが、憲法上の瑕疵が実体上存在する可能性が残されていることから、これを合憲であると解することまではできない、ということになる。したがって、この場合、合憲とも違憲とも言えない、という帰結が導かれる。反対に、②この留保を裁量論を加味したものと解する見解によれば、裁判所が統治行為の合憲性を判断する際には、一見極めて明白に違憲か否かを基準とすべきであり、一見極めて明白に違憲と判断されない限りは、政治部門による裁量権の範囲内にある、あるいは合憲性の推定が働くと解することになる。すなわち、この見解によれば、本条約は一応合憲ということになる。後者の見解が一般的理解であり、このような理解を否定することは難しい。そして、②の見解によれば、実質的には「一見極めて明白に違憲無効」かどうかの憲法判断が行われることとなり、原則的に司法審査が及ぶことになる。

これに対して、苫米地事件上告審が採用した「統治行為論」は、「純粋統治行為論」であり、一切司法審査は及ばないということになる。それでは、どちらの「統治行為論」に立つべきであろうか。本判決以後の「統治行為論」が用いられた事例から分析してみよう。

本判決以降、「統治行為論」が用いられた判決のほとんどは憲法第9条関連である。宍戸常寿が、この点について、「統治行為論は実務上、『平和問題の法理』に縮減している」[20]と述べるほどである。したがって、判例が捉えている統治行為のカテゴリーは、「国家全体の運命に関する重要事項」であると言え

---

18) 佐藤幸治・土井真一編『判例講義憲法Ⅱ』(悠々社、2010年) 299頁 [土井真一執筆部分]。
19) 砂川事件上告審藤田八郎・入江俊郎補足意見。
20) 宍戸常寿「統治行為論について」浦田一郎ほか編『立憲平和主義と憲法理論』(法律文化社、2010年) 247頁。

そうである。しかし、内閣による衆議院解散が問題となった苫米地事件でも、統治行為論が用いられたことについてどのように捉えるべきであろうか。この点、苫米地事件上告審に対して、解散の適用条文については裁量論で、閣議の適法性については自律権論[21]で処理すべきであった[22]、と学説から批判がなされている。さらに、「政治性の程度からいえば、国の存立の問題と解散とでは、前者の方がヨリ〔ママ〕基礎的と考えられ、それに司法権の及びうる場合がみとめられるのはバランスを失する」[23]との批判がなされている。したがって、「国家全体の運命に関する重要事項」以外の国家行為については、統治行為論を用いるべきではなく、ましてや、一切司法審査を認めないとする「純粋統治行為論」を用いるべきではないのである。

では、「国家全体の運命に関する重要事項」、すなわち、憲法第9条関連の事項について、「変型的統治行為論」を採用すべきであろうか。本判決以外で、最高裁が「変型的統治行為論」を採用した判決として、全司法仙台事件（最大判昭和44年4月2日刑集23巻5号685頁）と沖縄代理署名事件（最大判平成8年8月28日民集50巻7号1952頁）とが挙げられる。いずれも憲法第9条＝安全保障に関連する事案である。最高裁は、いずれの事案においても、統治行為論を採用しながらも、一定の留保を付している。「国家全体の運命に関する重要事項」であるとは言え、裁判所がこれについて一切司法審査を行うことができないとするのであれば、裁判所に違憲審査権を付与したことの意味がなくなるであろうから、「変型的統治行為論」を維持すべきであろう。

最後に、本判決は、旧日米安全保障条約が高度の政治性を有する、すなわ

---

21) 自律権論とは、「国会両議院・内閣など、憲法上、組織・運営に関する自律権が認められる独立的機関の内部運営をめぐる法的問題の処理については、当該機関の自主的な決定に委ねられ」、司法審査は及ばない（大石眞『憲法講義I〔第3版〕』〔有斐閣、2014年〕234頁）とする理論。これが用いられた判例として、警察法改正無効事件上告審（最大判昭和37年3月7日民集16巻3号445頁）が挙げられる。なお、この判例は当初、統治行為論が採用された判例として紹介されることがあった。

22) 小嶋和司『憲法概説』（信山社、2004年）462頁。また、同旨として、野坂泰司「衆議院の解散の効力と裁判所の審査権の限界——苫米地事件判決」『憲法基本判例を読み直す』（有斐閣、2011年）54-56頁。

23) 小嶋・前掲注22) 462頁。

ち、統治行為であることから、当該条約について裁判所は、「一見極めて明白に違憲無効」でない限り違憲審査を行使できないとしたのであるが、それでは、すべての条約について裁判所は違憲審査を行使できないのであろうか。この点、本判決は、当該条約が統治行為に当たるとしているだけで、条約全般が統治行為であるとは明言していない。したがって、条約全般が違憲審査の対象外であると言うことはできない。実際、すべての条約が「高度の政治性を有する」とは言えないであろう。したがって、裁判所は、条約の違憲審査をする際には、当該条約が「高度の政治性」を有するかどうか、当該条約が「高度の政治性」を有するのであれば、「一見極めて明白に違憲無効」かどうかを判断する必要があると言えよう。

◆ 政治学からのポイント解説 ◆

日米安保条約の改定

　日米安保条約は、吉田茂政権下の1951年9月にサンフランシスコ平和条約と同日に締結され、60年以上経過した今日においても日本の安全保障の中核をなす条約として存続している。

　この条約は、これまでに一度だけ改定されたことがある。1960年6月、岸信介政権下で実現した安保改定である。岸は、安保条約の改定に政治生命をかけることとなった。では、なぜ彼は安保改定に執念を燃やしたのか。旧安保条約の何が問題とされたのだろうか。

　旧安保条約締結当時、外務省の条約局長として旧安保条約の締結に携わった西村熊雄は、安保条約下における日米関係の有り様を「物と人との協力」と呼んだ。すなわち、日本は米国に対して基地を提供し（物）、アメリカは日本を守る（人）というのである[24]。だが旧条約には、日本からすると肝心の米国による日本防衛義務が明記されなかった一方で、「極東における国際の平和と安全の維持に寄与」するという、いわゆる極東条項が

---

24)　西村熊雄『シリーズ戦後史の証言—占領と講和—⑦　サンフランシスコ平和条約・日米安保条約』（中央公論新社、1999年）47-48頁。

盛り込まれた。つまり、日本側からすれば権利がない一方で義務ばかりを負い、しかも日本域外の紛争に日本が巻き込まれるおそれがあるという批判が当初から多かった。

　また、日本国内で生起した内乱に対処するために米軍が出動することが可能とした「内乱条項」も極めて評判が悪く、さらに条約に期限も設けられていなかった。加えて旧条約では、在日米軍基地への大規模な部隊の出入りや装備の改変などについて、米側は日本に協議する必要はなかった。要するにこの条約は、旧条約策定当時に米側の講和問題担当特使だったＪ・Ｆ・ダレスの言葉を借りれば、日本が応分の義務を果たすようになるまで、アメリカは義務ではなく権利を欲するという、米国にとっては使い勝手のよい条約であり、日本にとってはその逆であった[25]。岸政権は、この条約の改定を最大の政治課題として取り組んだ。

　1958年10月に始まった安保改定交渉は、長い交渉を経て1960年1月に新条約の調印を迎えた。旧条約下における日米安全保障関係と比較してみると、改定された安保条約は、相互性の追求、不平等性の解消という日本側が掲げた目標からすると大きく前進が見られたことは間違いない。なにより、条約には日本防衛義務が明記され、内乱条項は削除された。条約の期限も設けられた。また国連と安保条約の関係をより明確化し、さらに「経済協力条項」が挿入されたことで、日米の協力関係は安全保障の側面に限らず、より広いものとすることがうたわれたのである。

　さらに、新条約の第6条（いわゆる極東条項）について、在日米軍基地の配置やそこにおける装備、そしてそこからの戦闘作戦行動が、日本政府との事前協議の主題となることが決まった（事前協議制度の導入）。ただ、近年のいわゆる「密約」に関する調査で明らかにされたように、同制度が導入された際に不透明な部分が残された。すなわち、核の持ち込み——具体的には核搭載艦船の一時寄港——については、日米ともに問題を曖昧なままにしておくという「暗黙の合意」が安保改定時に形成され、また朝鮮半島有事に際して、国連軍（米軍）が在日米軍基地から出動する場合は、事

---

25)　坂元一哉『日米同盟の絆——安保条約と相互性の模索』（有斐閣、2000年）第1章。

前協議の対象としないという合意が形成されていたことが、「密約」問題に関する有識者委員会の報告書で指摘されている[26]。

　また、岸の戦前における経歴や首相になってからの強引ともいえる政治手法が、「戦後民主主義の危機」という社会の不安を惹起したことも相まって、ハガチー大統領補佐官訪日時の混乱、アイゼンハワー大統領訪日中止、そして女子学生がデモの混乱のさなかに亡くなるという事件まで発生し、安保改定をめぐる騒動は急速に拡大した。国内政界は混乱し、安保改定の実現と引き替えに岸首相は退陣したのであった。そして政界だけでなく、安保騒動は日本社会に爪痕を残し、国内社会の融和という課題の解決を次の池田勇人政権に託したのである。

この判決からみえるもの——政治学の立場から

砂川事件をめぐる政治と外交

　砂川事件は、日本国憲法にかかわる国内法上の問題であると同時に、日米安保条約にかかわる政治・外交問題でもあった。砂川事件は1955年の発生以来、同時期に頻発した一連の基地問題の一部として重大な政治・外交問題となっていたが、1959年3月30日の東京地裁判決は、それを単独の重要問題として浮上させることとなる。ここで東京地裁は、政府の憲法解釈を否定する形で、日本における米軍の駐留およびそれを認める安保条約は「戦力」の不保持を謳った憲法第9条第2項前段に違反すると論じた。これは、裁判長である伊達秋雄の名をとり、「伊達判決」と呼ばれる。伊達判決は、自衛隊の廃止と安保条約の廃棄を内容とする「非武装中立」論を展開してきた革新勢力——特に当時の最大野党である社会党——にとって、歓迎すべき追い風であった。革新勢力は、日本政府は司法判断を尊重すべきだとして、安保条約への反対姿勢を強めた。これに対し自民党の岸信介政権は、吉田茂以降の歴代保守政権が日本の外交・安全保障の基軸としてきた、安保条約に基づく日米安保体制を維持す

---

[26] 波多野澄雄『歴史としての日米安保条約——機密外交記録が明かす「密約」の虚実』（岩波書店、2010年）。

るべく、伊達判決直後の4月初頭、最高裁に跳躍上告することを決めた。伊達判決は、既に激しかった安保・防衛問題をめぐる保革対立を、さらに激化させることになったのである。

違憲判決を受けた安保条約の締結者である米国政府は、伊達判決がもたらす政治的影響を危惧していた。伊達判決の翌日に行われた藤山愛一郎外相との会談（3月31日）で、マッカーサー駐日大使――マッカーサー連合国軍最高司令官の甥で、アイゼンハワー大統領やダレス国務長官とも親しい関係にあった――は、伊達判決は東京や大阪などの知事選を控えた重要な時期に日本国民の考えに混乱をもたらしかねないと語った。その上でマッカーサーは、最高裁による最終判決が長引けば長引くほど、「左翼勢力や中立主義者を益するだけ」だという見解を示している。そしてマッカーサーは藤山に対して、日本政府が伊達判決を変更させるべく迅速に行動することの重要性を強調し、最高裁への跳躍上告を推奨した[27]。1950年代半ば以降、アイゼンハワー政権内では、日本国内で革新勢力が伸張し、日本が米国との安保条約を廃棄して中立化への道を歩むのではないかという不安が広まっていた[28]が、伊達判決はその文脈の中でとらえられていたのである[29]。

他方、日本政府は伊達判決の政治的影響を不安視していたわけではなかった。判決後二度目の会談（1959年4月1日）で、藤山はマッカーサーに対し、伊達判決が覆されて従来の憲法解釈が維持されることを確信していると言い切っていた。そして藤山は、最高裁によって伊達判決が覆された際に、司法判断を尊重せよという革新勢力の主張が「ブーメラン」となって「非武装中立」論

---

27) Telegram 1969, Tokyo to Secretary of State, March 31, 1959 (711.56394/3-3159), Central Decimal Files [CDF], Record Group [RG] 59, National Archives, College Park, Maryland [NA]. 布川玲子・新原昭治編著『砂川事件と田中最高裁長官――米解禁文書が明らかにした日本の司法』（日本評論社、2013年）には、砂川事件に関連する日米両国の公文書が掲載されており、日米両政府の言動を観察するのに有用である。本章でも、これらの文書を参照した。
28) 米国の日本中立化への不安を扱う外交史研究は多々あるが、それらを網羅した近年の研究として、吉田真吾『日米同盟の制度化――発展と深化の歴史過程』（名古屋大学出版会、2012年）第1章を参照。
29) この点については、新原昭治「マッカーサー大使と『伊達判決』の衝撃」布川、新原編著『砂川事件と田中最高裁長官』も参照。

に打撃を与えることへの期待を示した[30]。日本政府は、伊達判決を、革新勢力の主張の法的基盤を弱めるきっかけになりうるものとしてとらえていたのである。

伊達判決は棄却されるという日本政府の確信は、以下の点からきていた。まず、岸や藤山をはじめ日本政府は、伊達判決の内容は裁判所内の少数意見に過ぎず、安保条約（およびその付属協定である日米行政協定）の合憲性を認めた政府の憲法解釈を支持する多数の判決が既に示されていると認識していた。また、1950年に米軍の日本駐留を米国側に提案した吉田政権が、その際、これを合憲だとする憲法学者の見解を得ていた[31]ことも、日本政府の自信を支えていたと考えられる。加えて、日本政府内では、世論とマスメディアは伊達判決やそれに対する革新勢力の「喜び方」に好意を示しておらず、全般的な政治情勢は政府にとって不利なものではないという見方が優勢だった[32]。

しかしながら、日本政府が伊達判決の政治的影響は皆無だと考えていたわけではない。とりわけ、最高裁判決が示されるまでの時間が長引くことによって、岸政権にとっての最重要課題であり、58年から交渉に入っていた安保条約の改定が遅れる可能性があった。それゆえ藤山は、跳躍上告を推奨するマッカーサーの見解に「全面的に同意する」と応じ、会談当日（59年3月31日）の閣議において跳躍上告を推すと語った（実際に検察は4月初頭、跳躍上告を行う）[33]。また、伊達判決によって改定交渉が中断したという印象が生じるのを避けるため、日本政府は自民党執行部と相談の上、交渉に関する藤山とマッカーサーの会合（4月2日）の開催を事前に公表した[34]。

---

30) 東郷「4月1日藤山大臣在京米大使会談」日付なし（外務省外交史料館、平成22年度外交記録公開(1)、CDボリューム名 H22-003、ファイル管理番号 0611-2010-0791-03）〔以下、「平成22年度外交記録公開(1)」「CDボリューム名」「ファイル番号」の表記は省略〕。Telegram 1982, Tokyo to Secretary of State, April 1, 1959（711.56394/4-159), CDF, RG 59, NA.

31) 宮澤喜一『東京・ワシントンの密談』（中公文庫、1999年）55-56頁。*Foreign Relations of the United States*, 1950, vol. VI, pp. 1194-1198.

32) 東郷「4月1日藤山大臣在京米大使会談」。Telegram 1982.

33) Telegram 1969.

34) 東郷「4月2日藤山大臣在京米大使会談録（第一）」日付なし（外務省外交史料館、H22-003、0611-2010-0791-03）。Telegram 1982.

加えて、伊達判決は、交渉中の新安保条約の内容が憲法の枠内にとどまることを明示する条項——外務省はこれを「憲法留保条項」と呼んだ——の必要性を高めた。もともと同条項は、米国が相互防衛条約を締結する際に明記している、締結国による防衛能力強化の必要性を謳った条項（ヴァンデンバーグ条項）への留保として、日本側が提起したものだった。米国政府はこれに難色を示した。しかし、岸と藤山をはじめ日本政府は、伊達判決によって安保条約と憲法9条の関係に「国民一般の異常な関心」が集まったため、「憲法留保条項」はより重要性を増したと食い下がった。調整は難航したが、結局、各締約国は「自国の憲法上の規定及び手続に従って」共通の危険への対処行動をとる（新安保条約第5条）という文言とともに、締約国は「憲法上の規定に従うことを条件として」防衛力を強化する（同第3条）という文言を盛ることが合意された[35]。伊達判決は覆されると確信していたとはいえ、日本政府は、これが生み出した政治的雰囲気を無視することはできなかったのである。

　1959年12月、半年にわたる審理を経て、最高裁は15人の裁判官の全会一致で伊達判決を棄却した[36]。この結果を確信していたとはいえ、これが、安保条約に基づく米国との同盟関係を外交・安全保障政策の中核に据える日本政府を安堵させたことは疑いない。また、日本政府は、最高裁判決が革新勢力の主張に対する「ブーメラン」効果を発揮することを期待したであろう。実際、駐日大使館は、最高裁判決は革新勢力が憲法との整合性という論点を用いて安保条約への反対行動をとることを困難にしたと論じていた。そして駐日大使館は、最高裁判決は「日本の自由陣営への統合」という点で「画期的出来事」であると評した[37]。最高裁判決は、日本中立化の可能性を危惧してきた米国政府

---

35) 条約局次長「第8条問題」1959年5月21日（外務省外交史料館、H22-003、0611-2010-0791-04）。*Foreign Relations of the United States, 1958-1960*, vol. XVIII, Doc. 67. 改定交渉については、波多野『歴史としての日米安保条約』第3-4章、外務省アメリカ局安全保障課長「日米相互協力及び安全保障条約交渉経緯」1960年6月（外務省「いわゆる『密約』問題に関する調査報告対象文書〈http://www.mofa.go.jp/mofaj/gaiko/mitsuyaku/pdfs/t_1960kaku.pdf〉を参照。なお、伊達判決と「憲法留保条項」の関係については、布川玲子「資料3-③にみる『伊達判決』の意義（解説）」布川、新原編著『砂川事件と田中最高裁長官』も参照。
36) この間、最高裁長官である田中耕太郎がマッカーサーやレンハート主席公使と接触していたことが明らかになっている（布川、新原編著『砂川事件と田中最高裁長官』）。

を安堵させるものでもあった。しかしながら、日米両政府の安堵や期待とは裏腹に、新安保条約の調印・批准が行われた1960年前半、憲法との整合性という論点とはほとんど関係しない形で安保条約への反対運動——安保騒動——が激化し、日本の政治と外交は大きく混乱することになる。

読者のみなさんへ

　すでに見たように、安全保障に関する事案について最高裁は「変型的統治行為論」を用いているが、このことは現代的意義を有している。すなわち、2015年9月、いわゆる「安保法制」が国会で可決されたが、この「安保法制」については、学説や元内閣法制局長官からも違憲論が多数出ている。実際、この「安保法制」が違憲であるとして、いくつかの憲法訴訟が準備され、すでに訴訟提起されているものもある。しかし、本判決及びその後の最高裁判例によれば、「安保法制」も統治行為に当たる可能性が高く、最高裁は、「変型的統治行為論」により、「一見極めて明白に違憲無効」であるかを審査するとしても、それ以上踏み込んで憲法判断をすることを回避するかもしれない。そこで、「統治行為論」否定説を再検討する必要があろう。50年前の磯崎辰五郎の見解を挙げておくので、読者のみなさんにも考えてもらいたい。「如何に高度の政治性を有するものであっても、それが憲法自身によって除外されていない限り、その憲法に適合するかどうかの決定が必要であり、そしてそれは裁判所によってなされる」[38]。

より深く学びたい方へ——参考文献

奥平康弘「『統治行為』理論の批判的考察」法律時報臨時増刊『自衛隊裁判』
　（日本評論社、1973年）56-83頁。

---

37)　Telegram 1921, Tokyo to Secretary of State, December 17, 1959 (711.56394/12-1759), CDF, RG 59, NA.
38)　磯崎辰五郎「いわゆる統治行為とわが国憲法」『統治行為説批判』（有斐閣、1965年）90頁。

宍戸常寿「統治行為論について」浦田一郎ほか編『立憲平和主義と憲法理論』
　（法律文化社、2010 年）237-253 頁。
五百旗頭真編『戦後日本外交史〔第 3 版補訂版〕』（有斐閣、2014 年）。
河野康子『日本の歴史　第 24 巻　戦後と高度成長の終焉』（講談社、2002 年）。

奥村公輔（駒澤大学准教授、憲法学）
中島信吾（防衛省防衛研究所主任研究官、日本政治外交史）
吉田真吾（名古屋商科大学専任講師、日本政治外交史）

＊本章の「ポイント解説」（中島執筆）は、いずれも防衛省及び防衛研究所の見解を代表するものではなく、筆者個人の見解である。

執筆者一覧
執筆順、※は編者。

第 1 章　山田哲史（岡山大学准教授、憲法学）
　　　　日比嘉高（名古屋大学准教授、近現代日本文学・文化史研究）

第 2 章　白水　隆（帝京大学講師、憲法学）
　　　　宇野文重（尚絅大学准教授、日本法制史）

第 3 章　徳永貴志（和光大学准教授、憲法学）
　　　　砂原庸介（神戸大学准教授、政治学）

第 4 章　水谷瑛嗣郎（帝京大学助教、憲法学）
　　　　清水唯一朗※（慶應義塾大学准教授、政治史）

第 5 章　堀口悟郎（九州産業大学講師、憲法学）
　　　　奥中康人（静岡文化芸術大学教授、音楽史）

第 6 章　石塚壮太郎（慶應義塾大学大学院博士課程、憲法学）
　　　　藤本頼生（國學院大學准教授、神道学）

第 7 章　岩切大地（立正大学准教授、憲法学）
　　　　中澤俊輔（秋田大学講師、日本政治外交史）

第 8 章　山本真敬（下関市立大学専任講師、憲法学）
　　　　小石川裕介（後藤・安田記念東京都市研究所研究員、日本法制史）

第 9 章　中島　宏（山形大学准教授、憲法学）
　　　　荒井英治郎（信州大学准教授、教育学）

第 10 章　武田芳樹（山梨学院大学准教授、憲法学）
　　　　山下慎一（福岡大学准教授、社会保障法）

第 11 章　山本龍彦※（慶應義塾大学教授、憲法学）
　　　　出口雄一※（桐蔭横浜大学教授、日本法制史）

第 12 章　植松健一（立命館大学教授、憲法学）
　　　　小堀眞裕（立命館大学教授、政治学）

第 13 章　奥村公輔（駒澤大学准教授、憲法学）
　　　　中島信吾（防衛省防衛研究所主任研究官、日本政治外交史）
　　　　吉田真吾（名古屋商科大学専任講師、日本政治外交史）

編者紹介

山本龍彦（やまもと・たつひこ）
慶應義塾大学教授、憲法学。主な著作に『判例プラクティス憲法〔増補版〕』（信山社、2014年）、『憲法Ⅰ　人権』（共著、有斐閣、2016年）、『論点日本国憲法〔第2版〕』（共編著、東京法令出版、2014年）等がある。

清水唯一朗（しみず・ゆいちろう）
慶應義塾大学准教授、政治史。主な著作に『近代日本の官僚』（中央公論新社、2013年）、『政党と官僚の近代』（藤原書店、2007年）等がある。

出口雄一（でぐち・ゆういち）
桐蔭横浜大学教授、日本法制史。主な著作に、『戦時体制と法学者　1931〜1952』（共編著、国際書院、2016年）、『戦後システムの転形』（共著、現代史料出版、2015年）等がある。

憲法判例からみる日本
──法×政治×歴史×文化

2016年9月20日　第1版第1刷発行

編著者──山本龍彦・清水唯一朗・出口雄一
発行者──串崎　浩
発行所──株式会社　日本評論社
〒170-8474 東京都豊島区南大塚3-12-4
電話　03-3987-8621（販売）　03-3987-8592（編集）
FAX　03-3987-8590（販売）　03-3987-8596（編集）
https://www.nippyo.co.jp/　振替　00100-3-16
印　刷──精興社
製　本──難波製本
装　丁──末吉　亮

Ⓒ 2016 T. Yamamoto, Y. Shimizu, Y. Deguchi
ISBN978-4-535-52211-4

検印省略
Printed in Japan

JCOPY　〈(社) 出版者著作権管理機構委託出版物〉
本書の無断複写は著作権法上での例外を除き禁じられています。複写される場合は、そのつど事前に、(社) 出版者著作権管理機構（電話 03-3513-6969、FAX 03-3513-6979、e-mail: info@jcopy.or.jp）の許諾を得てください。また、本書を代行業者等の第三者に依頼してスキャニング等の行為によりデジタル化することは、個人の家庭内の利用であっても、一切認められておりません。

憲法学の世界
南野 森[編]

青井未帆・赤坂幸一・尾形 健・木村草太・小泉良幸・小島慎司・宍戸常寿
曽我部真裕・中林暁生・西村裕一・林 知更・南野 森・山本龍彦[著]

憲法学の主要テーマにつき、新進気鋭の執筆陣が、憲法論の奥深さとおもしろさを、その歴史と理論でひも解く学生向けの論考集。　　　　　　　　　　　　◆本体2,400円＋税

NBS Nippyo Basic Series 憲法 I 総論・統治／II 人権　日評ベーシック・シリーズ
新井 誠・曽我部真裕・佐々木くみ・横大道 聡[著]

憲法の基本が深く理解できる教科書。判例とそれに挑戦する学説それぞれの考え方を丁寧に解説し、憲法学の世界に読者を誘う。全2巻。　　　　　　　　　◆本体各1,900円＋税

憲法 I 基本権
渡辺康行・宍戸常寿・松本和彦・工藤達朗[著]

「三段階審査」を基軸とする、初めての本格的な体系書。判例とその理論を重視した、新しい時代の基本となるべき1冊。　　　　　　　　　　　　　　　　◆本体3,200円＋税

憲法[第5版]
辻村みよ子[著]

オーソドックスな内容で、法学部・法科大学院学生が安心して学べると定評のある教科書が、4年ぶりの改定。最新判例・学説を網羅。　　　　　　　　　　◆本体3,800円＋税

憲法 解釈論の応用と展開[第2版]
宍戸常寿[著]　　　■法セミ LAW CLASS シリーズ

学習者の誤解を芯からほぐし、憲法解釈論の深い理解を導いた初版から3年。この間の新判例、文献を網羅して刊行する定番の第2版。　　　　　　　　　　◆本体2,700円＋税

事例研究 憲法[第2版]
木下智史・村田尚紀・渡辺康行[編著]

新しい問題を多数収録。全問の解説を主張→反論→検討の流れで再構成して、より使いやすくバージョンアップ。判例の扱いやミニ講義も充実。　　　　　　◆本体3,800円＋税

新・コンメンタール 憲法
木下智史・只野雅人[編]

日本国憲法の条文の趣旨を、関連法令、重要判例、学説を踏まえながらしっかり解説。学生から実務家まで活用できる、充実のコンメンタール。　　　　　◆本体4,500円＋税

日本評論社
https://www.nippyo.co.jp/